迈向千亿之路

陈一诚 —— 著

中国财富出版社有限公司

图书在版编目（CIP）数据

迈向千亿之路 / 陈一诚著 . — 北京：中国财富出版社有限公司，2024.3
ISBN 978-7-5047-8137-6

Ⅰ.①迈…　Ⅱ.①陈…　Ⅲ.①企业管理—中国　Ⅳ.①F279.23

中国国家版本馆CIP数据核字（2024）第048736号

策划编辑	王　君	责任编辑	王　君	版权编辑	李　洋
责任印制	梁　凡	责任校对	庞冰心	责任发行	杨恩磊

出版发行	中国财富出版社有限公司		
社　　址	北京市丰台区南四环西路188号5区20楼	邮政编码	100070
电　　话	010-52227588 转 2098（发行部）	010-52227588 转 321（总编室）	
	010-52227566（24小时读者服务）	010-52227588 转 305（质检部）	
网　　址	http://www.cfpress.com.cn	排　　版	宝蕾元
经　　销	新华书店	印　　刷	宝蕾元仁浩（天津）印刷有限公司
书　　号	ISBN 978-7-5047-8137-6/F·3638		
开　　本	710mm×1000mm　1/16	版　　次	2024年4月第1版
印　　张	20.75	印　　次	2024年4月第1次印刷
字　　数	270千字	定　　价	68.00元

版权所有·侵权必究·印装差错·负责调换

推荐序
市值，是企业竞争的制空权

千亿市值，意味着什么？

当前中国资本市场总共有上市公司5000多家，其中，市值达到1000亿元人民币以上的上市公司只有120多家，约占上市公司总数的3%。

毋庸置疑，中国国民经济各行各业的行业龙头、产业支柱和链主企业，无论是国有还是民营，大都已经是上市公司了。换句话说，5000多家上市公司代表了中国产业的最强音和最强力。在这样的一个"中国最强企业群体"里，跻身其中的TOP 3，可谓出类拔萃、意义非凡。如果你认为"中国企业500强"是个了不起的企业群体，那么千亿市值公司属于"中国市值100强"的范畴，哪个强，不言而喻。

视野放宽到全球，当前全球市值超过1000亿元人民币（按当前汇率换算）的上市公司为1200~1300家（具体数据随市值波动随时变化，但基本上在这个区间里）。换句话说，千亿市值公司，已经位居"世界市值1000强"的位置了。

人们熟知的"世界500强"，是以营业收入规模排名的，不妨理解为由产品市场的两个特征决定：一是行业特征，比如零售类、贸易类、大宗商品类、连锁经营类的大交易额行业，更容易跻身500强；二是企业的竞争力和垄断力，让大行业的市场份额集中到领先甚至寡头企业。

与此不同，以市值排名的"世界1000强"，可以理解为由资本市场的特征决定。资本市场的资金流动，总是以潮起潮落的形式展开，永不止息，所谓"金钱永不眠"。资金流向哪个产业，哪个产业就兴旺；资金流出哪个产业，哪个产业就衰退。资金流向哪个企业，哪个企业就成为强市值企业；资金从哪个企业流出，哪个企业就成为弱市值企业。这是常识也明白易懂，但人们常常忽略它对产业兴衰和企业命运的决定性意义或曰致命性意义。

资本市场的资金走向和潮起潮落，不但影响行业市值和企业市值，且深刻地影响产业兴衰和结构变迁，也在"制空权"的意义上决定了企业的竞争力和命运。

市值怎样一步步传导为企业的人、财、物、供、研、产、销、信用等每一个环节的掣肘或动力，铺展开来说，洋洋万言不足以说透。约言之，两条最关键的企业生存要素：第一说资金，第二说人才。

拿资金竞争力来说，设若增发10%的股份，一个千亿市值量级的公司，可以一举融资百亿元以上，一个百亿市值的公司只能融资十亿元，一个三五十亿市值的公司只能融资三五亿元。市值量级不同的三家公司，假如融资都用于研发（技术创新和产品升级），或采用更先进的设备，或开打营销战以扫荡行业市场，百亿元投入、十亿元投入和三五亿元投入，三个量级，怎么竞争？谁胜谁负？

拿人才竞争力来说，不妨把上市公司按市值量级划分为三类：一类公司为千亿市值量级，二类公司为百亿市值量级，三类公司为几十亿市值量级。哪类公司能给出更高的薪酬、更好的激励和更多的事业机会以广揽人才？

这样说市值对企业的意义，点到为止而已，实在是太过粗疏和简化，但已经足够。

企业竞争拼什么？当然是拼供、研、产、销的对错，速度，效率和竞争力。这是企业在产品市场上的短兵相接、你多我少、你死我活，是地面部队的生死之决。而决定地面部队竞争力的制空力量，是资本走向和人才流向，市值就是这两大动向的风向标和称重器。

走向千亿市值，有没有可以借鉴的道路或模式？有没有可以依循的方法论？

本书深度解析了一批优秀的上市公司，复盘了它们从创业到IPO、从IPO之初的小市值一步步走向千亿市值的全过程。这些公司所在的行业和商业模式各异，但本书总结、提炼出了千亿市值公司的四种成长模型。

第一种模型，本书称之为"单一业务 + 规模化扩张"模型。瞄准一个规模足够大的目标客群和市场，长期聚焦和深耕单一业务，持续打磨商业模式，筑高竞争壁垒，然后借助资本的力量进行规模化扩张，实现"一招鲜，吃遍天"的市场收割和客群黏住，在一个足够大的目标市场里，一骑绝尘、后无来者。书中复盘这一模型的典型案例是东方财富和晶澳科技等公司，其核心商业逻辑非常精彩，值得反复品味。

第二种模型，本书称之为"标准业务 + 批量化复制"模型。和上一种模型的企业类似，这类公司的业务同样相对标准化，但不是产能或体量的规模放大，而是同一模式的批量化复制。此模型特别适合连锁经营类的企业。这类企业中，爱尔眼科的模式堪称经典，可以说是资本和投行业务教科书级别的打法。它让我们将上市公司资本运作的视野，从上市公司本身，进一步提升到"上市公司+并购基金"的放大框架中，构建了一个更为宽广的资本战略空间。

第三种模型，本书称之为"多业务结构+集团孵化"模型。前两种模型都以单一业务具备广阔的市场空间为前提，但更多的企业是在细分产业领域创业，细分产业领域的市场规模不足以支撑企业更大规模的增长，企业的成长需要开拓新业务、进入关联新领域。三花智控完美诠释了这类公司的成长命题和格局走向。它让我们进一步在产业和资本战略思维框架中新增了一个"集团公司"的维度。对于集团公司类的上市公司来说，这是个十分值得研究的案例。

第四种模型，本书称之为"并购提升能力+资本扩大规模"模型。企业发展过程中，除了本身的自主孵化能力，更重要的是要通过外延式的并购完成能力的提升。但很多上市公司的并购多以一地鸡毛收场。如何正确地利用并购完成能力的提升，再嫁接资本市场实现规模的扩大，立讯精密的故事给出了一个完美的答案。

在上述四种模型的基础上，本书作者陈一诚深刻地指出了上市公司走向千亿市值的三个重要维度：

一是作者原创性地提出了"容资能力"的概念。所谓"容资能力"，是指企业的产业能力和商业模式能容纳和承载多大的资本体量。这是个让人耳目一新的概念，它与常说的"融资能力"只有一字之差，却在公司资本经营思维上发生了质的切换与跃迁，将资本经营思维从公司的资本面切回到公司的产业面，跃迁到资本与产业的相容互载、相生互动关系之中。"容资能力"的概念提示我们，资本经营不仅仅是经营资本，而是经营资本与产业的相容互载、相生互动、螺旋上升。一个企业，只有打造出强大的产业能力和组织能力，才能不断提升"容资能力"，进而从容使用各类资本市场工具，充分利用资本市场开展产融互动，最终实现可持续发展的企业成长和市值增长。脱离产业能力和组织能力的"融资能力"膨胀和长袖乱舞的资本运作，不但无益，反而有害。

二是作者总结了走向千亿市值的共通逻辑和成长原理，即"十六字诀"：产业为本、战略为势、创新为魂、金融为器。以产业战略和创新创造统领产融互动的贯通和循环，是千亿市值公司达成"双胜出"（产业胜出和市值胜出）的公理。

三是作者强调了企业家精神和意志的特殊意义。企业要做强做大、克服千难万险，说一千道一万，其动力的终极来源还是企业家的精神和意志，是企业家的人生选择和追求。缺乏产业雄心、强大意志和精神气象的企业家，难以将事业推上千亿市值的量级。从创业到IPO，再一步步走到千亿市值的企业家，一概是具有强大愿力与心力的非等闲之辈。千亿市值的成就，实质上是企业家展开其愿力人生的一个呈现而已。

作者的这些深度认知，已经超越了企业的行业特性差异，甚至超越了企业的时代特性差异，而是升华到了一般规律的层面。四种模型是打法、是招式；"十六字诀"和产融互动是心法、是原理；企业家精神和人生追求，是活法、是愿力、是终极动力。

如是观之，您若是企业家，想走向千亿市值，第一选活法（立产业抱负、发宏大愿力），第二悟心法，第三练打法。您若是投资人，想在一家公司早期就发现其是走向千亿市值的标的，上述三个层面的识别和确认，就是您的选股标准和所要做的研究工作。

本书作者陈一诚，是我的弟子。付梓出版前夕，他把书稿发给我看，我看后感到惊讶：一是选题很好，中国迫切需要越来越多的千亿市值公司扛起产业强国的历史使命。二是认识深刻，从市值到

迈向千亿之路

产业再到产融相生互载，从打法到心法再到活法，由表入里、层层深入、直抵究竟，而且融会贯通。三是志趣超拔，陈一诚是在求索走向千亿市值的产业之道、组织之道、资本之道、创新之道，而不是"炒股票"意义上的市值大小、涨涨跌跌。我曾经忝为其师，欣慰甚矣。

兹以为序。

和君集团董事长，和君商学院院长
2024年春，于和君小镇

前　言

在过去10余年的从业经历中，我一直在为A股的上市公司提供咨询和投行服务。这使得我有机会与企业家一起，思考企业的顶层战略问题。

企业的顶层战略是什么？这要回到战略的原点，规模最大化、利润最大化、价值最大化。在这三个目标之中，应该以哪个作为战略思考的原点？通常来讲，这三个目标并不矛盾，但是在资本市场，这三个目标却不是同频的。否则我们就不会看到企业的PE/PS存在巨大的变化。

在我服务一家上市公司的过程中，有位高管曾提出这样一个问题：我们公司每年有20%的增长，我的理解是我们公司的股价也应该是每年20%的增长，所以我一直坚定地持有公司的股票。但是实际情况好像不是这样，早知道这样我就买别的公司的股票了。我想知道这是为什么。

这个经典一问体现了企业战略中的很多核心问题：业绩和市值的关系，高管的激励模式，以及如何理解增长，等等。这也是很多企业普遍存在的问题，绝大部分企业IPO之后，并不能充分理解企业基本面和资本市场的互动关系，而只是简单地将资本市场理解为融资、减持的工具，这无疑是片面的。

《伟大的博弈》一书回顾了资本市场的起点，书中描述了市场的原始状态，即博弈。公司的股价是盘口博弈出来的，有信心的人买，没有信心的人卖。一买一卖之间，就完成了公司股票的定价。博弈的背后是关于对错的探讨，是关于价值的精密计算，红绿跳动的公司股票价格背后蕴含了企业发展的底层密码和灵魂之问——何为正确。

这就是为什么我要以市值视角来进行企业研究。巴菲特说，市场短期看是投票器，长期看是称重机。这句话准确地传递出了企业长期成长的核心逻辑，那就是切实的基本面成长。短期的情绪波动只是投票器，唯有持续的"增重"才会引领市值的持续上涨。

在本书中，我精选了几家千亿市值企业的成长故事，选择这几个样本主要出于如下几点考虑。

第一，达到千亿市值的公司，基本具备世界500强的实力，它们毫无疑问是中国最成功的企业代表，而市场上关于如茅台、华为、腾讯等万亿级企业的研究早已卷帙浩繁，但关于爱尔眼科、立讯精密等千亿市值企业的研究专著并不多见。

第二，在100多家千亿市值企业中，我将视角聚焦于"白手起家的民营企业"，这些企业没有强大的股东背景，甚至我连矿业这种资源依赖型的企业也刻意屏蔽掉了。唯有剥离一切先天的资源优势，才能窥见企业价值成长的核心要义。

第三，这些企业都不是行业中唯一的企业，很多甚至处于红海行业。研究这类企业在充分竞争的市场上如何脱颖而出，对绝大部分普通企业更有参考价值。

中国已进入全面注册制时代，上市公司数量已突破5000家，越来越多的企业上市，意味着更多企业争夺有限的研究资源和市场资金，导致整个市场的金字塔分布越来越突出。随着退市制度的进一步从严实施，A股上市公司在资本市场的优胜劣汰将会越来越明显。50亿市值以下的公司占到了整个市场约50%的比例，十几亿市值的公司更是越来越多，这些迹象无不昭示着一个现实情况，那就是市值成长如逆水行舟，不进则退。

相信本书能为大量的中小市值企业，以及更多尚未登陆资本市场的企业，提供一个独特的战略视角。在我们即将到来的资本市场大时代，需要更多优秀的上市公司，需要更多的企业更好、更高效地利用资本市场实现可持续成长。

希望本书能为未来的千亿市值企业，提供一些思想的火花。

致敬我们这个伟大的时代。

陈一诚

2024年春

目　录
CONTENTS

第一章　拥抱千亿时代 ………………………………… 1

（一）中国经济的中流砥柱 ……………………… 2
（二）千亿企业大爆发 …………………………… 8
（三）爆发还在路上 ……………………………… 18
（四）中国千亿企业任重道远 …………………… 22

第二章　市值的成长密码 ……………………………… 28

（一）长期来看，平庸是一种常态 ……………… 28
（二）市值成长的内核 …………………………… 31
（三）千亿企业的成长模型 ……………………… 55

第三章　迈向千亿之路 ········· 70

（一）东方财富——产融循环，奇迹蜕变 ······ 70
（二）晶澳科技——以恒致远，穿越周期 ······ 102
（三）爱尔眼科——扩张飞轮，永不停歇 ······ 140
（四）三一重工——时代企业，民营之光 ······ 175
（五）三花智控——双轮驱动，超级成长 ······ 212
（六）立讯精密——精益无尽，创新不止 ······ 243
（七）汇川技术——持续破圈，目标"双王" ······ 280

参考资料 ········· 307

后　记 ········· 315

致　谢 ········· 317

— 第一章 —
拥抱千亿时代

1000亿元，是多少钱？

以一般的个人或企业的财务情况来衡量，这个数字是个天文数字；可是如果看多了商业新闻，马斯克、贝索斯、马云的财富好像都是以千亿量级来计算的，似乎也不至于大惊小怪了。

可如果你意识到，2022年世界500强的最后一位，比利时的优美科公司，折合人民币的收入是1983亿元，利润50.7亿元，市值624亿元。你大概就可以知道，1000亿元市值的公司大致的分量。

截至2022年底，A股市值超1000亿元的公司总计有123家，从宛如投资者"信仰中枢"的万亿龙头贵州茅台、宁德时代，到中国国有骨干企业中国石油、中国移动等，再到极具活力的民营企业如爱尔眼科、隆基绿能等。A股的千亿龙头，在中国产业界以及投资界，都是天花板级别的存在。

2022年底，全A（整个A股）上市公司数量总计5067家，市值总计85万亿元，其中，123家1000亿元以上市值的企业市值累计约35万亿元，占比41.2%。表1-1是一些基础数据，是这123家企业作为一个整体的全貌概览。

表1-1　　　　A股千亿市值企业基础数据（截至2022年底）

	全A	1000亿元以上市值企业	1000亿元以上企业市值占比
总市值（万亿元）	85	35	41.2%
总营收（万亿元）	71	32	45.1%
总利润（万亿元）	7	5	71.4%
总资产（万亿元）	384	287	74.7%
净资产（万亿元）	68	38	55.9%
员工数量（万人）	2964	1032	34.8%
融资额（亿元）	37486	7107	19.0%
日均交易额（亿元）	9593	1586	16.5%

注：因企业融资行为并非每年都发生，故融资额为2018—2022年数据加总。

数据来源：Wind。

上述数据可以用"23467"来总结，即这个群体贡献了A股：近二成的日均交易额和融资额，超三成的员工，超四成的营业收入和市值，近六成的净资产，超七成的利润和总资产。

对资本市场而言，这个群体是市场稳定的压舱石；对中国经济而言，这个群体同样是无可争议的中流砥柱。

（一）中国经济的中流砥柱

按申万的行业分类，目前A股的一级行业分类有31个，二级行业分类有134个。而千亿以上市值企业总共只有123家，这意味着，每一个市值千亿以上的企业，至少都是一个行业的绝对龙头。

市值千亿的企业有如下特点，使得我们对其的关注，不光是站

第一章 拥抱千亿时代

在单一上市公司的角度,而是站在资本市场整体运行效率,以及产业整体效率的视角。

千亿企业兴,则产业兴。

第一,千亿企业拥有极强的产业号召力,甚至产业定价权。达到这个市值体量的企业,至少有500亿元的收入,50亿元的利润体量。中国规模超千亿的行业就不多,以贵州茅台所在的白酒行业为例,孕育了贵州茅台的白酒行业也就6000亿元规模。一般而言,千亿企业,在一个行业至少是20%的市占率(全称是市场占有率)。这意味着,这些企业的经营动向将对整个产业链产生至关重要的影响。以光伏行业为例,2022年中国光伏组件行业出货量总计约300GW,其中四大龙头企业出货量就达到了174GW[①],占比约60%(见图1-1)。

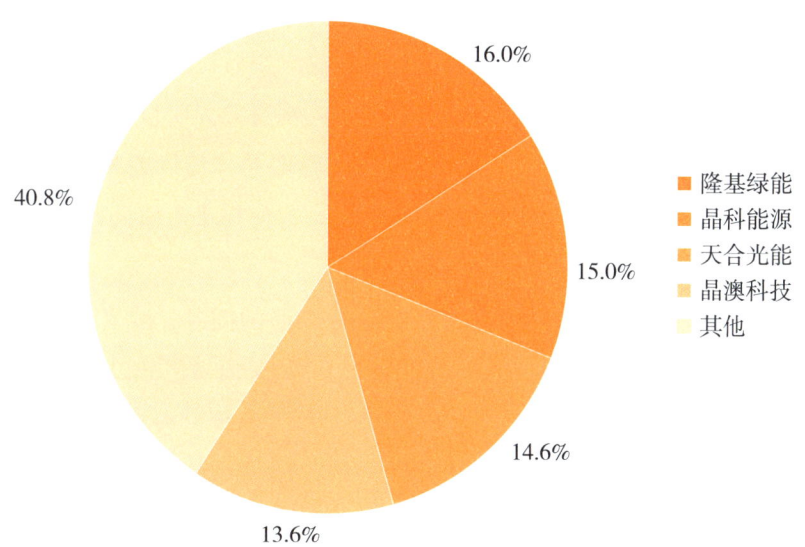

图1-1 2022年中国光伏组件出货量(GW)

数据来源:Wind。

---

① 数据来源:CPIA(中国光伏行业协会)。

四大光伏巨头均是产业链一体化企业，从硅片到组件全流程覆盖，其投资动向直接决定了整个产业的盈利空间。在这种背景下，非一体化的光伏企业在规模上没有竞争优势，只能依附于巨头的产业链，或根据巨头投产计划带来的产业周期，被动接受产业周期和市场价格。最终或被巨头并购，或被挤压离场。

2022年底，天合光能、晶澳科技、晶科能源和隆基绿能的市值分别为1383亿元、1415亿元、1465亿元和3204亿元，累计市值约7500亿元。它们既是中国前四，也是全球前四，对整个光伏行业的走向有举足轻重的影响。

类似情形非常多，海天味业（3689亿元）之于调味品行业，美的集团（3624亿元）之于家电行业，牧原股份（2668亿元）之于养殖行业，皆是如此。

第二，千亿企业本身的股票定价机制基于充分的市场交易，定价更为公允。众所周知，A股由于较高的散户交易比例，有着典型的情绪化市场的特点。这在很多小盘股中体现得尤为明显，由事件驱动带来的剧烈炒作比比皆是。同时，小盘股总体流通盘规模不大，稍有资金体量即可对盘面造成重大影响。这使得小市值公司的股票定价难免有失公允。

而大体量上市公司则完全不存在这方面的问题，或者应该说，不大可能出现这样的问题。如前文所述，市值1000亿元以上的企业虽然占据了全A股41.2%的市值，但是日均交易额只占16.5%，这说明随着市值越来越大，交易活跃度本身有放缓的趋势。这很好理解，公司市值越大，其研究者和投资人数量势必越多，暴露在所有人目光下非对称信息的概率越小，可见，非理性的炒作因素变少了。不同市值区间企业机构持仓和交易情况见表1–2。

如表1–2所示，随着市值的提升，平均机构持仓比例、平均机构

表1-2 不同市值区间企业机构持仓和交易情况（2022年）

市值区间	平均机构持仓比例	平均机构持仓市值（亿元）	平均日均交易额（亿元）	平均区间换手率
5000亿元以上	18.2%	1770.1	23.4	136.8%
1000亿~5000亿元	16.8%	332.4	11.5	238.9%
500亿~1000亿元（不含）	15.3%	108.1	6.4	280.3%
100亿~500亿元（不含）	10.2%	23.1	2.9	482.2%
50亿~100亿元（不含）	6.2%	4.5	1.5	715.0%
50亿元以下	2.9%	1	0.8	794.2%

数据来源：Wind。

持仓市值，平均日均交易额都明显升高，而平均区间换手率明显降低。市值50亿元以下的公司，平均日均交易额为8000万元；而市值1000亿~5000亿元的公司平均日均交易额为11.5亿元，在这个交易体量下，能被少量资金操控股价的概率就变得很低了。

更多的理性的机构投资者，更大的交易额，更低频的换手，都使千亿企业本身的估值更具公允性。这很重要，定价的公允性是企业资本循环的基础。

第三，千亿企业的资本使用效率最高。

如果上述结论是正确的，那么可以直接推导出一个结论，那就是对于将为企业融资作为主要功能的资本市场来说，把钱给千亿企业资本使用效率更高。

定价是否公允是难以被定量测量的，但是可以用另一个指标来衡量这个问题，那就是投入资本回报率（ROIC），它体现了向企业投入的资金，最终可获得的回报情况。我们对这个指标做全面扫描和统计，结论（见表1-3）很明显。

表 1-3　　不同市值区间企业 ROIC 统计（2022 年，剔除金融）

市值区间	平均 ROIC
5000 亿元以上	17.2%
1000 亿~5000 亿元	13.9%
500 亿~1000 亿元（不含）	10.8%
100 亿~500 亿元（不含）	8.2%
50 亿~100 亿元（不含）	4.0%
50 亿元以下	-0.9%

数据来源：Wind。

大企业的资本使用效率远远大于中小企业，即老百姓把钱给大公司，更不容易被"割韭菜"。

第四，千亿企业身负科技突围的重任和期待。

资本市场权益融资与金融市场债务融资的区别在于，权益融资直面不确定的风险，资本市场为企业提供权益融资以承受试错风险为代价，鼓励企业进行创新探索。

随着中国经济发展步入新常态和新阶段，创新的门槛越来越高。从模式创新到技术创新，从相对确定的创新，到高度不确定的创新，再到面向未知的硬科技创新，都使得创新的门槛一再提高。一个需要面对的问题是，创新投入不达到一定量级，将无法切入技术创新的真正核心环节，而只能是在外围做应用或模式创新。

以计算机板块安防行业为例，安防行业的飞速发展受益于过去 10 多年中国快速的城市化进程。但当城市化的红利被吃尽，全国各地都有摄像头了，之后呢？当然就需要进一步的产业升级，比如人工智能、边缘计算等。那么谁有能力完成这样的产业跃迁呢？看研发资源即可。2021 年，全行业总计研发人员 4.2 万人，其中海康威视一家独占2.5万人,全行业研发支出总计137亿元,海康威视一家独占82.5亿元。一家企业占据全行业约六成的研发资源(见图1-2),试问舍它其谁?

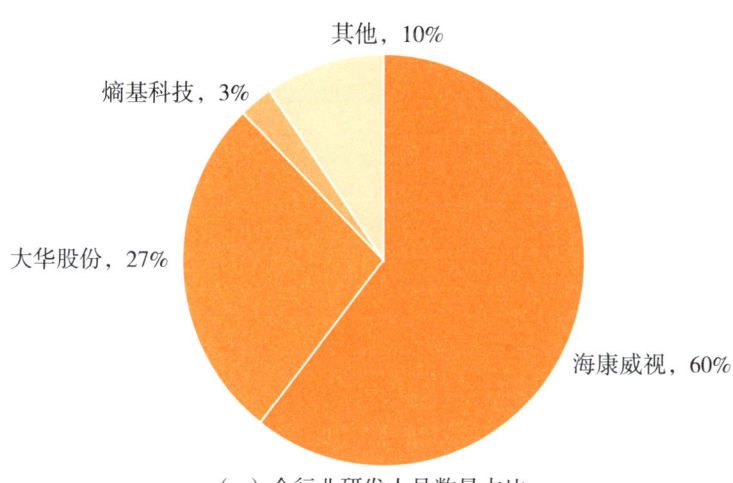

(a)全行业研发人员数量占比

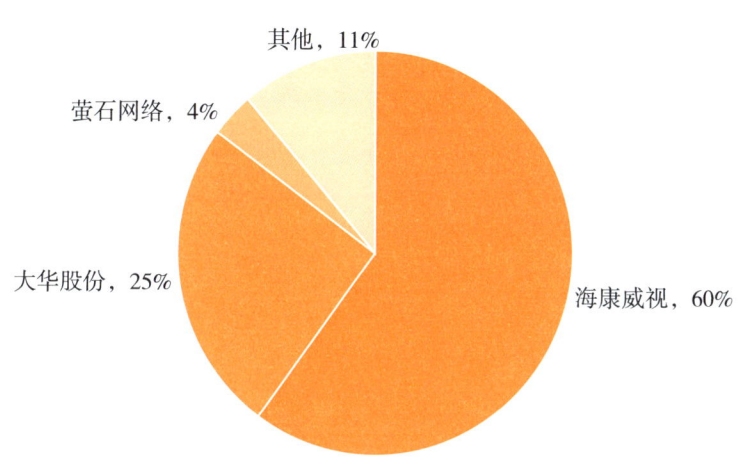

(b)全行业研发支出占比

图1-2 安防行业研发资源分配(2021年)

数据来源:Wind。

迈向千亿之路

这是中国经济的一个典型缩影。随着中国向硬科技时代升级，在向科技无人区突围的攻坚战中，重任毫无疑问地落在了占据行业头部资源的市值千亿企业身上。

迈瑞医疗（3831亿元）之于医药行业，立讯精密（2259亿元）之于电子行业，汇川技术（1848亿元）之于工业控制行业，皆是如此。

（二）千亿企业大爆发

中国第一家市值千亿上市企业中国石化诞生于2001年。在当时（2001年）整个A股只有4.1万亿元总市值的情况下，中国石化一家以3371亿元的市值达到了整个市场8.2%的市值占比。在2007年的超级大牛市大爆发，以及当年中国石油这个8万亿元的巨无霸上市前，中国石化一直是整个市场断档式的存在。截至2005年底，A股市值千亿以上的上市公司仅有2家。

随着股权分置改革的顺利推行，各大国央企平台迎来了资产证券化浪潮，将这种氛围推到高潮的无疑就是8万亿元巨头中国石油在2007年的上市。2006年至2007年可称为千亿市值企业的寒武纪大爆发（见图1-3）。截至2007年底，A股千亿市值企业数量井喷式地达到了43家，累计市值达到24.1万亿元，占当时A股总市值的67.1%！这个疯狂的比例至今没有被打破。

这43家千亿巨头中，有21家是在2006年、2007年上市的，累计市值达18万亿元。这其中包括了"巨无霸"中国石油、"宇宙行"工商银行、"保险巨头"中国人寿、"煤炭第一股"中国神华等。

2007年是令人激情燃烧的蓝筹时代，千亿企业如雨后春笋般涌现，万亿企业高歌猛进，一大批蓝筹企业将中国资本市场带上了至今没有被超越的6124点高峰。

第一章 拥抱千亿时代

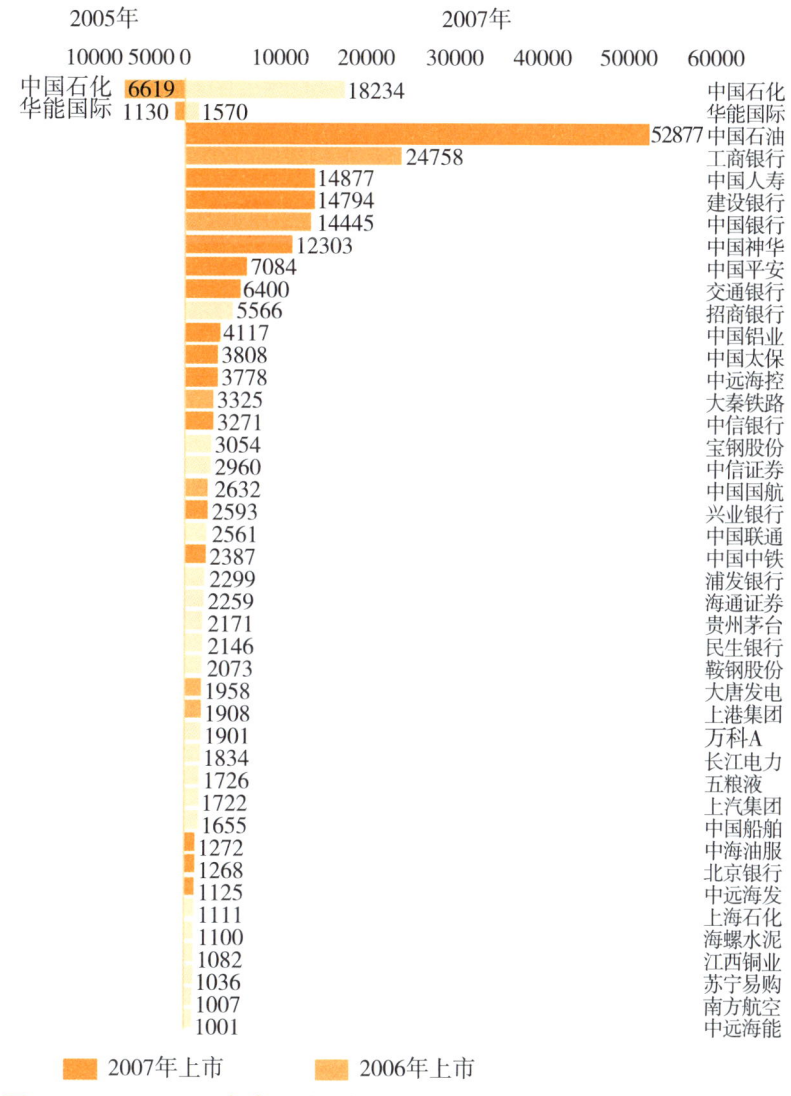

图1-3 2006—2007年中国千亿市值企业第一次寒武纪大爆发（单位：亿元）

数据来源：Wind。

这是中国资本市场千亿上市公司的第一次大爆发，其背后的驱动力是中国大量核心国有资产的证券化。这是中国资本市场发展早期，在市场还不够充分有效的情况下，所承担的重要的历史使命。

9

2006年至2007年上市的这21家千亿市值企业,是当时中国经济的骨干和脊梁,可以说一定程度上支撑了A股的基本盘。

千亿市值企业市值占比达到A股近七成的情形,可以说是一种壮举,也可以说是一种遗憾。截至2022年,123家千亿上市企业在A股的累计市值占比也只有41.2%。2001年至2021年千亿市值企业在全A的市值占比演进历程如图1-4所示。

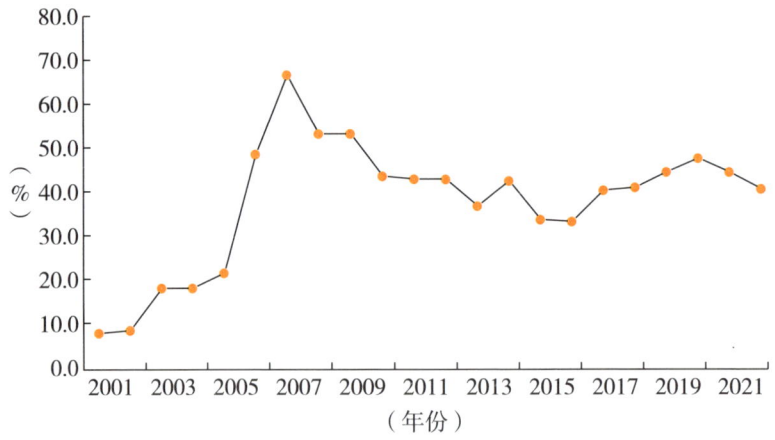

图1-4　千亿市值企业全A市值占比

数据来源：Wind。

表面上看,千亿市值企业在A股的重要性似乎降低了。但如果我们将数据做进一步拆分,就能看出其中结构性的差异。如果将市值1000亿元以上的公司拆分为5000亿元以上和1000亿~5000亿元两组,其演进趋势如图1-5所示。

从图1-5可见：有的在衰落,有的在崛起。

5000亿元以上市值企业的全A市值占比出现了明显的下降。当然,这些年A股本身的总体量在快速增长,但至少说明市值5000亿元以上企业的成长速度不及A股整体。如果观察5000亿元以上市值企业的总市值演变趋势,结论是：2012年至2022年,市

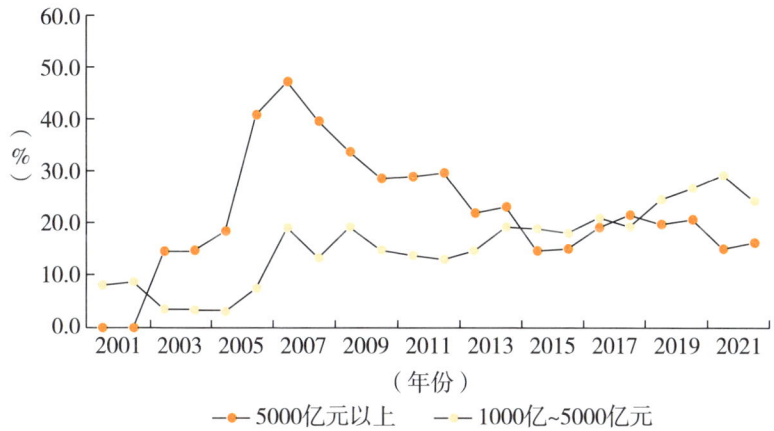

图1-5 千亿市值企业全A市值占比（分两组）

数据来源：Wind。

值5000亿元以上企业的总市值增长量不及1000亿~5000亿元的那组（见图1-6）。

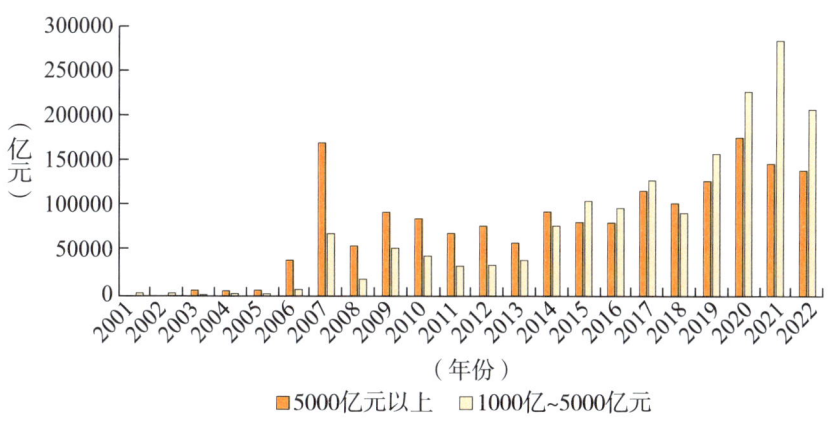

图1-6 千亿市值企业总市值增长情况

数据来源：Wind。

考虑到它们大部分是2006年至2007年上市的，那么结论更令人沮丧，那就是它们上市后几乎没有再成长。下一个问题会很自然地

迈向千亿之路

被问出来：它们是谁？

截取2007年和2022年这两个时点数，市值5000亿元以上企业分别是10家和14家，如图1-7所示。

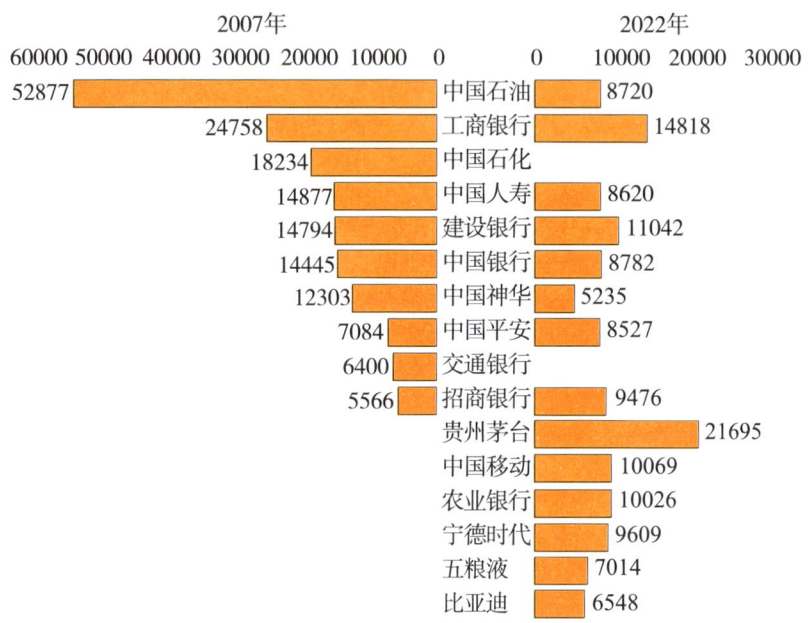

图1-7　2007年和2022年中国市值5000亿元以上企业对比（单位：亿元）
数据来源：Wind。

从图1-7中可以看出，2007年风光无限的金融和能源企业，在这15年间发生了明显的退潮。2022年，虽然大部分仍然站在舞台的中央，但是舞台上的演员更多了。

白酒和新能源行业的企业登上了舞台。贵州茅台+五粮液，宁德时代+比亚迪，成为各自行业的双子星。贵州茅台和宁德时代，分别代表了中国经济发展的两股力量，两种行业方向，甚至两条路线。一个代表消费，一个代表科技；一个代表确定性和永续增长，一个代表创新突破和无限空间；一个代表巨大市场体量的荣光，一个代表人类未来的星辰大海。两者各自有自己的拥趸，演变成资本市场有名的"茅指数"和"宁组合"。

市值5000亿元以上企业的这种结构变化，体现了中国经济结构本身的某种趋势。尤其是宁德时代和比亚迪，作为"唯二"的民营企业，也是"唯二"的科技型企业，它们在市值5000亿元以上企业中的崭露头角，是大量民营的、非金融的、非资源型的、超级成长型的企业大爆发的最突出展示，在它们之下，一大批具备上述四大特点的企业已经迎来了大爆发。

从数量来看，2007年，1000亿~5000亿元市值上市企业数量是33家，总市值是7万亿元，而2022年则已达到109家，总市值21万亿元，总市值是2007年的3倍。且令人欣慰的是，这一次的重大增长，并不是来自短时间集中的IPO（首次公开募股），也不是来自庞大的国有体系积累的资产，而是来自实实在在的产业成长。如果用行业视角来呈现这种变化，结论如图1-8与图1-9所示。

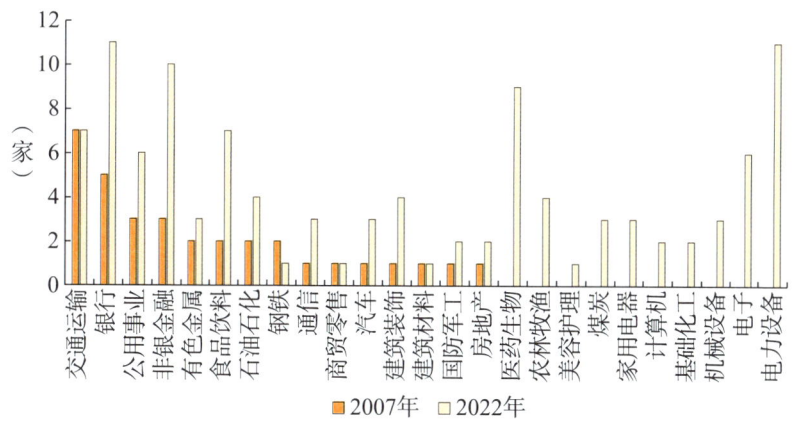

图1-8　市值1000亿~5000亿元企业数量变化

数据来源：Wind。

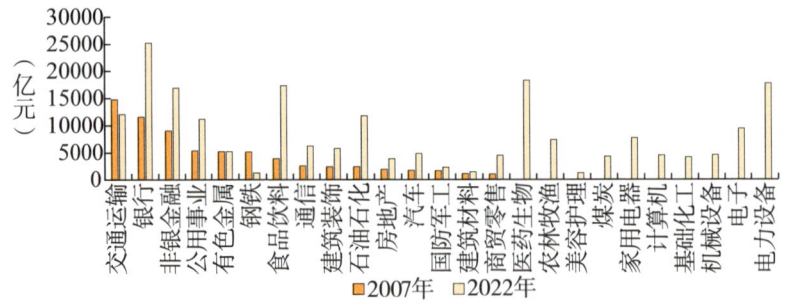

图1-9　1000亿~5000亿元企业市值变化

数据来源：Wind。

除了银行、石油石化、通信等传统国有垄断及资源型行业的企业继续取得一定的发展，食品饮料、医药生物、农林牧渔、家用电器、计算机、电子、电力设备等行业的企业在快速崛起。

按企业性质划分，企业属性及其占比也相应发生了很大的变化。2007年，民营企业仅有民生银行和苏宁易购2家，占比不足7%，而2022年民营企业的数量和总市值的占比均已增长为40%左右（见图1-10）。

这是来自市场端而非资源端的产业崛起，也是千亿企业的第二次寒武纪大爆发。

海天味业、迈瑞医疗、海康威视、立讯精密、隆基绿能，这些诞生于市场化机制下的企业，大都是从0开始创业，凭借品牌、效率、技术优势，实现了从0到千亿，甚至高峰时过5000亿元的跨越。这些企业甚至已经超越了传统的强政策壁垒型产业巨头。2022年市值1000亿~5000亿元企业清单如表1-4所示。

当前，我们仍然处在这场千亿企业大爆发的过程之中。在可见的未来，千亿企业的数量还会越来越多，其背后是一个又一个产业的崛起。

它们的发展历程值得研究和记录。

第一章 拥抱千亿时代

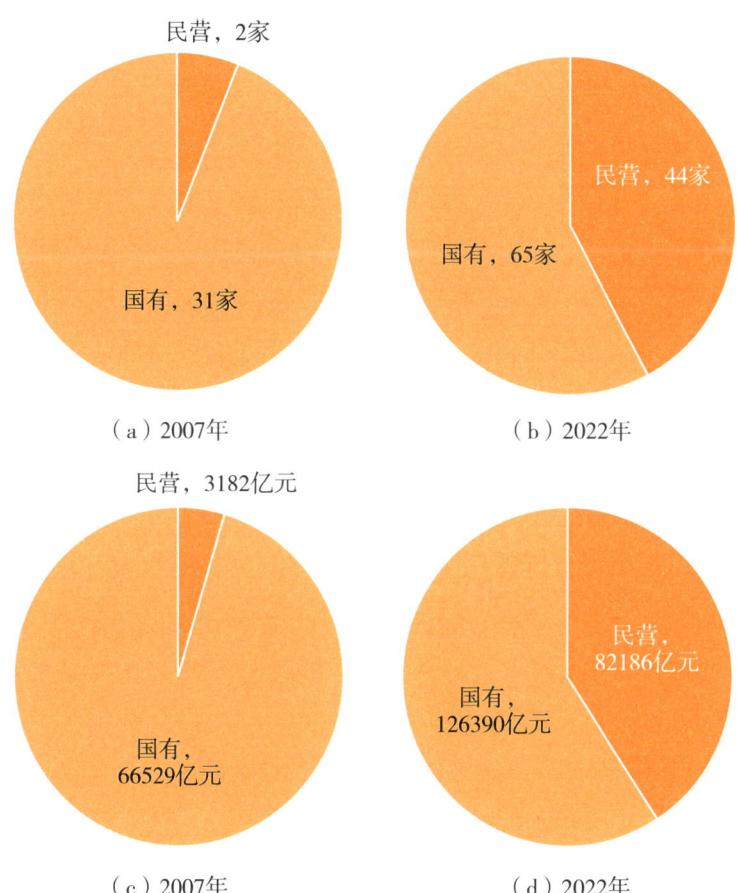

图1-10 2007年和2022年1000亿~5000亿元市值企业情况

数据来源：Wind。

表1-4 2022年市值1000亿~5000亿元企业清单

编号	证券简称	市值（亿元）	行业	性质	编号	证券简称	市值（亿元）	行业	性质
1	中国石化	4982	石油石化	国有	4	中国海油	4428	石油石化	国有
2	长江电力	4776	公用事业	国有	5	邮储银行	4211	银行	国有
3	中国中免	4457	商贸零售	国有	6	迈瑞医疗	3831	医药生物	民营

15

迈向千亿之路

续 表

编号	证券简称	市值（亿元）	行业	性质	编号	证券简称	市值（亿元）	行业	性质
7	海天味业	3689	食品饮料	民营	28	中国建筑	2277	建筑装饰	国有
8	兴业银行	3654	银行	国有	29	立讯精密	2259	电子	民营
9	中国电信	3633	通信	国有	30	爱尔眼科	2230	医药生物	民营
10	美的集团	3624	家用电器	民营	31	海尔智家	2224	家用电器	民营
11	山西汾酒	3477	食品饮料	国有	32	中信银行	2156	银行	国有
12	泸州老窖	3301	食品饮料	国有	33	宁波银行	2143	银行	国有
13	海康威视	3271	计算机	国有	34	浦发银行	2137	银行	国有
14	交通银行	3265	银行	国有	35	中国太保	2109	非银金融	国有
15	隆基绿能	3204	电力设备	民营	36	长城汽车	2063	汽车	民营
16	万华化学	2909	基础化工	国有	37	中国人保	2055	非银金融	国有
17	顺丰控股	2827	交通运输	民营	38	万科A	2039	房地产	国有
18	中信证券	2798	非银金融	国有	39	伊利股份	1984	食品饮料	国有
19	牧原股份	2668	农林牧渔	民营	40	汇川技术	1848	机械设备	民营
20	紫金矿业	2601	有色金属	民营	41	工业富联	1823	电子	民营
21	东方财富	2564	非银金融	民营	42	格力电器	1820	家用电器	民营
22	平安银行	2554	银行	民营	43	保利发展	1811	房地产	国有
23	恒瑞医药	2458	医药生物	民营	44	陕西煤业	1801	煤炭	国有
24	洋河股份	2419	食品饮料	国有	45	亿纬锂能	1795	电力设备	民营
25	京沪高铁	2416	交通运输	国有	46	片仔癀	1740	医药生物	国有
26	药明康德	2369	医药生物	民营	47	通威股份	1737	电力设备	民营
27	金龙鱼	2362	农林牧渔	民营	48	中芯国际	1695	电子	国有

第一章 拥抱千亿时代

续　表

编号	证券简称	市值（亿元）	行业	性质	编号	证券简称	市值（亿元）	行业	性质
49	上汽集团	1684	汽车	国有	70	中国国航	1339	交通运输	国有
50	阳光电源	1660	电力设备	民营	71	赣锋锂业	1332	有色金属	民营
51	国电南瑞	1634	电力设备	国有	72	中国中铁	1297	建筑装饰	国有
52	中信建投	1620	非银金融	国有	73	京东方A	1289	电子	国有
53	百济神州	1619	医药生物	民营	74	温氏股份	1287	农林牧渔	民营
54	三峡能源	1617	公用事业	国有	75	天齐锂业	1249	有色金属	民营
55	中远海控	1549	交通运输	国有	76	荣盛石化	1245	石油石化	民营
56	光大银行	1,539	银行	国有	77	宝钢股份	1245	钢铁	国有
57	晶科能源	1465	电力设备	民营	78	中国广核	1244	公用事业	国有
58	联影医疗	1459	医药生物	民营	79	上港集团	1243	交通运输	国有
59	上海机场	1436	交通运输	国有	80	南方航空	1235	交通运输	国有
60	兖矿能源	1428	煤炭	国有	81	盐湖股份	1233	基础化工	国有
61	中国联通	1425	通信	国有	82	爱美客	1225	美容护理	民营
62	民生银行	1424	银行	民营	83	古井贡酒	1225	食品饮料	国有
63	晶澳科技	1415	电力设备	民营	84	金山办公	1220	计算机	民营
64	海螺水泥	1412	建筑材料	国有	85	TCL中环	1217	电力设备	民营
65	智飞生物	1405	医药生物	民营	86	青岛啤酒	1214	食品饮料	国有
66	天合光能	1383	电力设备	民营	87	龙源电力	1206	公用事业	国有
67	中金公司	1368	非银金融	国有	88	北方华创	1191	电子	国有
68	中国中车	1366	机械设备	国有	89	华能水电	1188	公用事业	国有
69	三一重工	1342	机械设备	民营	90	恩捷股份	1172	电力设备	民营

续 表

编号	证券简称	市值（亿元）	行业	性质	编号	证券简称	市值（亿元）	行业	性质
91	中航沈飞	1149	国防军工	国有	101	南京银行	1077	银行	国有
92	万泰生物	1148	医药生物	民营	102	江苏银行	1077	银行	国有
93	中兴通讯	1145	通信	民营	103	华泰证券	1074	非银金融	国有
94	中国核电	1131	公用事业	国有	104	招商证券	1074	非银金融	国有
95	国泰君安	1131	非银金融	国有	105	长安汽车	1073	汽车	国有
96	航发动力	1127	国防军工	国有	106	中国电建	1072	建筑装饰	国有
97	紫光国微	1120	电子	国有	107	海大集团	1025	农林牧渔	民营
98	中国交建	1094	建筑装饰	国有	108	中煤能源	1022	煤炭	国有
99	恒力石化	1093	石油石化	民营	109	大全能源	1019	电力设备	民营
100	广发证券	1087	非银金融	民营					

数据来源：Wind。

（三）爆发还在路上

2007年到2022年的上市公司的结构变化是由两股核心力量驱动的：一个是中国经济的高速发展和产业崛起；一个是中国资本市场的大力改革和持续升级。

自1990年上交所（全称是上海证券交易所）、深交所（全称是深圳证券交易所）开始营业以来，中国资本市场已走过30多年，这30多年是持续不断的改革史。

与西方资本市场不同，中国资本市场起步实在太晚。最早的证券交易所荷兰阿姆斯特丹证券交易所甚至可以追溯到17世纪初，而当前全球最大的证券交易所美国纽交所（全称是纽约证券交易所）则成立于1792年。在西方资本市场超过200年的历史中，经过反复的博弈和改革，已经形成了一套比较完善的制度体系。而中国资本市场的制度体系则是借鉴西方成熟的制度，然后依托当时的国情进行适度的调整优化。从一开始这就是一个借鉴加本土化的过程，而不是本土自然生长完善的过程。

此外，这种制度设计从一开始就带有一定的尝试和探索属性。这种尝试、探索的定位使资本市场从一开始就不可能是考虑周全的，而是根据国家的发展阶段不断进行调整、革新和优化。这个过程势必会非常漫长，毕竟西方走了200多年的路，我们不大可能用30多年的时间就走好。

从我们1990年有证券交易所、1992年有证监会、1999年有证券法这个时间先后顺序就可以看出，制度的建设总是在一定程度上滞后于市场的发展。而在所有的制度建设中，有两件事情是里程碑式的，分别是2005年的股权分置改革和2020年的注册制改革。这两件事情代表了中国资本市场的两次大松绑。

按照吴晓求老师在《中国资本市场2011—2020——关于未来10年发展战略的研究》一书中的表述，中国资本市场的总体改革方向是从图1-11的高限制、低效率的困境区，向低限制、高效率的成熟区过渡。

作为改革的一个试验性产品，中国资本市场一开始必然面临重重限制。2005年的股权分置改革是对限制的第一次大松绑。自此以后，中国进入了全流通时代，其产生的直接影响是A股迎来了一波史无前例的资产证券化浪潮，详细情况前文已述。从此A股在市场化的道路上迈进了关键一步。

而下一个可与股权分置改革相媲美的重磅改革，非2020年的注册制改革莫属。这场改革的范围之广，影响之深远，使得它经历了

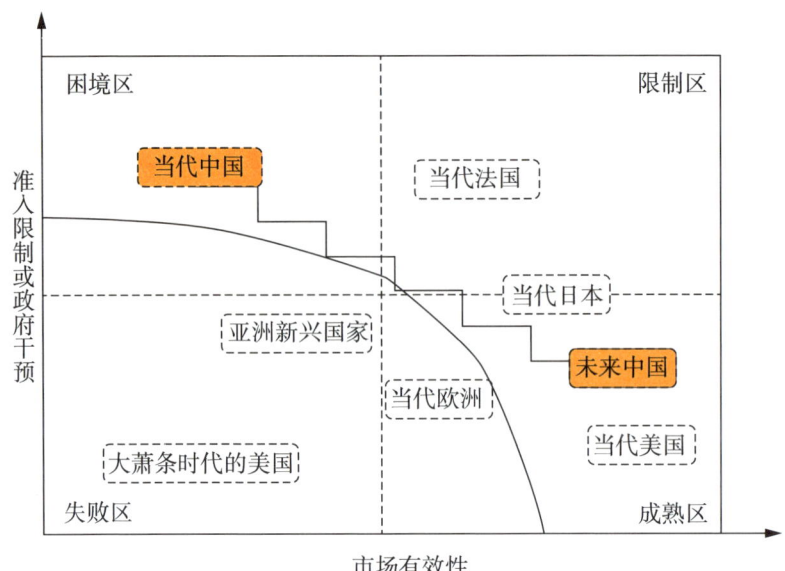

图1-11　中国资本市场改革趋势与方向

反复的论证和尝试，前后跨度数年，截至成书之日，我们仍处在这场改革的过程之中。

2018年11月5日，习近平总书记在中国首届国际进口博览会上宣布，将在上海证券交易所设立科创板并试点注册制。短短几个月后，2019年7月，首批科创板企业即挂牌上市。前后不到1年的时间，一个新的资本板块诞生了，而与之对比的是创业板，从论证到出台前后累计10年。

随后的2019年12月，《中华人民共和国证券法》（简称《证券法》）正式修订通过，宣告了A股正式进入注册制时代。

2020年6月，创业板注册制正式实施。

2021年9月，北交所（全称是北京证券交易所）注册成立。

2023年2月，主板全面实行注册制。

这一系列重磅的改革措施，仅从推出时间就可以看出对资本市场改革的坚定决心和雷霆手段。

注册制必将重构A股的生态。逻辑非常简单，既然上市门槛降低了，那么上市公司的稀缺性也自然降低。如果说2005年的股权分置改革推开了中国核心骨干国企资产证券化的大门，那么2020年的注册制改革为广大的民营的、创新的、中小型企业资产证券化打开了绿灯。

2000年，A股上市公司数量达到1000家，2010年突破2000家，增长1000家用时10年；2016年突破3000家，增长1000家用时6年；2020年突破4000家，增长1000家用时4年；2022年突破5000家，增长1000家只用时2年。企业证券化速度的加快肉眼可见。

上市门槛降低，退市标准从严，一切都指向一个结果——A股的生存状态会发生质的变化。上市企业在资本市场对资金的争夺会更加激烈，甚至残酷。弱者被边缘化，强者恒强，并享受一切资源将是未来市场的常态。

市值已经突破千亿的企业，已经证明过自己的产业龙头位势，将持续获得市场资源的加持，这从本书后文中呈现的企业案例中可以看出，动辄百亿的大手笔的资本循环，是中小市值上市企业不敢想象的。

随着注册制的持续推进和完善，市场的自然淘洗机制势必越来越明显。目前，A股123家1000亿元市值企业在全A的排序大约为前2.5%，如果以此为参考，分别将港股和美股排名对应位次的上市公司市值占比加总统计，结论如图1-12所示。

加总之后可以看到，A股前2.5%的企业市值占比约为四成，而港股和美股分别约为六成。这还只是按市值排序分位数进行统计。A股排名前2.5%的最后一家企业的市值大约为1000亿元，港股为1500亿元，美股为4500亿元（均为折合人民币）。如果同样统计港股和美股的1000亿元以上市值企业的市值之和占比，港股、美股的占比更高，大约为80%。

迈向千亿之路

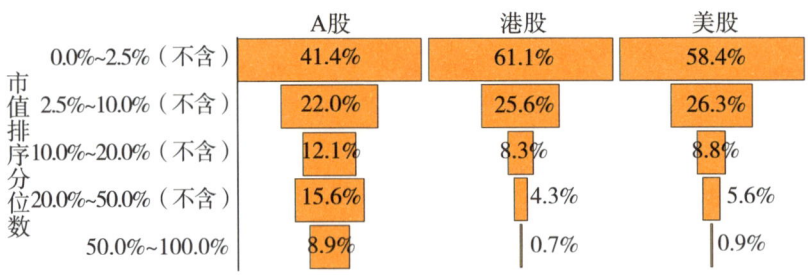

图1-12　A股、港股、美股结构对比

数据来源：Wind。

在注册制背景下，A股向港股、美股靠拢是大势所趋。今天，A股市值排名后50%的占总数一半的企业，还能占据全市场8.9%的市值，以后会连1%都不到。

用一句话来表述这种情形，那就是历史的车轮滚滚向前，小公司数量还不够多，大公司规模还不够大。

只要中国经济继续健康向前，市值千亿的企业会越来越多，越来越大。

（四）中国千亿企业任重道远

今天的中国千亿企业可称为世界级企业吗？

贵州茅台之于可口可乐，工商银行之于摩根大通，海康威视之于霍尼韦尔，中国国航之于美国航空，似乎每一个中国头部企业，在全世界范围内都可以找到对标企业。

但放大数据来看，中国千亿企业的崛起之路，依然任重而道远。

截至2022年底，全世界所有资本市场加总，市值1000亿元以上的企业总计1282家（多地上市企业已剔除重复），其中A股仅有123家，A股+港股合计175家，具体如图1-13与图1-14所示。

22

第一章 拥抱千亿时代

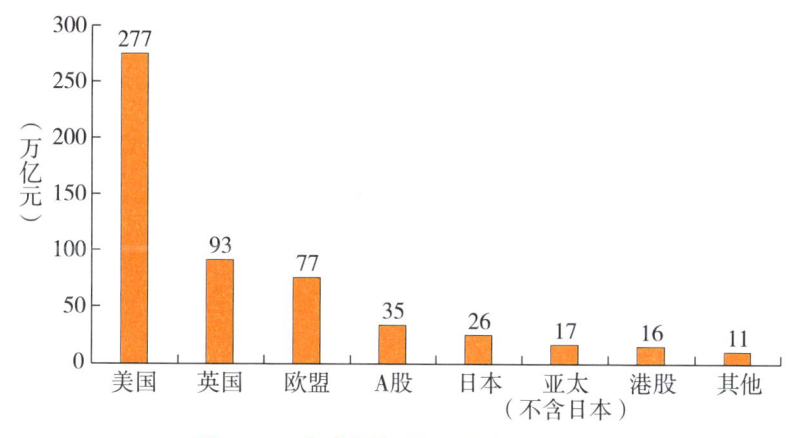

图1-13 全球市值千亿以上企业总市值

数据来源：Wind。

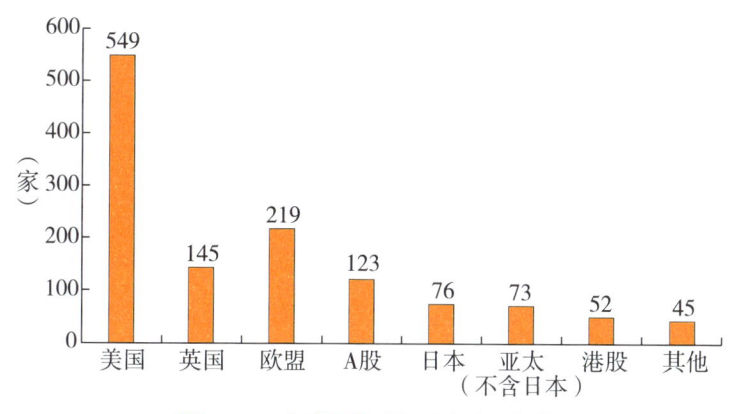

图1-14 全球市值千亿以上企业数量

数据来源：Wind。

作为世界第二大经济体，这个结果略有点不如人意。A股市值1000亿元以上的企业市值加总为35万亿元，而美国排名前3的企业苹果、微软、谷歌合计市值为34.7万亿元。123对3，这就是A股龙头企业和全球顶级企业的差距。

从产业结构上来看，如果单和美国比较，两国头部企业的产业

迈向千亿之路

结构也有明显的差异，如图1-15所示。

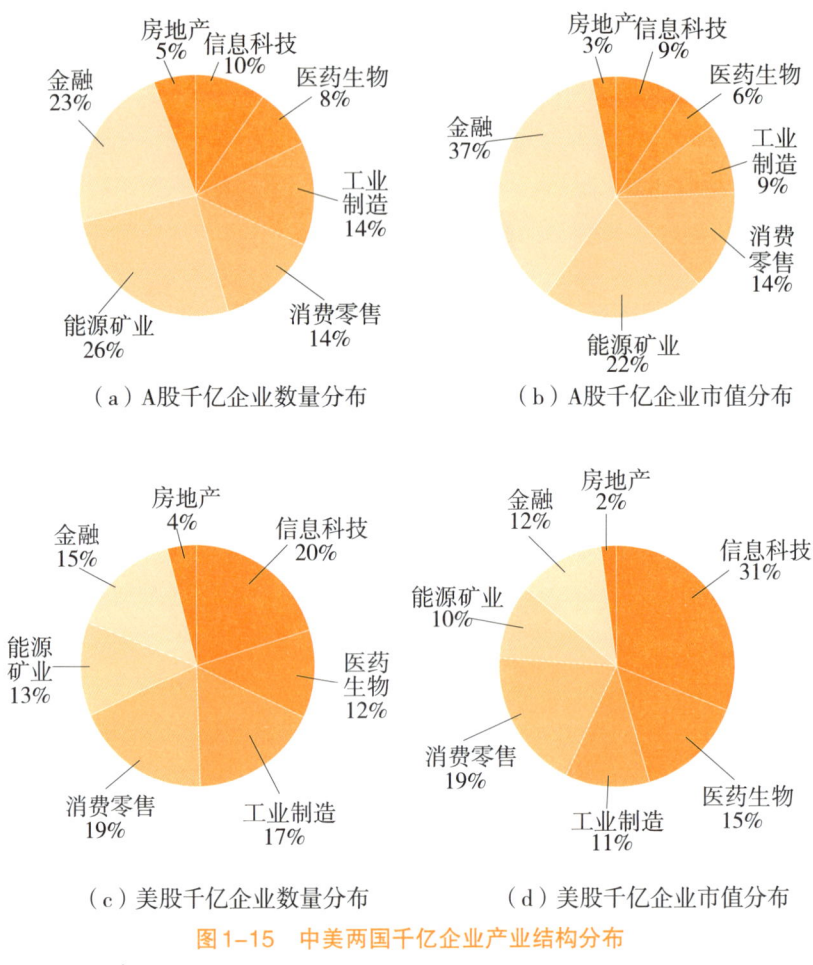

(a) A股千亿企业数量分布
- 房地产 5%
- 信息科技 10%
- 医药生物 8%
- 工业制造 14%
- 消费零售 14%
- 能源矿业 26%
- 金融 23%

(b) A股千亿企业市值分布
- 房地产 3%
- 信息科技 9%
- 医药生物 6%
- 工业制造 9%
- 消费零售 14%
- 能源矿业 22%
- 金融 37%

(c) 美股千亿企业数量分布
- 房地产 4%
- 信息科技 20%
- 医药生物 12%
- 工业制造 17%
- 消费零售 19%
- 能源矿业 13%
- 金融 15%

(d) 美股千亿企业市值分布
- 房地产 2%
- 信息科技 31%
- 医药生物 15%
- 工业制造 11%
- 消费零售 19%
- 能源矿业 10%
- 金融 12%

图1-15 中美两国千亿企业产业结构分布

数据来源：Wind。

A股头部企业的主要特点是金融+能源矿业占据大头，这两个产业合计占A股千亿企业总市值的59%，代表科技创新前沿的信息科技+医药生物市值占比只有15%。

而美国的整体结构显然更加均衡，信息科技一个产业占据约30%的市值，金融+能源矿业的市值占比则只有20%左右。

这种结构上的明显对比差异，让我们对A股在信息科技、医药生物、工业制造等方向的进一步崛起，抱有更大的期望。

在个股层面，2022年底，A股最大的企业是贵州茅台，2.2万亿元市值；中国境内最大的企业是腾讯控股，2.85万亿元市值。这个体量在全球，能排到第20至第30位。A股被冠以"宁王"称号的宁德时代，在全球大约排名第110位。

从这个角度来看，我们所取得的一点产业优势和成就，似乎都显得微不足道了。

这种整体结构和地位的升级，除了依赖产业自身的科技创新突破，也需要中国资本市场在全球资本市场的角色和地位发生改变。A股在全球的重要性，以及对海外资本的吸引力仍然是不足的。分别统计全球主要资本市场的企业数量和市值，结论如图1-16所示。

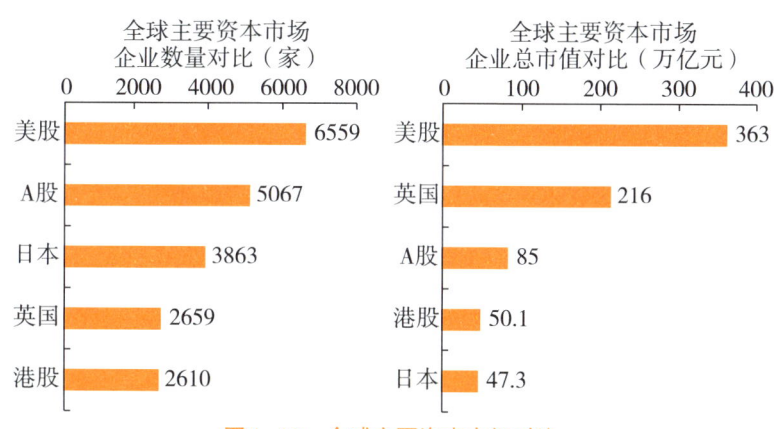

全球主要资本市场企业数量对比（家）		全球主要资本市场企业总市值对比（万亿元）	
美股	6559	美股	363
A股	5067	英国	216
日本	3863	A股	85
英国	2659	港股	50.1
港股	2610	日本	47.3

图1-16　全球主要资本市场对比

数据来源：Wind。

即便A股在上市公司数量上具备一定的优势，但是总市值仍然无法和主要资本市场相比。A股本身是一个人民币市场，对海外资本的吸引力有限，这是一方面的原因。

另一方面的原因则是A股本身在改革和探索过程中，致使大量优质企业没有选择在A股上市，而是通过美股、港股完成资产证券化。截至2022年底，这个群体有约1000家，七成在港股，三成在美股，总市值达18.2万亿元，其中最具代表性的莫过于阿里巴巴、腾讯控股。

众所周知，中美在资本市场的裂痕正在逐渐加大，这种裂痕一开始体现为二级市场的价格巨幅波动，典型的如中概股教培行业的暴跌，后来演化为IPO市场的不信任，典型的如滴滴事件。这种裂痕扩大的后果是资本开始用脚投票。2020—2022年主要指数走势对比如图1-17所示。

图1-17 2020—2022年主要指数走势对比

数据来源：Wind。

其中，KWEB指数是常用的观测中概海外互联网企业的常用指数，从图1-17中可以看出，上证指数和道琼斯指数这两个代表两国大盘的指数都很平稳，而KWEB指数和恒生指数则出现了暴跌。这种不同寻常的暴跌，体现了这个世界的裂痕。

第一章
拥抱千亿时代

对于仍然身在海外的中资企业，海外市场是否依然友好，已经是一个值得思考的问题了。以阿里巴巴为代表的大量中概龙头企业，选择在港股双重主要上市，就是应对这种巨大时代裂痕的举措。香港是个国际化市场，符合中国头部互联网企业在早期融资过程中涉及的诸多结构化安排，但港股的流动性不可与美股相提并论。我们已经在2022年见识过10倍PE（市盈率）以下的腾讯控股了，这是典型的流动性问题，流动性问题背后，则是世界的裂痕，裂痕的背后，则是我们应该引发的关于中国企业未来发展方向的进一步思考。

客观来讲，过去20年中国最成功的企业，非阿里巴巴、腾讯莫属。其成功基于两个基本要素，即中国庞大的市场基础，叠加境外资本市场灵活的融资安排，二者缺一不可。在21世纪最开始的那几年，互联网创新意味着巨大的风险，而彼时的A股根本不具备容纳这种风险的能力，一大批美元风险资本看中了其中的机会，最终，一批优秀的企业几乎全是依托于境外资本完成了创新和原始积累，其结果就是，这些企业最大的股东居然不是中资。

这种情况在接下来的时代，绝不可能再出现。中国企业和海外资本市场之间的互信，已经出现了很大的问题。我们相信，在接下来的硬科技时代，中国毫无疑问还会出现像阿里巴巴、腾讯这样的产业巨头，它们会出现在什么行业尚不好说，新能源、芯片、工业互联网行业都有可能。但是比较确定的是，未来的巨头，必然诞生在A股。

在这样的视角之下来看今天A股的千亿企业，以及尚未达到千亿，但是极具潜力的种子选手，就有了更多的期待。

山海虽远，行则将至。星辰大海还在远方，中国千亿企业，任重而道远。

第二章
市值的成长密码

（一）长期来看，平庸是一种常态

当我们研究这些成就斐然的公司时，需要弄清楚一个问题：更多的公司都是什么样的成长轨迹？

2022年，A股的5000多家上市企业，按照大数定律，主要分布在什么区间呢？答案如图2-1所示。

在中国几千万家企业中，成长到在A股上市，获得一个股票代

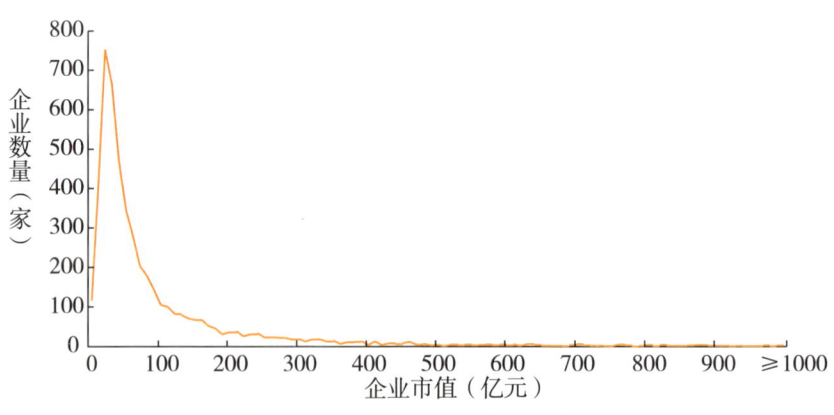

图2-1　2022年上市企业市值分布

数据来源：Wind。

码的，已经是企业中的翘楚了。可是如果将上市作为一个新的起点来看，大部分企业其实很难越过50亿元这个门槛。至少从某个时点数据来看结论如此。

是不是这些上市企业成长的时间不够长呢？将市值1000亿元以上与50亿元以下的企业的成立时间做统计分析，可以得出，大部分企业的已成立时间并不短，并且二者的差别不明显，如图2-2所示。

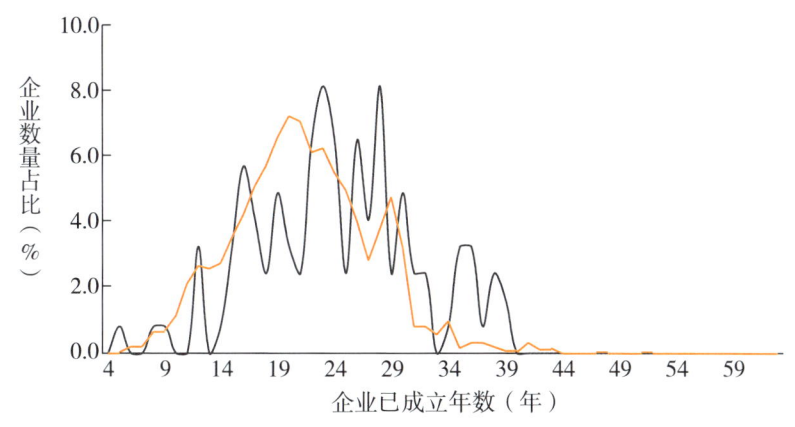

图2-2 市值1000亿元以上与50亿元以下的企业已成立年数对比

数据来源：Wind。

将2012—2022年A股不同市值企业的市值与业绩做统计，可以得到表2-1。

表2-1 2012—2022年A股不同市值企业的市值与业绩绝对增长情况

市值	总数（家）	市值涨幅				业绩涨幅			
		<0%	0%~100%（不含）	100%~300%	>300%	<0%	0%~100%（不含）	100%~300%	>300%
30亿元以下	1150	4.96%	32.78%	32.87%	29.39%	17.06%	21.32%	28.55%	33.07%

续 表

市值	总数（家）	市值涨幅				业绩涨幅			
		<0%	0%~100%（不含）	100%~300%	>300%	<0%	0%~100%（不含）	100%~300%	>300%
30亿~50亿元（不含）	478	17.78%	38.08%	24.06%	20.08%	19.87%	20.71%	32.43%	26.99%
50亿~100亿元	373	25.74%	36.73%	24.66%	12.87%	19.30%	24.40%	32.17%	24.13%
100亿元以上	325	26.77%	39.08%	23.69%	10.46%	13.23%	31.69%	35.38%	19.69%
合计	2326	13.97%	35.38%	28.46%	22.18%	17.46%	23.14%	30.88%	28.52%

数据来源：Wind。

从市值的角度看，结论是令人沮丧的。有13.97%的企业10年市值没有涨，有49.35%的涨幅低于100%。10年低于100%意味着什么呢？也就是年化涨幅低于7.2%，对于投资者来讲，相当于没有获得超过同期理财产品的收益。也就是说，有约一半的上市企业，投资者买其股票，不如买理财产品。

从收入和利润的角度看，结论同样令人沮丧。有17.46%的企业10年业绩没有增长，仅有28.52%的企业业绩增长3倍以上。

每一个企业，在某一个时点，都对自己充满信心或无比乐观，但数字不会说谎，大数定律是一种无声却不可抗拒的力量。

统计数据揭开了一个残酷的真相：对于大部分企业来讲，平庸可能是常态，而成长是偶然，脱颖而出则更是小概率事件。

（二）市值成长的内核

为什么本书要将市值作为切入口来理解企业的成长？

我用一个星环模型（见图2-3）来表达我对企业市值的理解，我认为，企业的市值中包含了企业的一切。

图2-3 企业市值星环模型

以下将从这4个方面进行阐释。

1. 盈与缺：市值的深处是"空间"

有没有一个公式可以将企业的市值计算出来？

如果有的话，为什么在基本面没有发生太大变化的时候，企业的市值却可以短时间内发生大幅波动？如果没有的话，那这些企业的市值和企业基本面的关系是怎么建立起来的？为什么同行业的企业估值却天差地别？部分企业数据如表2-2所示。

表2-2　　　　　　　　　　部分企业数据

证券代码	证券名称	净利润 2020年（亿元）	净利润 2021年（亿元）	净利润 2022年（亿元）	增速①（%）	PE（倍）	2022年净资产（亿元）	PB②（倍）	市值③（亿元）
002352.SZ	顺丰控股	69	39	70	0.5	40.4	983	2.9	2827
601899.SH	紫金矿业	85	196	248	71.1	10.6	1245	2.1	2601
601225.SH	陕西煤业	198	337	531	63.9	3.4	1379	1.3	1801
000858.SZ	五粮液	209	245	280	15.6	25.1	1167	6.0	7014
000651.SZ	格力电器	223	228	230	1.6	7.9	1019	1.8	1820
600436.SH	片仔癀	17	25	25	22.2	69.6	118	14.7	1740

数据来源：Wind。

注：① 2020年至2022年的年化增速，据原始数据计算。
　　② PB即平均市净率。
　　③ 2022年底的市值。

如果按照成长速度来估值，为什么增速不足1%的顺丰控股，却可以得到40.4倍的PE估值？而增速达71.1%的紫金矿业，却只有10.6倍的PE估值？

如果按照净利润来估值，为什么净利润为531亿元且高增长的陕西煤业市值只有1801亿元（PE 3.4倍），而净利润为280亿元且低增长的五粮液市值却可以达到7014亿元（PE 25.1倍）？

如果按照净资产来估值，为什么净资产为1019亿元的格力电器市值只有1820亿元（PB 1.8倍），而净资产只有118亿元的片仔癀市值却可以达到1740亿元（PB 14.7倍）？

如果按照经典的估值理论——DCF模型（现金流折现估值模型），企业的经营价值是由长期现金流折现计算的，为什么DCF长期为负的立讯精密可以常年获得50倍以上的PE？

估值的底层逻辑到底是什么呢？

为什么无法计算股市的涨跌？那是因为市值的涨跌可能无法用公式来呈现。市值不是精确的，而是模糊的。

我们可能无法写出万有引力定律那么优美的公式，但可以大致用图2-4来呈现估值的逻辑。

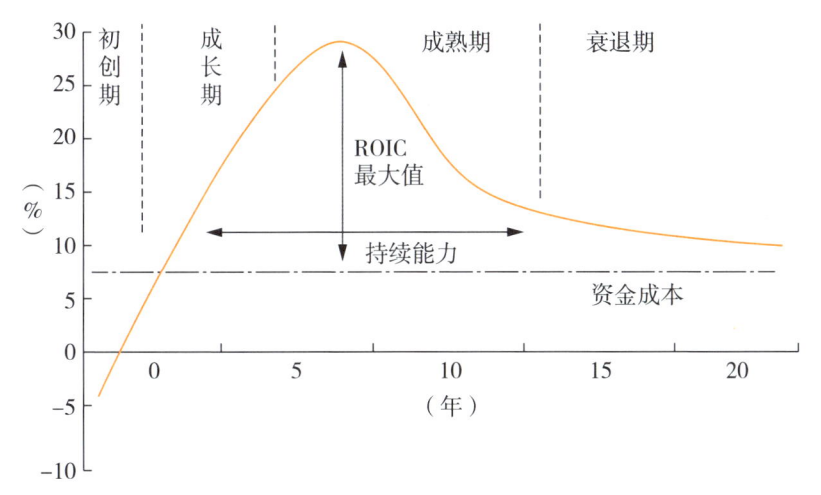

图2-4 估值逻辑

图2-4中有几个关键指标，第一个是时间，这很好理解，按经典的企业成长曲线，企业的成长可以分为四个阶段，即初创期、成长期、成熟期、衰退期，我们沿用这四个阶段，将其作为认知框架。第二个是纵轴，即投入资本回报率（ROIC），它代表了投资者将钱投资于企业可能获得的回报比率。第三个是资金成本，也就是无风险收益率，通常会类比国债收益率。但在企业估值的实际情况中，

无风险收益率可能会比国债收益率略高。

因此，在企业发展的四个阶段，其价值是不同的。在初创期，企业创造的价值可能是负的，因为没有实现盈亏平衡。

在突破了盈亏平衡点之后，进入快速增长阶段，这时候企业开始创造价值，但是不一定是正价值，只有企业的投入资本回报率高于资金成本时，才是正价值。比如资金成本是5%，但是企业的投入资本回报率只有4.5%，那么这时这个企业仍然是不值钱的。道理很简单，资金直接去买国债就好了，没有必要投资于这家企业。

当企业的投入资本回报率高于资金成本之后，企业开始创造正价值，也即真正开始为投资者创造回报。这种回报在某个阶段达到顶峰，之后企业逐渐步入衰退期，价值创造能力逐渐减弱，但只要其投入资本回报率始终高于资金成本，就始终是有价值的，典型的如各种夕阳产业，虽然回报率并不高，但是仍有价值。

如果要为企业做价值评估，那么显然，其终身价值为图2-5中阴影部分X的面积，减去阴影部分Y的面积（这个表述是不严谨的，严格来说，如果要用面积来表述价值，纵坐标轴应改为投入资本所产生的绝对回报，而不是回报率。但读者应该知道我要表达什么意思，就不过于字斟句酌了）。投资介入的时点，即图2-5中对应的A、B、C、D点，其估值即为投资时刻之后的绝对面积。

显然，如果一个企业的终身价值是X减去Y的面积，那么影响一个企业市值的关键因素有两个，分别是：竖有多高、横有多长。基于这一认识，关于公司估值，我们可以有如下几个重要的推论。

推论一："竖"即一家企业可以创造的最大回报。简单讲，它与企业净利率和经营杠杆相关，这很好理解，能用更少的投入赚到更

第二章
市值的成长密码

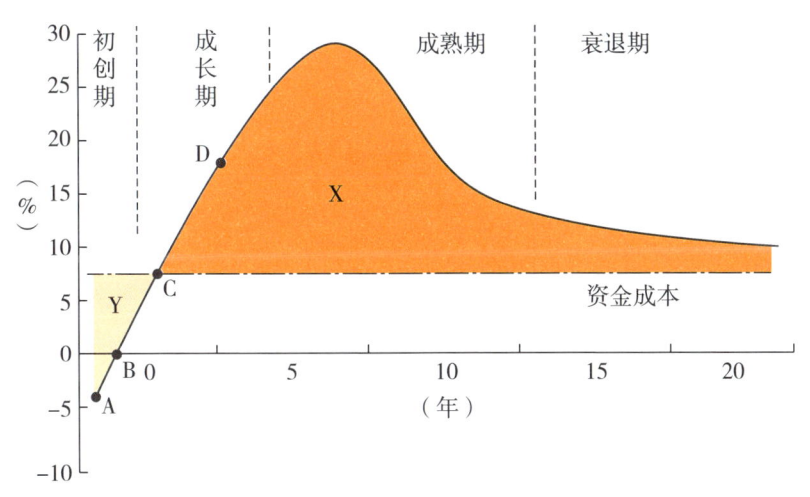

图2-5 估值逻辑示意图

多钱的企业，更值钱。

但这里的回报不是账面净利润，而是实打实能够拿回来的现金流。这回答了一个问题，即为什么有的公司明明看上去净利润情况很好，却始终得不到高估值。因为它的生意扩张需要靠持续地再投入，一旦投入停止，它的增长也就停止了。典型的如制造业，工厂如果不新增产能，它的盈利是不可能增长的。这使得这个业务要想增长，就需要从净利润中拿出相当比例投资扩建新的产能，从而使股东其实没法实打实拿走现金。这就是为什么有的企业明明增速看上去很快，估值却很低。因为投资者知道，自己无法真正分享企业增长带来的收益。我有一个非常有意思的观察，同样市值，或者同样利润水平的公司，消费品公司的老板，往往比制造业公司的老板，更"土豪"一些。典型的标志就是名车、名表，甚至私人飞机。因为消费品公司老板的钱，赚到兜里，就是自己的了。而制造业公式的老板，则要"低调"很多，因为表面上公司赚钱了，但他知道，到处都需要投入，能省点就省点。

迈向千亿之路

推论二:"横"即一家企业的盈利能力能持续多久,可以近似理解为产品的生命周期。这一点非常关键,它回答了一个问题,即为什么有的行业明明非常赚钱却不值钱,而有的公司明明盈利能力一般却估值特别高。非常典型的如工程类公司、系统集成类公司、咨询类公司。这类公司最大的问题是做完这个业务,下一个业务还需要重新打单,重新招标。既然如此,投资者的预期就是不确定的,因此也就无法按照远期的盈利进行估值,体现在估值指标上就是PE特别低。所以工程类公司典型的估值只有10~20倍,系统集成类公司稍微好一点,因为多少沾了计算机概念,可以达到20~30倍。

而另一类公司很容易获得远期估值,典型的如医药公司、消费品公司,因为消费者对这类产品有明显的品牌依赖,这使投资者容易对这类公司的超远期盈利进行估值。医药比较典型,尤其是高血压、糖尿病等药,一吃就是几十年,而且很少换。另一个典型的例子是贵州茅台,在可见的时间范围内,贵州茅台的地位是不可撼动的。有一次我与某位以投资贵州茅台闻名江湖的私募大佬吃饭。他说:"我们测算过茅台未来200年的利润,预计会达到10万亿元。"你看,高段位的投资者是这么思考问题的。这就是为什么贵州茅台明明只有20%的业绩增速,却可以获得50~80倍的PE估值。

推论三,为什么有些企业明明不赚钱,但是估值特别高?因为这种企业在A点,虽然当前并不盈利,但是它的X特别大。典型的如纳斯达克的众多医药股(见表2-3),虽然当前仍在研发投入期,但是一旦其研发成功,在该领域就可以独步天下,所以即便当前一直在亏损,却可以按照未来的预期价值提前在今天给出价格。

表2-3　　　　　纳斯达克部分医药股净利润与总市值情况

证券代码	公司名称	净利润（亿美元）2020年	净利润（亿美元）2021年	净利润（亿美元）2022年	公司业务	2022年末总市值（亿美元）
PTCT.O	PTC Therapeutics, Inc.	-4.4	-5.2	-5.6	专注于口服的小分子药物的开发，处于临床试验的后期阶段，用于治疗由基因突变引起的杜氏肌营养不良症及囊性纤维化	27.9
BCRX.O	BioCryst pharmaceuticals, Inc.	-1.8	-1.8	-2.5	设计并研发用于阻止疾病发病机制的生物酶的药品	21.6
RVNC.O	Revance Therapeutics, Inc.	-2.8	-2.8	-3.6	临床阶段专业生物制药公司，专注于研发、制造用于美容和治疗的新型肉毒杆菌毒素产品	15.2
CRNX.O	Crinetics Pharmaceuticals, Inc.	-0.7	-1.1	-1.6	临床阶段制药公司，专注于发现、开发和商业化用于治疗罕见内分泌疾病和内分泌相关肿瘤的新药	9.9
ENTA.O	Enanta Pharmaceuticals, Inc.	-0.4	-0.8	-1.2	研发针对丙型肝炎病毒的新型抑制剂	9.7
AGEN.O	Agenus Inc.	-1.8	-0.2	-2.2	发现及开发治疗癌症及其他疾病的创新疗法	7.3

数据来源：Wind。

在 A 股，不盈利的企业得到高估值的案例并不多，但是不盈利的业务模块在算估值的时候算进去的案例并不少见。典型的如广联达，作为国内 SaaS（软件运营服务）龙头企业，其在建筑软件领域的地位无可撼动，而其 SaaS 服务模式又基本锁定了未来的盈利空间，所以就可以大胆地按未来预期给估值。在 2021 年某券商对广联达的研究报告中，直接写下了按明年净利润 100 倍、今年净利润 300 倍 PE 的估值体系给予估值定价。这充分体现了这一结论，即当前的定价是对未来的充分预期。

有了上面几个推论，我们再回过头来看企业的市值，就会有新的认识了。在我们的常识中，企业市值和盈利能力、增长速度、资产规模有关，甚至有 PEG（市盈增长比率）这样的指标，来衡量企业估值和成长速度的关系。但是上面的分析告诉我们，企业的估值和上述几个维度都没有简单的对应关系，并不是越赚钱的公司越值钱，也不是增速越快的公司越值钱，更不是资产规模越大的公司越值钱。

如果需要将企业的价值和一个指标做关联，我认为这个指标是空间。

这个空间当然不是简单的市场空间，而是未来公司可能创造的回报的最大空间。影响这个空间的因素非常多，包括盈利能力，也包括企业的竞争壁垒，还包括企业实现成长预期的概率，这就是为什么行业龙头企业虽然可能在盈利能力、增速等指标上和第二、第三的公司差不多，但是它的估值总是更高，因为它实现成长预期的概率更大。

如果要为这个空间做定义，我认为决定企业市值的这个空间至少可以拆分为如下几个方面：

一是市场空间：小池子里永远养不出大鱼，这是个浅显易懂的道理。有的行业的企业是注定无法成长为大市值企业的，如垂直细分行业的企业，尤其是在垂直细分行业提供场景化服务的企业。以智慧城市行业为例，这个在10年前就被吹爆的风口行业，诞生了一家超级巨头——海康威视。可是除了海康威视，其余公司的情况如何呢？图2-6一目了然。

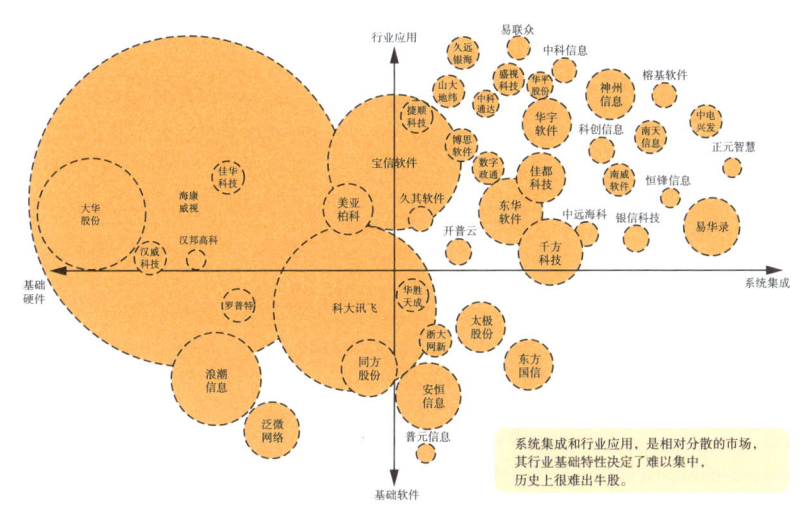

图2-6　智慧城市行业各个企业的细分领域与市值

这种估值的宿命是从一开始的生意选择就决定了的。标准化的基础硬件和基础软件天然具有更广阔的市场，这个道理难道深处垂直应用领域的企业不懂吗？当然不是，只是因为在垂直细分行业实现符合市场预期的成长已经足够辛苦，要进入标准化产品的市场所需要的资源量级更大。以消费品行业为例，这是投资者最喜欢的长坡厚雪的行业赛道，也是最容易诞生超级大牛股的行业，因为14亿人的市场空间足够大，一旦在某个细分品类打造出爆款，就能大杀四方。比如安琪酵母，一个做1元一包的酵母粉的公司，市值高达300亿元。这个行业的实质性进入门槛非常高，没有10亿量级的品牌投入，很难真正缔造品牌影响力。对很多企业家来说，想想即可，企业自身并不具备那样的资源量级。

二是资源空间：资源空间即资源的调动空间，是考验企业成长性的另一个关键要素。资源不等于资本，但一定程度上可以和资本互相转化。企业有多少钱，或者能调动多少钱，决定了其能驱动多大的市场力量，敢于招聘多高水平的人，能有多大力量投入研发等。这种资源驱动的空间来自两个方面：一个是企业自身的造血能力，另一个是企业的融资能力。前者有赖于企业的经营水平，而后者有赖于资本市场。

站在资本市场视角，融资能力与企业的市值息息相关。这里面的互动机制非常有趣，市值低的企业，融资能力弱，资源调动空间小，其可预期的成长空间小，市值很难上涨；而市值高的企业，融资能力强，资源调动空间大，其可预期的成长空间大，市值一直维持高位。这就是资本市场有意思的"反身性"，即"自证预言"机制。因为你相信，市场给了企业高价格，企业就真能干出来；因为你相信，市值给不出企业高价格，企业就真的干不出来。这是科技型企业估值总是很高的一个有趣的原因。

三是试错空间：比起资源调动空间，试错空间更为隐晦，更不易被察觉，却是80%的企业真正头疼的问题。为什么试错空间如此重要？因为今天，中国的大部分上市公司是上市即巅峰，马上面临第二增长曲线的问题。而打造新的业务曲线，和研发新品的逻辑是一样的，本质上就是不断地探索和试错，成功无非是把所有可能的失败都经历过之后剩下的那个选项。可问题是，你的容错概率有多大？

比如，你可以接受多大比例的研发或市场投入没有产出？研发和市场投入本质上就是向未知发起挑战，有极大的可能性是没有产出的。而在现行的估值体系下，绝大部分投资者以业绩作为评估企业价值的核心标准，一旦投入的研发费用或市场费用没有实质性产出，面临的后果是市值的直线下滑。投资者的信息是不充分的，他们不会为你的情怀、探索和勇气买单，他们只会为结果买单。

又或者，你的组织能经得起多大的变革冲击？企业第二增长曲线通常意味着新的商业模式，新的能力需求，新的人才结构。这势必对现有的组织结构体系带来冲击。典型的问题包括新老人才的薪酬差异、组织结构的系统调整、新旧业务的争利和左右互搏等。

这是个致命的问题，如果市场不包容错误，创新失败就意味着死，又如何敢做真正的创新呢？而这正是大量苦苦探索第二增长曲线的企业面临的现实情况：知道该尝试，但是不敢尝试；知道该探索，但是不敢探索。因为没有试错的空间。

市场空间、资源空间、试错空间，这三者，一个比一个模糊，却最终都在估值这一指标上得到了准确的呈现。

估值高的企业，往往意味着更大的市场空间——因为没有空间，就不会得到这么高的价格；

估值高的企业，往往意味着更大的资源空间——因为随着市值增长，增发、并购的成本急剧降低，而人才也在股价上涨过程中得到了更大的激励；

估值高的企业，往往意味着更大的试错空间——因为投资者可以接受更低的利润，企业敢于用更大的力度去探索。

这就是PE的真正含义，它事关企业经营中的所有方面。

企业家如何定义自己的企业和业务呢？

资源的多与寡，空间的盈与缺，对"空间"的深度思考，是企业战略思考的核心要义。

2.顺与逆：市值是对周期涨落的拥抱

"周期天王"周金涛在一次题为"人生发财靠康波"的著名演讲中，有如下几段有意思的表述：

康波周期，是全球经济运动的决定力量，也是各位人生财富规划的根本理论。我们每个人的财富积累，一定不要以为是你多有本事，财富积累完全来源于经济周期运动的时间给你的机会。

过去的十年，中国暴富的典型是煤老板，原因就在于天时。用康德拉季耶夫理论来看，这是大宗商品的牛市给煤老板人生发财的机会。

十年前，你在中信建投找一份工作其实并不难，但你在中信建投旁边买一套房子很重要。因为中信建投在北京东二环，旁边的房价涨了10倍。[①]

这种关于周期的形象论述和鲜活案例，充满了宇宙密码的神秘气息，甚至有点宿命论的味道。但实际上，在经济研究中，周期是一个我们不可绕过的话题，从国家命运兴衰，到宏观经济涨落，到产业价格波动，再到货币的潮汐涌动，万事万物，无不在周期循环轮盘的某个时空刻度之上。

荷兰、英国、美国，这几个先后扮演世界领导者角色的国家的崛起和衰落历程，完美展现了周期的涌动。桥水基金创始人瑞·达利欧在《原则——应对变化中的世界秩序》一书中提出，美国即将进入衰退的周期，而新大国——中国即将崛起。影响这种宏观兴衰周期的因素，可以分为三个周期，分别是：有利和不利的金融周期（例如资本市场周期）；内部秩序和混乱周期（取决于合作程度与财

---

① 引用时有改动。

富和权力斗争，后者主要缘于财富和价值观差距）；外部秩序和混乱周期（取决于现有大国在财富和权力斗争中的竞争力）。

世界历史的兴衰以百年为刻度更迭，经济领域更是如此。经济领域中最长的周期是康波周期，即康德拉季耶夫周期，一个周期长达60年，刚好暗合了中国传统文化中的一个甲子。一个康波周期包括繁荣、衰退、萧条、回升四个阶段，像时钟一样循环往复（见图2-7）。繁荣阶段往往对应高增长与低通胀，新的技术提高了效率，高增长并没有引发资源约束；衰退阶段通常对应低增长、高通胀的滞胀，资本投入推高大宗商品需求，资源约束启动；萧条阶段通常对应低增长、低通胀的通缩，全社会开始紧缩，供给出清开始；回升阶段通常对应经济企稳回升、低通胀，新技术的投入带来经济增长重启。

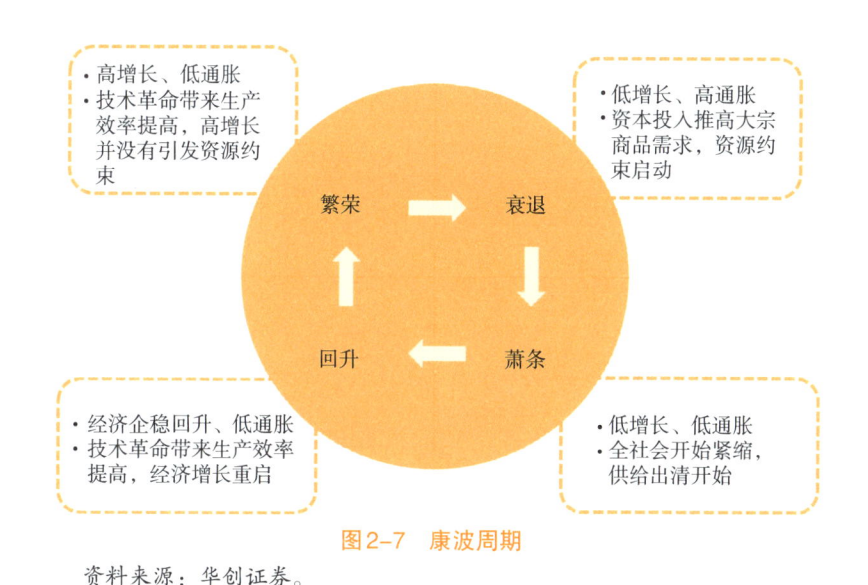

图2-7 康波周期

资料来源：华创证券。

康波周期作为经济领域最长的周期，也被称为"长周期"，其驱动因素主要是技术变革。既然有长周期，就有中周期、短周期。它们分别是库兹涅兹周期、朱格拉周期、基钦周期。具体见表2-4。

表2-4　　　　　　　　　中美在各主要经济周期所处的阶段

周期	周期时间	催化因素	中国 最近一轮	中国 当前一轮	中国 当前所处周期阶段	美国 最近一轮	美国 当前一轮	美国 当前所处周期阶段
康波周期	50~60年	技术革命和产业变迁	1948—1991年	1991年以来	萧条	1948—1991年	1991年以来	萧条
库兹涅兹周期	15~25年	房地产和建筑业周期	1998年以来	1998年以来	萧条	1991—2010年	2010年以来	收缩
朱格拉周期	7~10年	设备投资周期	2009—2020年	2020年以来	复苏	2009—2020年	2020年以来	复苏
基钦周期	3~4年	企业预期和库存变化	2016—2020年	2020年以来	被动去库存	2016—2020年	2020年以来	被动去库存

资料来源：雅各布·范·杜因《创新随时间的波动》；周金涛《涛动周期论》；华创证券，《康波萧条下的朱格拉与库存周期共振——策略周聚焦》。

我们在经济领域中看到的各种现象，都是上述周期嵌套的结果。比如在2023年下半年，大家对经济的普遍感受是需求疲弱，社会融资减少，情绪比较悲观。如果从周期的角度看，这是库存周期出清的最后一个阶段。而这种情况我们在2000年以来已经经历了6次，每一次的时间都是3~4年，当前正是第7次库存周期出清的末期。不知本轮库存周期是否已经迎来拐点，相信届时大家一定有新的体会。中国工业企业产成品存货同比增长情况如图2-8所示。

除了宏观经济，产业也存在明显的周期波动，最为典型的莫过于猪周期。由于市场参与者谁都无法掌握市场的全量数据，也都无法对市场的供给和需求做出准确预判，因此在供需之间产生了过剩

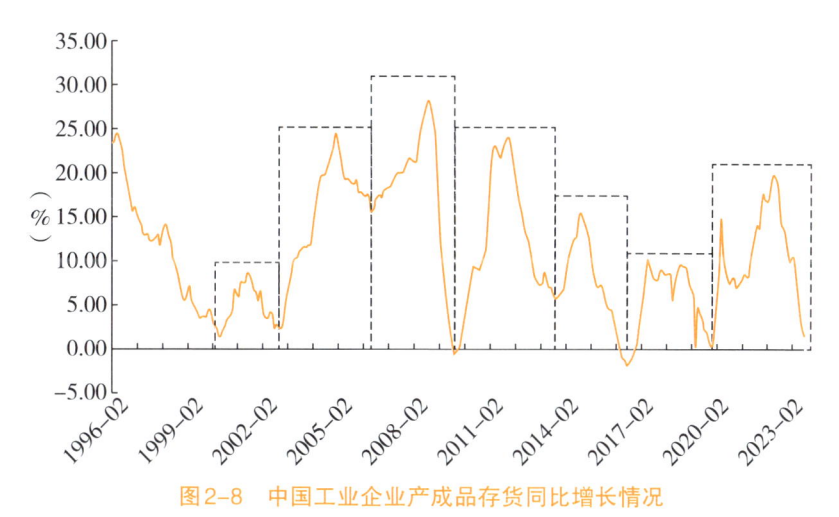

图2-8 中国工业企业产成品存货同比增长情况

数据来源：Wind。

与稀缺来回摇摆的情况，从而形成了猪周期。2007—2023年的猪周期变化如图2-9所示。

随着生猪价格的波动，整个行业的盈利能力相应浮动，导致行业的市值波动，市值波动与生猪价格波动几乎完美重合。有多少企

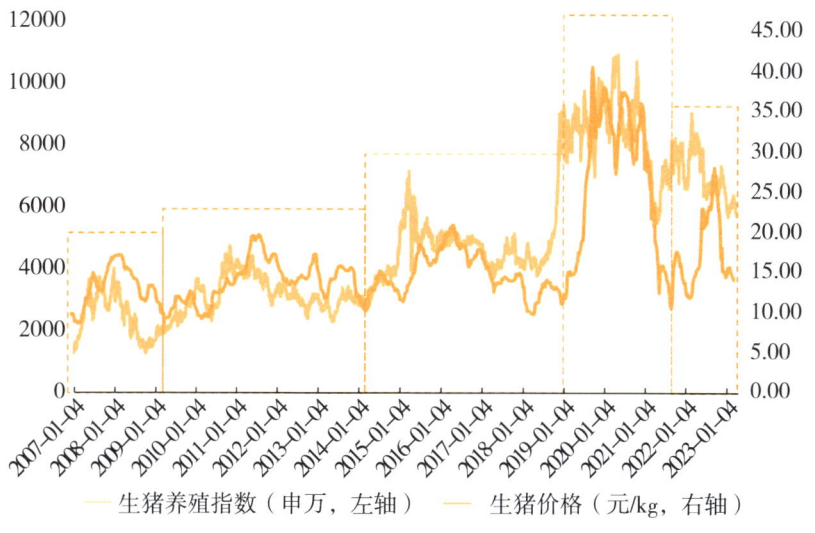

图2-9 2007—2023年的猪周期变化

数据来源：Wind。

业的命运，就在一次又一次的周期波动中浮沉，有的成王飞天，有的则彻底告别舞台。

这种周期波动在各行各业普遍存在，只是程度的高低有所差异。和宏观经济关联度较高的行业，如钢铁、煤炭、化工等行业，在资本市场被统称为周期性行业，这类行业的公司的业绩和估值都随着宏观经济的周期波动呈现周期性的涨落和起伏。

除了产业上普遍存在的周期波动，金融市场的周期波动更加明显。随着经济本身的周期性波动，金融市场需要根据经济的波动进行宏观调控。最为典型的是美元的货币潮汐。1971—2022年的美元指数变化趋势如图2-10所示。

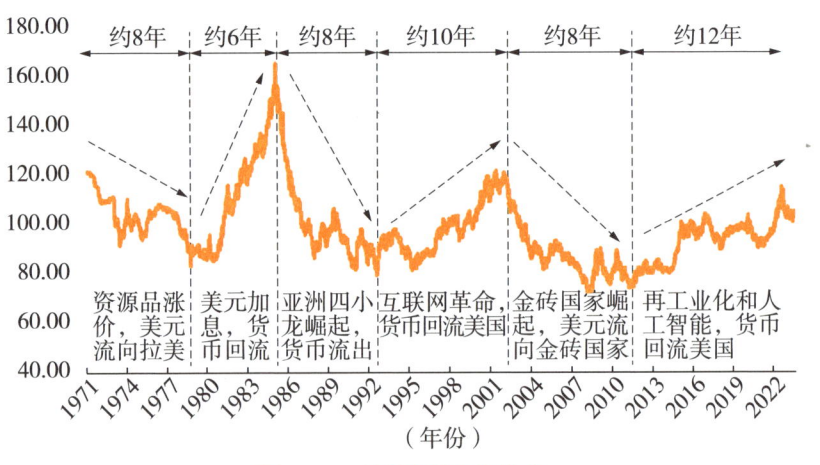

图2-10 美元指数变化趋势

数据来源：Wind。

2022年至2023年，正处于美国加息的强势美元周期，很多人将之与20世纪80年代沃尔克担任美联储主席时的激进加息相对比。沃尔克将那段历史详细记述于其畅销书《坚定不移》中，有兴趣的读者可以翻阅。截至本书成稿之日，市场上关于美联储是否还会迎来最后一次加息仍有争议，但无论如何，我们总能从历史中获得相似的注脚，我们也必将见证美元周期的再一次轮回。

在国内，政策的变化同样呈现周期性的循环。以资本市场的政策为例，过去10余年可以明显地看到政策变化的规律。政策的导向或直接或间接地导致资本市场的涨落变化，其中的相关性非常明显。2010—2023年的上证指数变化趋势如图2-11所示。

图2-11　上证指数变化趋势

数据来源：Wind。

国运周期、经济周期、产业周期、金融周期、政策周期，以上所有的周期叠加，决定一个企业的命运。

再回到一开始周金涛的演讲中，一个人的财富命运处于康波周期中，你是否于2008年在中信建投旁边买了一套房子非常重要，可是2018年你在中信建投旁边买一套房子已经没有那么重要了。个人的命运如此，企业又何尝不是如此呢？

2014年，一家从事LED照明业务的叫艾比森（300389）的公司成功上市。在答谢酒会上，董事长激动地说道："从通过中国证监会发审委员会[①]的审核到拿到证监会的批文，整整两年过去了；从

---

① 全称是中国证券监督管理委员会发行审核委员会。

迈向千亿之路

2010年准备上市资料到今天办这个答谢会整整5年过去了；从2007年券商进公司到现在整整8年过去了。8年是多么的珍贵！"而这种为上市付出七八年时间的情况，在核准制时代，实在太普遍了，没有5年的时间上不了市，这是大家最基本的心理准备。

而2020年9月，一家与艾比森同样从事LED照明业务的公司爱克股份（300889）成功上市，从IPO受理到成功上市，只花了78天。

身处不同的政策周期，就是完全不同的企业命运。这两家同行业的公司股票代码刚好相隔了整500位，在这500个代码逐步发放的这几年，注册制的改革打开了新的政策周期。这500家企业的命运各不相同，但都刻在了这些年政策周期的波动之中。

上市那一刻如此，上市后的企业命运更是如此。比如汇川技术，在2010年IPO时，虽然只有2亿元的净资产，却凭借78倍的市盈率完成了19亿元的募资，一举奠定了未来8年的发展基础。这皆有赖于当年没有发行市盈率上限的政策环境，后来由于发行市盈率设置了23倍的上限，这种募资神话很难重现，一直到注册制改革。而这背后，又有多少企业的发展走上了截然不同的轨道？

类似的故事实在太多。比如，在2013年进行股权激励的上市公司，和在2015年进行股权激励的上市公司，命运完全不同。因为2013年股价是低点，而2015年股价是高点。时间点的差异，直接影响了团队的收益，低位激励的团队收益丰厚，士气高昂；高位激励的团队跌破成本价，士气低迷，甚至找不到事业价值。企业命运截然不同。它们做了同样的事情，只是时点不同。

这还不是最极端的，如果在股权激励的方案中，有大股东的担保和兜底呢？大股东的出发点是好的，为了团队多拿点收益，自己兜底为团队加杠杆。如果加在2013年，团队收益颇丰，皆大欢喜；如果加在2015年，则不仅团队士气尽毁，大股东为员工加的杠杆也可能成为压垮自己的最后一根稻草，最终的命运就是破产或控制权转让。

以上都是真实的故事，类似的案例，不胜枚举。

那么，归根结底，周期对上市公司意味着什么呢？身处产业周期、金融周期、政策周期的不同阶段，最终都将反映到企业的市值这一显性指标之上，并最终影响企业的命运。

企业经营的顺与逆，股价和市值的涨与跌，企业经营决策的进与退，都在周期之中。

市值也好，战略也好，产业也好，一切皆雕刻于周期循环的轮盘之上。

3.实与虚：最好的市值管理是"桃李不言"

说到市值管理，一般人会想到什么？"市值"怎么可能被"管理"呢？所以大部分人的想法是神秘的庄家，桌面下的交易，少数股东通过不对称的信息和管理大量的资金，左右股价的走势。市值管理仿佛是K线背后最隐晦、敏感，却又让人向往的一种力量。

真实情况如何呢？

按照不同市值区间的公司的日成交额进行统计[①]，市值50亿元以下的公司日均交易额为8000万元，平均机构持仓市值是1亿元；而市值5000亿元以上的公司，日均交易额是23.4亿元，平均机构持仓市值约为1770亿元。

可以看出，机构持仓市值和日均交易额随着企业市值的递增而递增，而平均区间换手率则呈现明显的递减。简言之就是市值越大，交易越不活跃。

[①] 读者可参考第一章表1-2，其中对不同市值区间的公司的日成交额进行了统计。

以市值1000亿~5000亿元的公司为例，每天11.5亿元的交易额，面对平均机构持仓市值332.4亿元的体量，如何左右股价的走势？这些千亿市值的企业，怎么可能将市值"管理"到千亿？

我在和这些上市公司的高管打交道的过程中，发现他们给人的感受是"低调"。和中小市值上市企业的人有着旺盛的交流欲望不同，这些企业的人往往呈现出一种更为自然的状态，不加修饰，不讲故事。他们通常不愿意聊市值，但是很乐于聊技术、产品，乐于聊企业文化。以立讯精密为例，在研究过程中，我发现A股曾有无数"果链"企业，但唯有立讯精密长期成长从未掉队。我问董秘黄总："立讯持续成长的秘密是什么？"黄总回答："因为我们想得比别人更深。你要关注为什么立讯总是能留住人才，关注董事长的战略思考，关注我们公司的文化。"

每一个企业都是在争议中成长，最终证明了自己之后，受到市场的信任。以三一重工为例，大起大落的产业周期对企业是反复的折磨，一个逆周期的浪潮过来，就可能使企业一蹶不振。而三一重工在周期底部证明了自己，当新周期来临之时，市场同样将之奉为产业王者。

在一个企业的市值增长过程中，有三条曲线，分别是业绩曲线、股价曲线和预期曲线。其中，业绩曲线和股价曲线能看得见，预期曲线看不见。

图2-12是和君原创的市值管理预期模型，它体现了业绩、市值（股价）和预期三者之间的互动关系。

业绩曲线是一条线性增长的实线，因为业绩是实的，是很难在短期发生突变的，所有的变化都是渐进的、连续的。投资者可以通过公司调研、跟踪产业数据等方式来捕捉业绩的变化趋势。

股价曲线是一条非线性的实线，股价也是实的，是可以通过证券交易实实在在地呈现给投资者的。但是和业绩曲线不同，股价曲线会发生突变，会跟随市场风格、突发事件、政策预期等种种突发因素

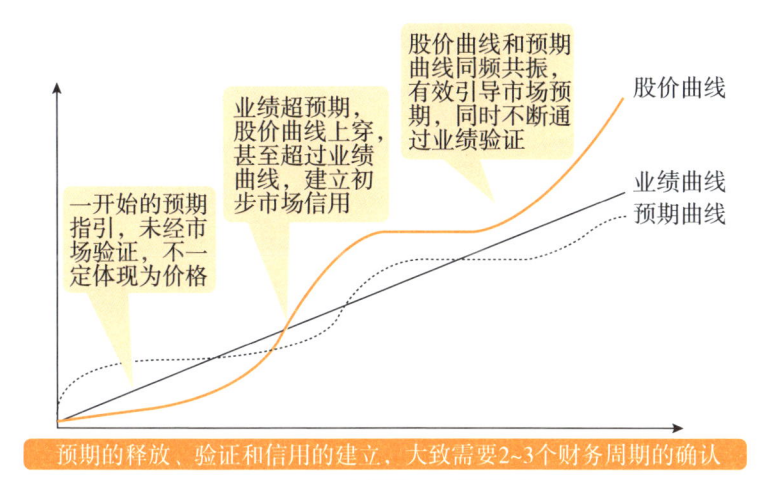

图2-12 市值管理预期模型

图中标注：
- 一开始的预期指引，未经市场验证，不一定体现为价格
- 业绩超预期，股价曲线上穿，甚至超过业绩曲线，建立初步市场信用
- 股价曲线和预期曲线同频共振，有效引导市场预期，同时不断通过业绩验证
- 股价曲线
- 业绩曲线
- 预期曲线
- 预期的释放、验证和信用的建立，大致需要2~3个财务周期的确认

而发生突然的改变，所以这条曲线是非线性的。一件可以确定的事情是，长期来看，股价曲线是围绕业绩曲线波动的，另一件可以确定的事情是，在绝大部分时间，股价和公司的真实价值是不对等的，或低估，或高估，很难绝对等值。因为股价受太多因素的影响。

预期曲线是看不见的，是在投资者心中的，它代表了市场对公司未来预期的强弱判断，这种预期的强弱会对股价曲线带来直接的影响。可以影响预期的因素非常多，如业绩预告、分析师预测、路演和交流、股权激励展现出的业绩指引等，这些渠道是可以影响投资者对公司预期的渠道，也是市值管理中可利用的手段。但是，这绝不是说上述手段就等于市值管理。资本市场最不缺的就是故事，善于讲故事的公司实在太多，但所有故事的有效性都必须加上企业信誉这一前提。预期是那一串0，业绩是前面的那个1，而企业信誉则是前面的±号。

企业信誉曲线是一条比预期曲线更为虚无，但是十分重要的曲线。市值上取得非凡成绩的企业可能在业绩、预期、估值等方面千差万别，但是无一例外的，都具备极好的资本市场信誉。

在A股的数千只股票中，历史上曾在短期内为投资者创造过非凡回报的企业不在少数，其中绝大部分是短暂辉煌后长期的一蹶不振。原因无他——企业信誉受损。

每一个上市公司的背后都是数以万计的股东，他们的财产甚至身家性命，都维系于公司的股价之上。什么样的公司会得到投资者的持续青睐？答案很简单，靠谱的公司。

优秀的公司从来都是达到甚至超越投资者预期，而不是让人失望。我们以本次研究的千亿企业为例，对其多年的券商一致预期和实际表现统计，可以得出明显的结论（见图2-13）。2020年，有74%的企业，其当年的净利润超过了券商的一致预期（2021年有66%，2022年有59%）。

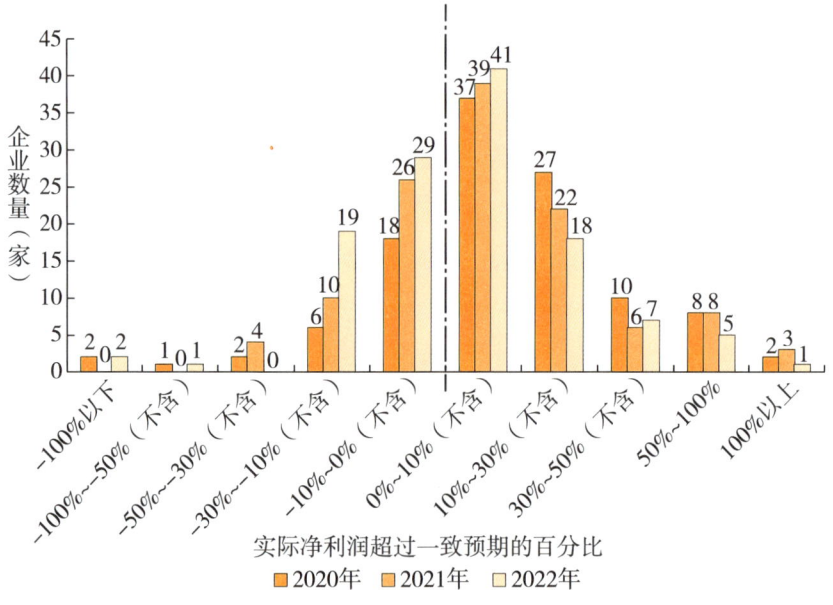

图2-13 千亿企业的实际净利润超过一致预期的百分比分布

数据来源：Wind。

所以，市值管理的最高境界是什么呢？是振臂一呼天下云集；是得道多助失道寡助；是桃李不言，下自成蹊。

4. 身与心：真正的天花板在企业家心中

每一家千亿企业都是独特的，但是，并不是一开始就是独特的。

汇川技术并不是唯一的以变频器为主业上市的企业，但"华为－艾默生"系唯有汇川技术成了"双王"；

立讯精密并不是唯一的"果链"企业，甚至不是最早的"果链"企业，但只有立讯精密常青不倒；

东方财富并不是唯一的财经信息门户，但只有东方财富真正打通了"互联网＋财富"的商业模式，和国有券商巨头旗鼓相当；

三一重工、爱尔眼科等公司皆是如此。

甚至在某个阶段，这些企业的指标并不是最好的，2014年若问谁是最强"果链"企业，答案可能是歌尔，可能是欧菲光，但大概率不是立讯精密。

那么，是什么使得这些企业在一众竞争对手中脱颖而出呢？

我们用了各种各样的模型，试图去理解企业成长的各个维度，但是尝试过、努力过之后发现，所有这些模型、解释都是无力的，真正的企业成长和突围充满了不确定性。

企业最后走出来靠的是企业家的内心。

真正的天花板不在市场上，而在企业家的心中。

如图2-14所示，企业发展中会遇到市场天花板，能够在一个领域做到领先位置，并在A股成功上市，已经是人杰中的人杰。要实现进一步的成长，从20亿元到50亿元，进而突破100亿元，迈向1000亿元，需要突破一个又一个新的天花板，即走向一个又一个新的领域，打开新的成长空间。

如前所述，市值的底层是"空间"，而这个"空间"，本质上是企业家心中的空间。企业家心中的"空间"，决定了能调动多大量级的资源，决定了能实现多大的企业价值。

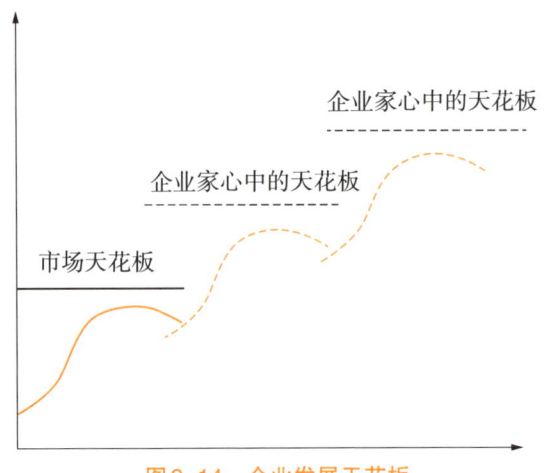

图2-14 企业发展天花板

在朱兴明写下《中国自动化未来的发展之路》时，就已经决定了汇川技术不是一家被天花板限制的企业，它一定会炸开现有的天花板，走向更大的世界。从"智能制造之王"到"双王"，汇川技术没有天花板，如果有天花板，它就会将之炸开！

在王来春通过收购昆山联滔进入苹果产业链时，她想的肯定不是只做好苹果的连接线，当立讯精密已经成为"果链"一哥时，她早已在汽车和通信领域做好了充分的准备，迎接消费电子之后的下一个超级浪潮。所以，立讯精密的成功并不是因为有了苹果，而是因为企业家心中的天花板足够高，高到足以装下苹果。

在企业突破一个又一个天花板的过程中，靠的是企业家坚忍不拔的毅力。

在我与一些上市公司合作的过程中，曾有同事对我说："你看，董事长的这个决策好像不太正确。"

我说："在某种情况下，讨论正确还是不正确并不是最重要的。正确与否往往要事后才知道，一往无前的精神比争论对错更重要。即使身边的人都说他错了，他一直在坚定地往前走，即使真错了，爬起来继续前行。这么多年，他就是这么带领企业走向上市的。错肯定没少犯，但是最终引领企业走向成功的，不是'不犯错'，而是'不怕犯错，一往无前'。这种坚定不移的前行精神，才是企业价值真正的核心。"

我是顾问，见了太多企业做出决策判断，这个对，那个错。可是最难的并不是做决策判断，而是坚定地前行。

企业家就是这样一个"物种"。

（三）千亿企业的成长模型

本书选择的标杆企业，全部都是起于微末，而后在时代的机遇中，将自身的努力发挥到极致，最后成就了一方伟业。这些企业家中，有人工厂女工出身、有人养猪农户出身，没有国资背书，没有天生的独家技术或秘方。研究他们的成功，除了回顾过去的时代标杆，更重要的是启示后来者，为每一个雄心勃勃的仍在成长中的企业，开创属于自己的千亿时代。因此，理解每一家企业都做对了什么，非常重要。

1. 认知上市企业市值成长的一般模型

按照和君成熟的认知模型，即最为经典的产融互动认知模型，理解一家上市企业的成长战略主要从两个维度进行，即产业和资本。如图2-15所示。

产业市场贡献利润，资本市场贡献市值。利润增长，市值提升，从而融入更多资本，进一步促进市值提升。二者是一种相生互动、循环上升的关系。

这一模型虽然经典，但它是平面的，没能体现产业和资本的动态互动关系。于是，在这一模型的基础上，又进一步衍生出由和君集团董事长王明夫先生原创的产融互动模型（见图2-16）。

图2-15　产融互动认知模型

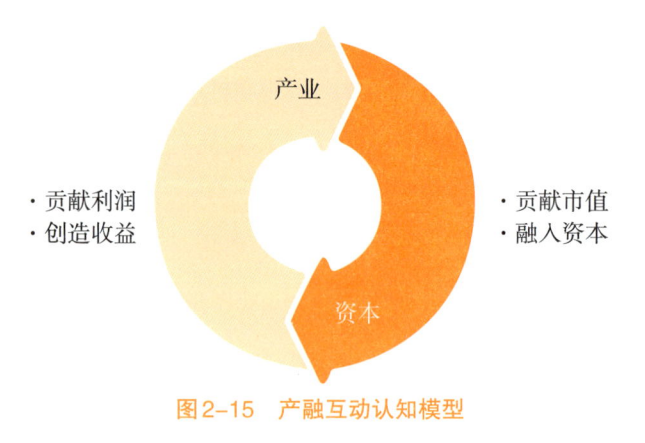

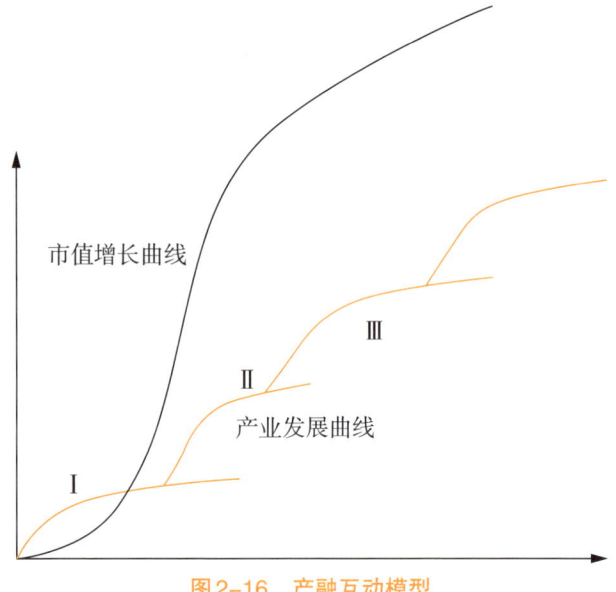

图2-16　产融互动模型

这一模型将上述产融互动认知模型从二维升级到三维，系统描述了一个企业成长过程中产业和资本的互动关系。

企业的产业发展是有生命周期的，绝大部分产业会经历"初创—成长—成熟—衰退"的生命周期，对应到企业就是不同的产品和业务线，也就是图中的产业发展曲线Ⅰ、Ⅱ、Ⅲ。企业用一条产

第二章
市值的成长密码

业发展曲线就实现基业长青的案例不是没有，比如中药行业，因为它沉淀的就是岁月的价值，但是这种行业毕竟是少数，绝大部分企业都要经历产品和业务线的更新迭代。优秀的企业就是在产品和业务线的不断迭代中实现持续发展的。

然而，只有少数极其优秀的企业可以靠自身的力量实现自我变革和突破，比如腾讯，从 QQ，到微信，到王者荣耀，它几乎抓住了时代发展的每一波红利。但是这样的企业有两个非常重要的前提，其一是自身具备极强的造血能力，其二是自身的研发能力极强，以在不确定的市场环境中实现确定性的增长，恰好腾讯同时具备这两个前提。绝大部分企业，在第一个产品和业务线生命周期步入衰退之时，同步也抵达了企业生命周期的尾声，这不是企业经营者本身不够优秀，而是行业使然。腾讯坐拥微信支付和王者荣耀两大印钞机，遍观中国各行各业，如腾讯者，能有几人？中国90%的企业，哪一家不是为了每天的那点现金流夙夜难寐，四处奔走。

资本市场为企业产业周期的持续迭代带来了另一种可能，那就是让明日之价值，找到今日之资本。这就是图中的另一条线，企业市值增长曲线。这条曲线在企业上市前是看不见的，是一条虚线；而上市后有了股价就成了一条实线。一开始，这条线非常低，因为一般人看不见企业的价值，而随着企业的业绩增长和成长性确认，市值增长曲线会一路上扬，直到突破产业发展曲线，形成高估的态势。这种高估是必然的，因为资本市场给予的是未来的价值，这意味着股价中天然蕴含着投资者对企业未来持续成长的预期。

高企的股价，意味着企业可以以相对较低的成本融入资金，购入资产，吸引人才。对于企业来讲，这些丝毫不影响利润表的数字。

对于并购而言也是如此，因为股价很高，所以换股的成本非常低，这将进一步支撑企业进行持续的资本扩张。本书的多个案例中会出现这样的逻辑，比如东方财富、爱尔眼科、晶澳科技等。

正因为如此，高企的股价对企业的发展来说，就是一种制空力量。股价的存在意义不是股东的财富那么简单，而是产业发展实打实的制空力量。

这个模型立体而形象地描述了产业和资本的互动关系，是认识企业资本战略的高度凝练的逻辑体系。

在长期服务上市公司核心决策层的过程中，我们发现了另一个对企业发展至关重要的因素，那就是"周期"。这个在前文已详细阐述，之所以将之单独作为一个核心要素，是因为其余所有的要素隐含了一个假设，就是认可人的主观能动性，假设努力就会有回报。而周期不同，它超出了人的主观能动性，不能人为干预，只能选择，且对企业的持续发展至关重要。在周期面前，努力不一定有回报，不努力也未必没有回报。面对周期，努力并不是最关键的要素，而选择变得至关重要。这却是企业战略思考中最容易忽略的部分，绝大部分企业的战略思考是线性的，即基于历史成功经验的线性外推。这是人之常情，但不符合企业所面临的真实生存环境。

为此，我们又提出了新的认知模型，包括经营、资本和周期，然后再把起核心作用的企业家考虑进去，如图2-17所示。

首先是经营。这里之所以没有叫"管理"，是因为相比之下，"管理"更侧重于控制和秩序，而"经营"更侧重于目标和结果。在经营视角下，人与组织都是服务于结果的，而不是服务于秩序。

企业经营中解决的核心问题是人与组织，即选什么人，建设什么样的团队。团队是企业进行一切业务的基础。通常来说，企业成

第二章
市值的成长密码

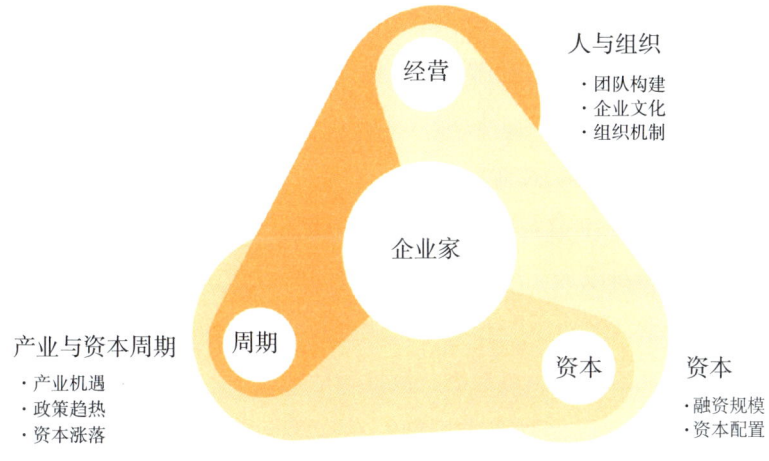

图2-17 企业成长模型

人与组织
- 团队构建
- 企业文化
- 组织机制

产业与资本周期
- 产业机遇
- 政策趋热
- 资本涨落

资本
- 融资规模
- 资本配置

长过程中有诸多问题，如战略问题、市场问题、资本问题等，但是所有问题的第一性问题是"人"的问题。这个道理浅显易懂，然而，多年来，我在为上市企业提供顾问服务的过程中发现，很多企业的第一性问题不是"人"，而是"事"。即在选人的问题上草率而简单，但是花了大量的精力、编制了大量的机制用于逼迫团队交出业务结果，这其实是本末倒置。

在企业的所有行为中，"经营"是主观上最能控制的一个要素。

其次是资本。企业的资本战略决定了企业的"空间"，这个在前文有较为详细的论述。资本可以和人才、技术、品牌等要素互相转化，所以广义上的资本可以理解为企业可调动的资源空间。

资本要素的使用分为两个维度，分别是融资规模和资本配置。

在东方财富的案例中我们可以充分感受产融互动的威力，资本市场是企业取之不尽、用之不竭的资源池，只是能用好的企业寥寥无几。

表面上看，很多事情是无法选择的，比如行业。正常来讲，一个企业所处的行业不应该是一个可选项，毕竟企业的行业出身就是企业的基因。可是，从企业资本经营的视角来看，行业是一个可选项。以东方财富为例，选择做"门户网站"还是"金融电商"，或是"互联网券商"，本质上是不同的行业。这种行业的选择，拉开了东方财富和友商的差距。又如汇川技术，做工业自动化，还是做智能汽车，这两个行业本身有不小的差距，战略上的选择和资本的配置方向，使行业本身成为一个可选项。

相比"经营"，"资本"是一个企业主观上可以部分控制的要素。

再次是周期。周期不可控制，周期只能选择。

周期分为产业周期和资本周期。在这两个周期的起伏中冲浪，是所有企业的宿命。正如个人无法选择自己所处的经济周期，企业也无法选择自己所处的产业周期。在周期面前，个体是无力而渺小的，唯有选择：选择拥抱还是观望，选择进攻还是防守。

在周期面前，"进"与"退"是个永恒的命题。对方向的选择和判断，几乎决定了一切的经营动作。抓住产业周期主升浪，就能一飞冲天，如三一重工；而一旦对周期做出了错误的判断，结果可能是万劫不复，如恒大。在资本周期面前也是一样，且资本周期的影响更大，顺资本周期，可能乘势而起，逆资本周期，可能万劫不复。类似的案例实在太多了，不再赘述。

"周期"是主观上人力不可为的，只能选择。面对周期，企业所能做的就是做出正确的选择。

对于这三个要素，我们也可以近似地理解为天时、地利、人和。周期是天时，资本是地利，经营是人和。

最后，所有的一切，都归于企业家。光荣与梦想归于企业家，压力和痛苦也归于企业家，成就与财富归于企业家，失落与孤独也归于企业家。这么说可能有点绝对，毕竟历史不可能是一个人创造的，可是不要忘了，优秀团队的构建同样基于企业家的愿景和格局之上。

任何一家企业的成长，都是这三个要素的综合作用。行业特性千差万别，我们很难用一个精准的模型去涵盖所有的企业成长路径。但是经营、资本、周期这三个维度，是企业战略思考的永恒命题。

2.千亿企业的四大成长模型

基于产业和资本相生互动的视角，可以得出企业的成长模型，我们将之分为四大类。

（1）"单一业务+规模化扩张"模型。

靠单一业务做到千亿规模，当然不容易，但有的行业天花板足够高，市场足够分散。依靠资本市场的助力，可以快速完成规模化扩张和产业集中。在本书的案例中，东方财富较为典型。

东方财富的业务模式非常简单，即依托庞大的投资者用户流量进行各种商业模式的流量变现。其中最为重要的变现逻辑，莫过于收购券商牌照之后的证券经纪和融资融券业务。前者不需要过大的资本开支，而后者其实可以简单理解为贷款业务，赚的是息差。那么，这意味着在用户充足的情况下，只要能融入足够便宜的钱，就可以持续放大该业务。

而一个绝佳的金融产品——可转债仿佛就是为此而生的。刚性的利息支出非常低，因为有远期的转股预期，而到期只要符合转股条件，就可以直接转为股票，不用偿还本金。而转为股票之后，公司净资本得到扩大，发债的能力进一步增强。于是就形成另一个持续的正循环，理论上只要用户数量足够多，就可以一直用同样的方式融资扩张。这是典型的"单一业务+规模化扩张"模型，业务单一，足以容纳足够的资本，我们将之用图2-18来表示。

资本市场起到的作用就是无限供给子弹。资本市场的融资扩大了公司净资产，从而提高了债务扩张的实力，进而扩大业务规模，同时随着业务扩张，市值提高，融资成本得以降低，可以持续融资。

对于业务相对标准化、行业天花板足够高、市场相对分散的企业，上述模型基本适用。

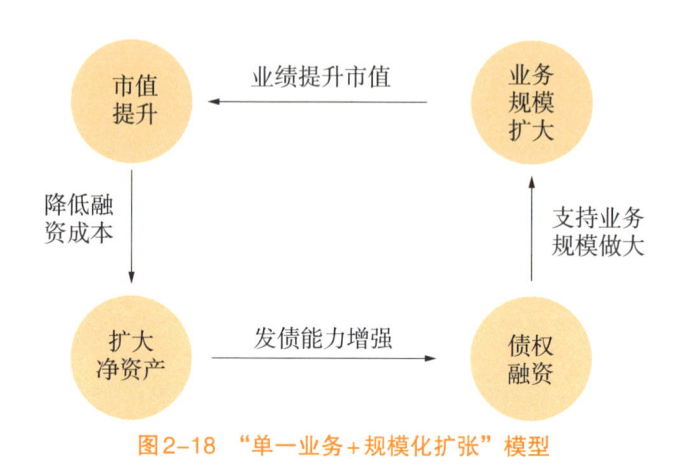

图2-18 "单一业务+规模化扩张"模型

（2）"标准业务+批量化复制"模型。

上述模型适用于一部分需要大量资本的企业，尤其是单一业务比较成熟，对投入回报有相对明确预期的企业。而另一类企业，其业务模型也相对固定，但是从资本投入到产生回报有一定的时间差，或者有一定的经营风险。那么这类业务全部依靠上市公司进行融资就不那么合适，因为如果回报需要一定的周期，则意味着前期投入会拖累上市公司的业绩。

爱尔眼科的成长历程，是一个非常经典的模型参考。爱尔眼科的核心业务是连锁眼科医院，连锁模式意味着单店模型相对标准化，但成功运营一个医院并不是首年可以盈利，基本需要5~6年才能实现盈亏平衡，进而进入盈利周期。如果将全部的新增医院投资放在上市公司体内，则要么拖累上市公司的业绩，要么扩张速度不敢过快。

第二章 市值的成长密码

爱尔眼科的并购基金模式是这个问题的完美答案。即在体外用并购基金的方式，完成医院数量的快速增加，并在医院运营成熟之后由上市公司发股回购。对新投建的医院来说，并购基金的远期回购预期是一种管理激励；对并购基金的出资方来说，有上市公司输出管理，投资的安全性和回报的确定性有了极大的提升；对上市公司来说，在不增加负债的情况下，用少量资金撬动了数倍的资金杠杆，且体外的医院天然屏蔽了孵化期不确定的经营风险，而并购基金持有的医院迟早是上市公司体内的，有助于稳定和提升上市公司市值。这个"一石N鸟"的方案，就是爱尔眼科的成长密码，用模型表述如图2-19所示。

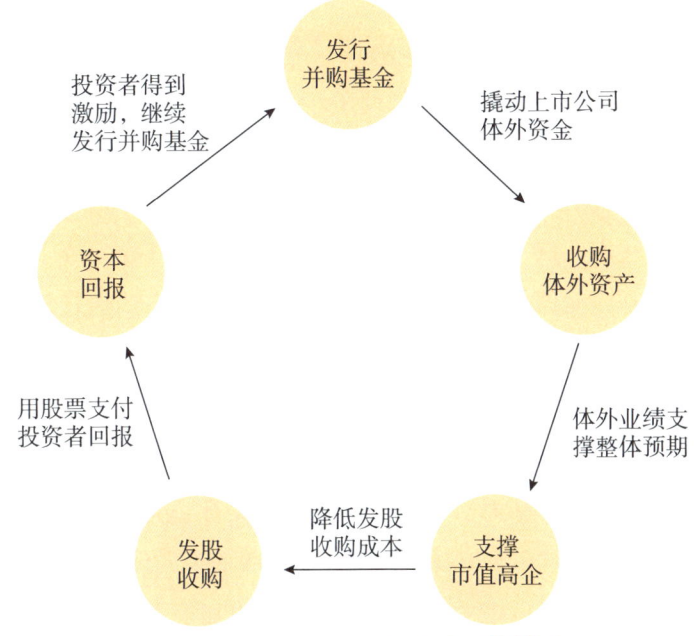

图2-19 "标准业务+批量化复制"模型

这个模型的妙处在于驱动了体外资金循环，从而在上市公司无须投入过多资金的情况下实现无限的复制扩张。

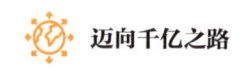

（3）"多业务结构＋集团孵化"模型。

上面两个模型都有其成功之处，但都有一个前提，那就是上市公司自身的业务模型足够成熟，具备简单规模化复制的基础。然而真实情况下，绝大部分企业不具备这样坚实的业务基础。对更多企业来说，除了考虑业务本身的规模化扩张，同时要考虑业务能力的提升，并打造第二增长曲线。

既然是第二增长曲线，那么势必涉及新产品研发以及新的市场投放，其中的不确定性是不言而喻的。由上市公司直接融资并进行研发和探索固然可以，但也意味着上市公司自身要承受不确定性带来的风险。三花智控的集团孵化模型或许是一个可行的参考方案。

三花智控的早期产品是空调制冷系统中的阀门类产品，这是个小品类。单一产品即便做到全球第一，也仅能支撑数十亿的市值。走向更大的产业蓝海是必然的话题。在三花智控迈向千亿的历程中，经历了三次大的集团资产注入，分别是制冷业务整体资产注入、微通道业务注入、汽车零配件业务注入，使得三花智控完成了从空调阀门，到制冷元器件，到热管理解决方案，再从空调热管理走向汽车热管理的持续产业升级。每一次的资产注入都意味着上市公司的一次能力提升或业务升级，而业务孵化过程的不确定性则是由集团公司在体外完成。上市公司获得新的资产之后，则直接面向资本市场进行融资扩产，从而实现业绩和市值的提升。随着市值提升，集团公司再直接通过二级市场减持的方式回收前期的现金投入。当然，集团减持的环节可以把股权质押这一工具也加上，于是可以形成如图2-20所示的模型。

对很多企业来说，上市公司都是绝对的核心业务主体。如果跳出上市公司来看上市公司，集团化治理仍然具备其优势。

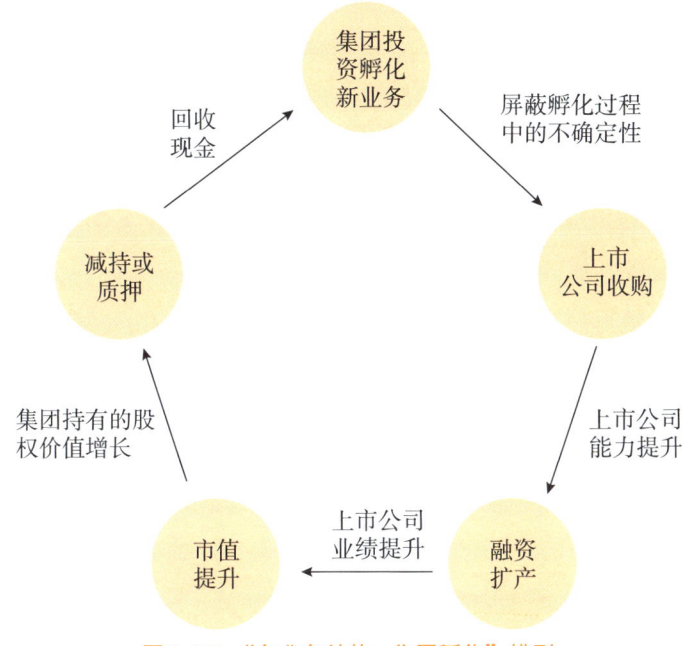

图2-20 "多业务结构+集团孵化"模型

（4）"并购提升能力+资本扩大规模"模型。

"多业务结构+集团孵化"模型当然适用于很多企业，但是前提是自己具备投资孵化新业务的能力。然而，很多业务能力并不是靠研发投入就能获得的，比如进入稀缺客户的供应链体系，这时就需要用到并购的工具了。

立讯精密如今非常成功，我们熟知它是因为它是"果链一哥"。但其实立讯精密不光在消费电子领域做得非常出色，在PC、通信、汽车等领域也有非常不俗的成绩。立讯精密的起家业务并不高端，只是简单的连接线，它一路的能力提升正是靠并购完成的。2011年，立讯精密收购了昆山联滔电子有限公司60%的股权，正式进入苹果供应链。此后，立讯精密凭借自身优秀的研发和管理能力，持续在苹果供应链上拓展品类，实现了消费领域方向的超级成长。

立讯精密在其他方向的扩张同样是以并购方式完成的。立讯上市后的10多年中进行了数十宗大大小小的并购，实现了能力的持续提升。通过并购，立讯精密成功切入了"华为－艾默生"供应链，切入了宝马供应链，切入了手机FPC（柔性电路板）领域，切入了可穿戴设备领域，切入了医疗产品产业链等。

能力提升完成之后，立讯精密再借助上市公司的融资能力不断提升产能，实现规模扩大，从而形成产业和资本的双重良性循环，可以用图2-21所示的模型来表示。

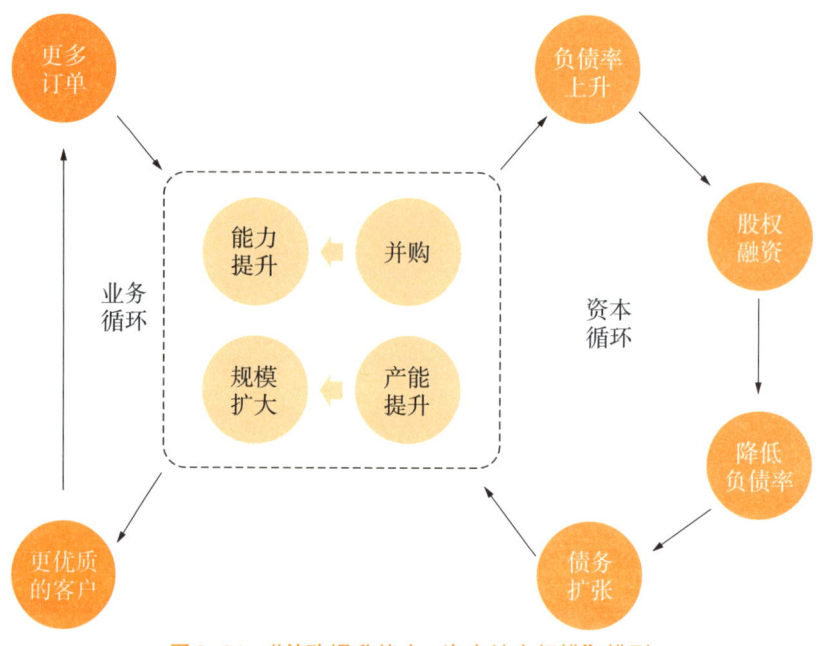

图2-21 "并购提升能力＋资本扩大规模"模型

这一模型具有相当的普适性，但是成功运用的难度非常大，因为它需要企业具备一流的投资能力与一流的管理整合能力。当然，这些是企业的内功，不在本书重点讨论的范畴内。

3.企业的隐性核心能力：从"融资能力"到"容资能力"

回顾上面四个成长模型，基本能涵盖一般企业成长过程中的各类情形。从产融互动的视角来看，资本市场最大的优势是能提供无限的子弹。本书中的案例都对资本市场的这一特点进行了充分的应用。用一句通俗的话来讲就是，如果你的业务能创造高回报，这个世界怎么会缺钱呢？

于是，我们可以发现优秀企业和平庸企业之间相差较大的指标即：资本容纳能力。通常，我们描述公司的战略空间时会说"融资能力"，即能融到多少钱。可是面向资本市场，理论上你能融到的钱是无限的，那么就意味着融资能力不是问题，另一个问题就出现了，那就是"资本容纳能力"，简称"容资能力"。

在爱尔眼科的案例中，我们看到，成熟模式下，体外资金可以持续循环。所以优秀企业的商业模式是能容纳足够多的资本的；反过来，只要这个业务能容纳足够多的资本，那么这个企业就会像黑洞一样吸引资本源源不断地流入，从而实现跨越式成长。

资本容纳能力的核心就是企业的业务内核。它事关企业的商业模式、市场空间、行业格局等因素。打造一个可以持续容纳资本的商业模式，属于资本战略维度，是企业家需要思考的一个核心问题。

然而，这个业务内核是否一定在上市企业体内呢？不一定。从前面的模型分析中我们可以看出，只要这个业务内核具备持续的成长性和较高的资本容纳能力，它既可以放在上市企业体内，也可以放在集团公司体内，还可以放在并购基金中。我们可以用图2-22来描述这种关系。

只要有容纳足够资本的业务内核，资本市场就可以给予源源不断的资本支持，这种融资能力的提升会进一步延伸到金融市场，并

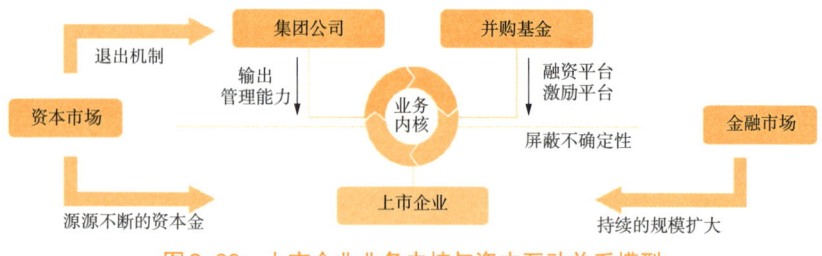

图2-22 上市企业业务内核与资本互动关系模型

以多种融资产品为企业提供无限的资本支持。

因此，站在资本视角思考企业战略，表面上看是思考投融资模式和投行技术，但本质是对企业商业模式和底层成长逻辑的思考。

打造一个可持续成长、可容纳足够资本的业务内核，才是企业从平庸走向卓越，从登陆资本市场到迈向千亿的真正核心。从"融资能力"到"容资能力"，是企业战略决策者要思考的核心问题。

4. 十六字诀：企业战略认知的底层逻辑

从"融资"到"容资"，一字之差，却彻底切换了企业资本战略思考的立足点、出发点和观察视角。这在价值观层面，是方向性的逆转。这种战略思考的底层逻辑，是和君的十六字诀：产业为本、战略为势、创新为魂、金融为器。

产业为本：书中的案例企业大都起步于一个竞争激烈的市场，但在持续的战略迭代过程中，都先后获得了产业链的遥遥领先的话语权和掌控力。也正是对产业规律的洞悉，构成了其后续一切资本动作的基础。爱尔眼科的资本运作是资本市场的学习标杆，但其核心在于洞悉了连锁经营的一般规律，是产业规律支撑了资本战略的选择。

战略为势：孙子兵法说，先胜而后求战。战略上的领先是企业奠定长期成长优势的无形之手。汇川技术作为A股"小华为"，我们可以在它的成长案例中，看见其在战略认知上的巨大优势。表面上看，它和同行做的是一样的事，但战略上的认知早已遥遥领先。

创新为魂：没有一家企业可以靠一个业务实现恒久的成功，企业成长的内核最终来自创新和自我突破。表面上看，立讯精密是代工业务，可实际上立讯精密在某些领域的研发和创新，早已大幅领先其客户，甚至持续给客户进行研发赋能。这才是其从代工这个红海行业中一骑绝尘的核心原因。

金融为器：在产业基础夯实、战略势能充足、创新机制有力的前提下，金融工具最终为市值的腾飞插上了翅膀。东方财富的可转债、爱尔眼科的并购基金、三花智控的持续资产注入，看上去眼花缭乱，内核皆在于以产业为核心，资本运作只是负责匹配适合的工具。

本、势、魂、器，四大维度构成了我们思考企业战略的底层逻辑框架，也是我们思考资本工具、产融互动、战略选择等问题时的基本价值观。唯有一切动作回归到产业的基本规律，把资本市场作为工具而不是目的，才不至于在眼花缭乱的资本动作中迷失前进的方向。

第三章
迈向千亿之路

（一）东方财富——产融循环，奇迹蜕变

2005年，中国资本市场完成了历史性的股权分置改革，从此A股进入了全流通时代，4月29日改革意见发布当日，A股的上市公司数量是1358家，总市值是3.9万亿元。

2020年3月，新证券法开始实施，资本市场跨过了另一个关键的改革里程碑——注册制。截至2022年底，A股的上市公司数量是5067家，总市值是84.9万亿元。

从3.9万亿元到84.9万亿元，非常直观地描述了中国资本市场过去10余年的飞速发展，这背后最为受益的自然是证券公司。关于中国的头部券商，历来有"三中一华"的说法，即中信证券、中信建投、中金公司、华泰证券。它们代表了中国资本市场最前沿、最活跃的力量。

可是，如果将A股券商板块按市值排序，前四名却不是这四家，而是中信证券、东方财富、中信建投、中金公司，如表3-1所示。

表3-1　　　　　　　　　A股券商板块市值前四名

证券代码	证券简称	市盈率（倍）	总市值（亿元）
600030.SH	中信证券	14.0298	2959.7709
300059.SZ	东方财富	26.5170	2563.5475
601066.SH	中信建投	24.8283	1842.2150
601995.SH	中金公司	24.8813	1840.6330

其中，东方财富显得尤为独特，甚至有点格格不入。首先，它是唯一不是以证券业务起家的券商，其次，它是唯一的民企。在证券这个国有力量占绝对统治地位的行业，东方财富是个十足的另类。东方财富与部分传统券商成立时间与实际控制人如表3-2所示。

表3-2　　　　东方财富与部分传统券商成立时间与实际控制人

券商名称	成立年份	第一大股东	实际控制人	实际控制人性质
中信证券	1995	中国中信金融控股有限公司	中华人民共和国财政部	中央国家机关
国泰君安	1999	上海国有资产经营有限公司	上海市国有资产监督管理委员会	地方国资委
海通证券	1988	上海国盛集团有限公司	上海市国有资产监督管理委员会	地方国资委
华泰证券	1990	江苏省国信集团有限公司	江苏省人民政府国有资产监督管理委员会	地方国资委
中信建投	2005	北京金融控股集团有限公司	北京市人民政府国有资产监督管理委员会	地方国资委
招商证券	1991	招融局金融控股有限公司	国务院国有资产监督管理委员会	国资委
中金公司	1995	中央汇金投资有限责任公司	国务院国有资产监督管理委员会	国资委
东方财富	2005	其实	其实	自然人

数据来源：Wind，企查查。

迈向千亿之路

但凡接触股票的人，对东方财富都不会陌生。只是大部分人对东方财富的印象是炒股行情软件，或者是天天热闹非凡的股吧。可是，这个大家手机里的小小App，已是一个市值2564亿元的"怪兽"（见图3-1）。一个可以对标的参考数字是，同期百度的市值是400亿美元，约2800亿元。东方财富成立于2005年，那一年，正好是百度在纳斯达克上市之年，当年的百度无疑是中国互联网最闪耀的明星。

这个"炒股软件"在过去的10多年中，一定做对了很多事情。

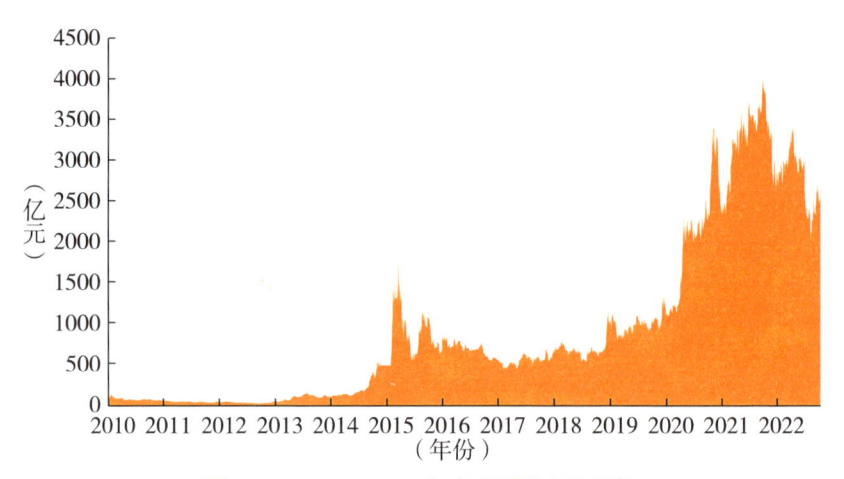

图3-1 2010—2022年东方财富市值趋势

数据来源：Wind。

1. 生于资本市场萌芽时代

东方财富第一大股东，董事长，实际控制人，其实，1993年毕业于上海交通大学。在那个学历还没有通胀的年代，属实是超级学霸。

其实，听上去不像是本名。的确，其实原名沈军，在上海交通大学上学期间，正赶上中国资本市场破土而出的年份。1990年，上海证券交易所开市营业。对当时的中国人来说，资本市场是个新鲜玩意儿。身在校园的青年精英沈军对其产生了浓厚的兴趣，并在大学期间就开始炒股，成了中国最早的一批股民。大学毕业之后，沈

第三章 迈向千亿之路

军进入一家期货公司工作,当时发表了一些期货市场相关的文章,遂取笔名"其实先生",谐音"期市"。后来他说,习惯了就一直用着,如果一定要说有什么特殊含义,那就是和英文的choose音相近。

因为更喜欢股票,他慢慢地转变了方向。1996年,他参与创办了上海世基投资顾问有限公司,次年又创办了上海第一家证券类专门学校"世基证券培训学校",同年还和四川日报合办了四川《金融投资报》证券版,发行量居然达到了百万份。

1998年,他成为国内第一批注册证券分析师,其名字与股评文章越来越多地出现在各类财经报纸上,也频繁地成为电视台、广播电台的座上宾。一时间名声大噪,成为"中国第一代股评家"。然而,性格内敛的他其实并不喜欢抛头露面,他希望能有一个不需要抛头露面也可以和大家交流的平台。

互联网是这个问题的答案。2000年前后,正值互联网在中国萌芽的阶段,网易、新浪、搜狐、腾讯等均已逐步在各自领域站稳脚跟。2005年,其实带领团队创立了东方财富网,这是一个提供财经资讯的门户网站。在这个领域,已有新浪、搜狐、网易三大门户,和讯、金融界、证券之星等财经网站也已具备了自己的行业地位,东方财富是个后来者。

这个时间很有意思,一方面,2005年之前,互联网泡沫破灭的余波仍然影响国内的一众互联网企业,2001年至2005年A股是大熊市,财经类的网站支撑到2005年都开始收缩业务。而东方财富完美地避开了这个难熬的阶段。另一方面,2005年是中国资本市场的里程碑之年——股权分置改革推行,一轮超级大牛市正在酝酿。此外,2005年的互联网也正在发生一些新的变化,以博客、SNS(社会化网络)为代表的交互式互联网Web2.0时代正在到来。1994—2022年上证指数走势如图3–2所示。

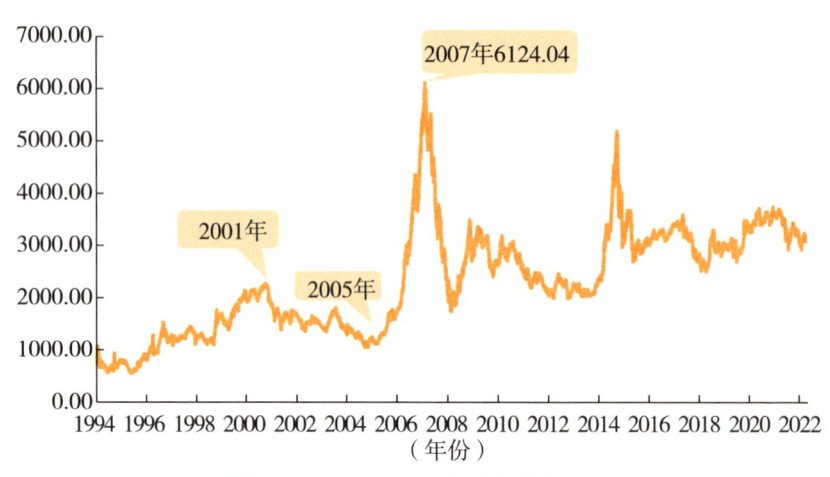

图3-2　1994—2022年上证指数走势

数据来源：Wind。

旧的刚过去，新的正在萌芽。东方财富正好诞生于此刻。

2006年1月，"股吧"上线，这个颇具Web2.0时代特点的平台，一战成名，用户空前活跃。于是，公司又顺势推出了"天天基金网"。截至2007年底，东方财富的日均访问用户已经超过2000万，日均页面浏览量已超过2.5亿，成了中国乃至全球访问量最大、用户黏性最高的财经门户网站。

根据东方财富招股说明书的披露，东方财富网无论是访问人数，还是用户黏性指标，均长期领先于竞争对手。2009年6—11月东方财富独立访问者情况、人均页面浏览量分别如图3-3、图3-4所示。

在财经资讯行业，主要有两种收入模式，分别是广告和付费金融数据服务。根据东方财富招股说明书的披露，截至2009年Q3（第三季度），公司的收入中，有32%来自广告服务，有64%来自付费金融数据服务，如图3-5所示。

这个收入体量在行业中并没有什么地位，作为行业后进者，东方财富在商业变现方面走得也比同行业的竞争对手更为保守。根据

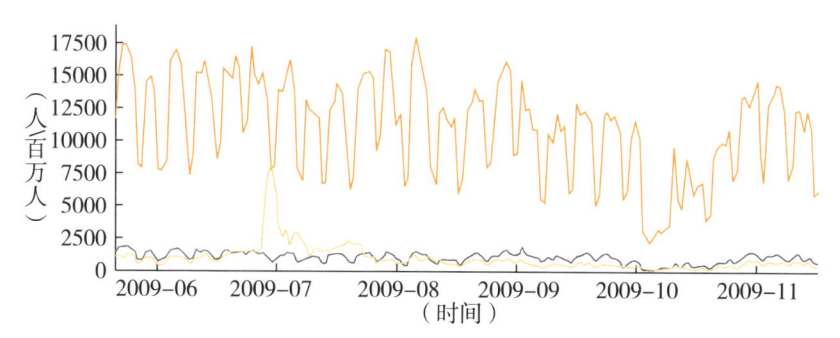

图3-3　2009年6—11月东方财富独立访问者情况

数据来源：公司招股说明书。

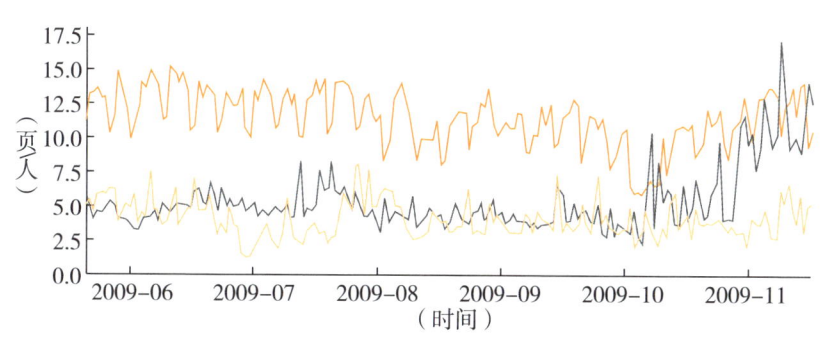

图3-4　2009年6—11月东方财富人均页面浏览量

数据来源：公司招股说明书。

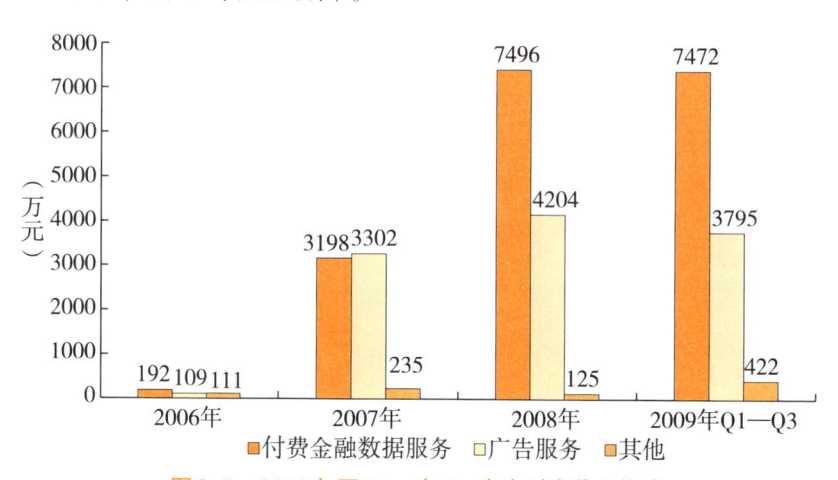

图3-5　2006年至2009年Q3东方财富收入构成

数据来源：公司招股说明书。

迈向千亿之路

艾瑞咨询的数据，公司营业收入仅占整个行业的6.4%，其中广告服务收入占行业整体的7.8%；付费金融数据服务收入占行业的6.3%，如图3-6与图3-7所示。与之完全不相匹配的是公司的有效浏览时长占据了整个行业的43.1%（见图3-8），从这个比例可以看出东方财富的强大发展潜力。东方财富忠实地贯彻了互联网时代最重要的商业模式密码——用户为王。坐拥中国财经类用户超40%的停留时长，成为其后所有商业模式创新的基础。

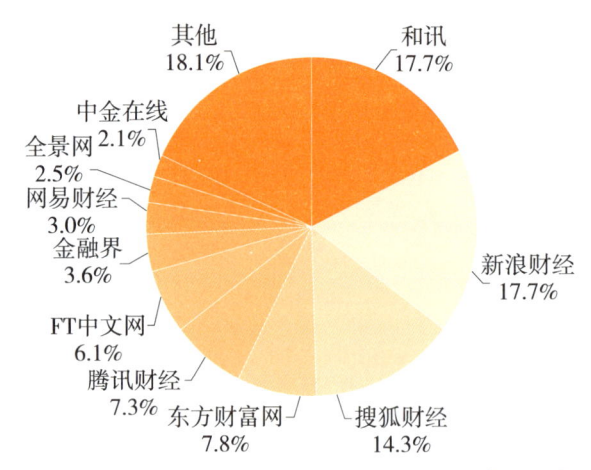

图3-6 2008年中国网络财经信息服务业互联网广告服务收入份额
数据来源：艾瑞咨询，公司招股说明书。

2010年3月，东方财富在A股上市，以117倍发行市盈率融资14.2亿元，上市首日市值82亿元。

这种超募的情形与当年的汇川技术极其相似，东方财富的净资产从2.7亿元一跃而至16亿元。不同的是，汇川技术IPO一战的募资体量在企业的整个发展历程中都是高光时刻，而对东方财富来说，一切才刚刚开始。

2. 曲折探索，时势造英雄

对于初始IPO募资预期只有3亿元的东方财富来说，以14.2亿元的超募完成上市，这个开局是不错的。2010年是创业板开板的第二

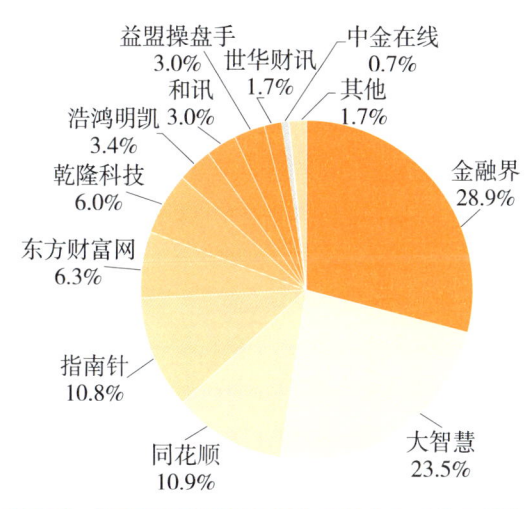

图3-7　2008年中国网络财经信息服务业付费金融数据服务收入份额
数据来源：艾瑞咨询，公司招股说明书。

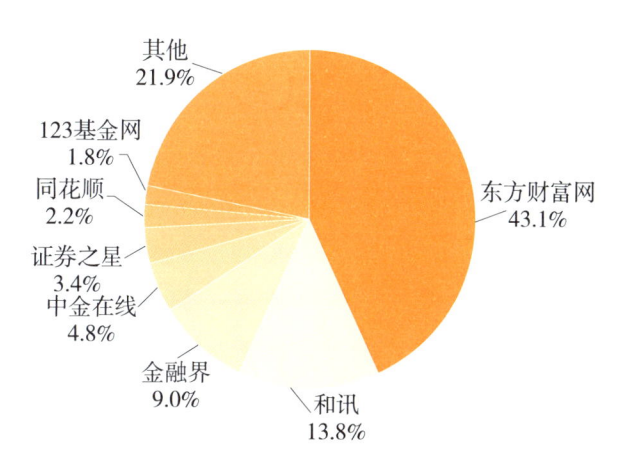

- 金融界 28.9%
- 大智慧 23.5%
- 同花顺 10.9%
- 指南针 10.8%
- 东方财富网 6.3%
- 乾隆科技 6.0%
- 浩鸿明凯 3.4%
- 和讯 3.0%
- 益盟操盘手 3.0%
- 世华财讯 1.7%
- 中金在线 0.7%
- 其他 1.7%

图3-8　2009年Q3中国财经垂直网站有效浏览时长市场份额
数据来源：艾瑞咨询，公司招股说明书。

- 东方财富网 43.1%
- 其他 21.9%
- 和讯 13.8%
- 金融界 9.0%
- 中金在线 4.8%
- 证券之星 3.4%
- 同花顺 2.2%
- 123基金网 1.8%

年，东方财富作为互联网概念股，在A股本身也是个稀缺的香饽饽，百倍的市盈率似乎合情合理。

不过，那时正是PC互联网如日中天、移动互联网偷偷萌芽的时代，那时人们对互联网公司的成长，寄予了太多期望。当时的腾讯、

迈向千亿之路

百度在数十亿元净利润的基础上,仍然以高速狂飙突进着,如表3-3所示。即便有这样的增速,投资者给出的PE倍数(见图3-9与图3-10)仍然远远低于东方财富的117倍。

表3-3　　　　　　　　腾讯与百度净利润及CAGR

	2009年（亿元）	2010年（亿元）	2011年（亿元）	2012年（亿元）	CAGR（%）
腾讯	51.6	80.5	102.0	127.3	35.2
百度	14.9	35.3	66.4	104.6	91.7

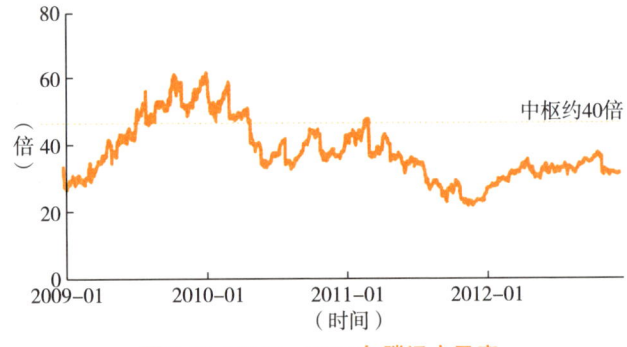

图3-9　2009—2012年腾讯市盈率

数据来源：Wind。

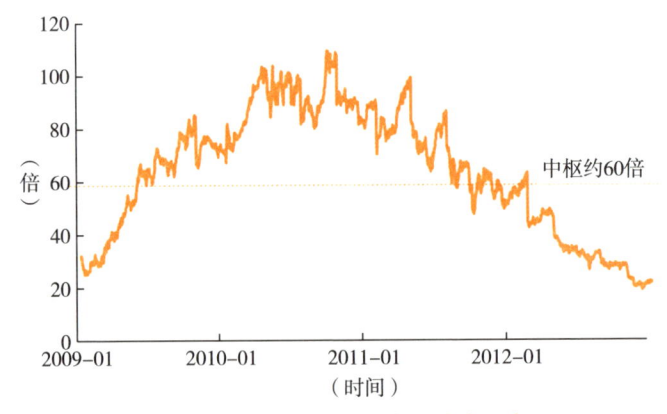

图3-10　2009—2012年百度市盈率

数据来源：Wind。

第三章 迈向千亿之路

那么，对于东方财富这个占据40%以上用户时长的细分行业龙头，以117倍市盈率完成发行的创业板科技新贵，投资者寄予了多少期待呢？

实际情况并没有想象中的那么美好，东方财富的用户以股票和基金投资人群为主，这个群体的好处是足够垂直细分，而且既然有投资意向，那么也相对有较强的付费意愿。但是，也有个非常凸出的弊端，那就是，用户活跃度和行情高度相关。典型特点就是行情好的时候极其活跃，一旦行情不好，就进入沉睡状态。

如果说2005年公司创业生逢其时，处于牛市萌芽之时，那么2010年IPO则处于一波熊市的起点，上市后的头几年注定不会很顺利。

2012年，在宏观经济环境总体不是很乐观的情况下，资本市场也陷入悲观的谷底，熊市进入最萧条的阶段，"中国资本市场应该推倒重来"的论调再次出现。

在股民们悲观的情绪下，当年东方财富收入增长–21%，净利润增长–65%，市值更是在2012年底跌至25亿元。

上市2年，业绩几乎没有增长，利润一夜回到5年前，市值跌掉70%。和同时期上市的很多公司一样，曾经满载鲜花掌声的互联网新星，距离平庸只有一步之遥。2010—2012年东方财富市值走势如图3-11所示。

创新和求变是科技型企业的宿命，失去了"折腾"，还算什么科技企业呢？

就像曾经在"股吧"和"天天基金网"上持续创新和成功一样，东方财富在产品端的折腾永不止步。2013年，东方财富相继推出了基于量化投资的金融数据服务终端产品"投资大师"，基于Level-2行情数据、具有深市千档委托数据等特色功能的金融数据服务终端产品"东方财富通Level-2极速版"，面向机构的金融数据服务终端产品"Choice资讯"等一系列新产品。

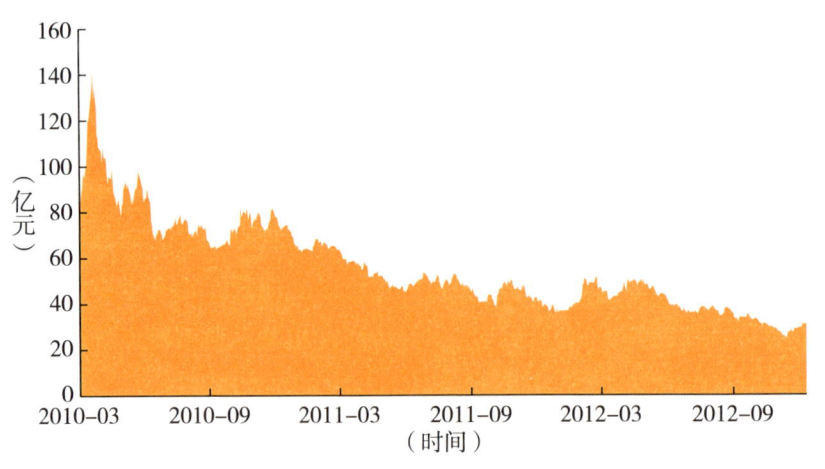

图3-11　2010—2012年东方财富市值走势

数据来源：Wind。

可是，从收入来看，效果非常一般。2013年公司的传统金融数据服务和广告业务依然处于下滑态势，且由于新产品处于投入期，利润更是受到了极大影响。

《上海证券》曾刊登过一篇文章《资本市场整顿短期业绩难有起色　新产品盈利模式难寻》，其中转引了东方财富董事长关于新产品的表述："在产品投放的初期，公司并未考虑太多盈利的问题，主要是拓展市场份额。在实现了一定数量的机构用户时，再考虑盈利模式的问题。"[①]董事长认为东方财富是互联网公司，并举例微信等社交类平台在追求用户群体时的外部效应。然而，这并没有令投资者买账。这篇文章同时展示了投资者对于东方财富新产品的担忧："我们认为此次公司花巨资打造新产品，对盈利模式并未考虑清楚，并且期望的发展方向并不会像公司管理层预期的那样光明。"

不过，东边日出西边雨，产品端的创新失利，另一端的业务创

---

① 引用时有改动。

第三章
迈向千亿之路

新总算有所收获。坐拥中国最大的投资人群体、最有价值的商业模式，当然是基金销售。2012年2月，东方财富获得了证监会批复的国内首批基金代销牌照。2013年，该业务全面推行，截至2013年12月底，共上线了67家基金公司，1578只基金产品，基金销售额为361亿元，为公司贡献收入6647万元。

作为新业务创新的第一年，这个成绩非常不错，虽然仍无法挽回整体业绩的颓势，但至少新业务的成功，让市场看到了创新之火并没有熄灭。尽管2013年全年业绩非常差，仅以500万元的利润勉强守住了不亏损的底线，但是新业务的异军突起，让市场对未来产生了预期。

2013年是市场悲观情绪逐步出清、新的机会逐步酝酿的转折之年。熊市的悲观情绪达到极点，就会去寻找新的增长方向。科技创新永远是绝望中给人希望的灯塔，诞生仅仅4年的创业板，成了承载这种期望的土壤。一波创业板的牛市，从2013年开始已在悄悄展开。

漫长的熊市周期看似就要结束，重新燃起的希望又将投资者的目光引向了东方财富。2013年10月，东方财富只用了10个月时间，市值就从底部的25亿元快速爬升至167亿元。这种可怕的市值弹性背后，是一张当年大幅下滑的财务报表。

这不重要，因为牛市的环境和新业务的异军突起，给了市场对东方财富寄予无限期望的理由。

2014年开始，随着创业板行情的逐步扩散，超级大牛市徐徐展开。东方财富的各项业务开始回暖，其中最亮眼的毫无疑问是基金代销业务的狂飙突进。凭借东方财富网和天天基金网两大平台捕获的巨额流量，基金代销业务快速增长。炙手可热的牛市开始了，散户投资者跑步入场，能买股票的买股票，不懂股票的买基金，短短几个月的时间，市场从冷清，到热烈，再到发烫。

基金产品卖疯了，依托最精准的流量群体，东方财富基金代销

迈向千亿之路

业务启动仅2年，便成为独立基金代销机构行业第一，并仅次于工商银行成为全行业第二（见图3-12）。

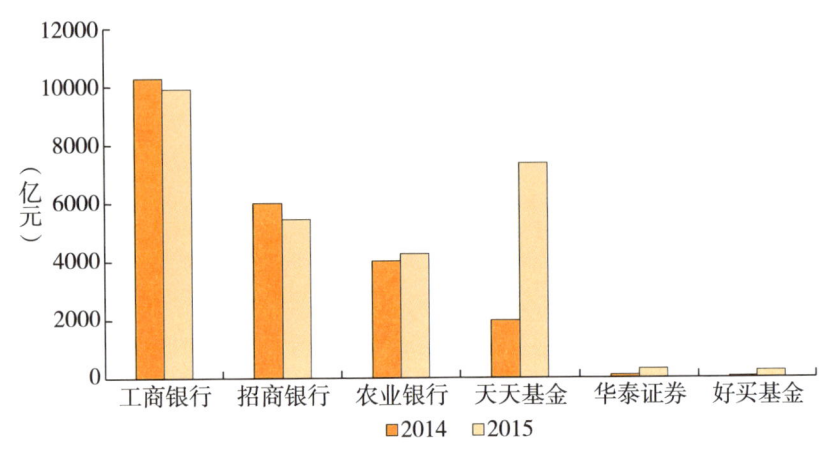

图3-12　2014年与2015年中国基金代销机构基金销售额
数据来源：中国证券投资基金业协会。

东方财富的业绩也涨疯了，2014年，基金代销业务收入增长4.6倍达到3.7亿元，2015年进一步增长5.5倍，达到24亿元，如图3-13所示。

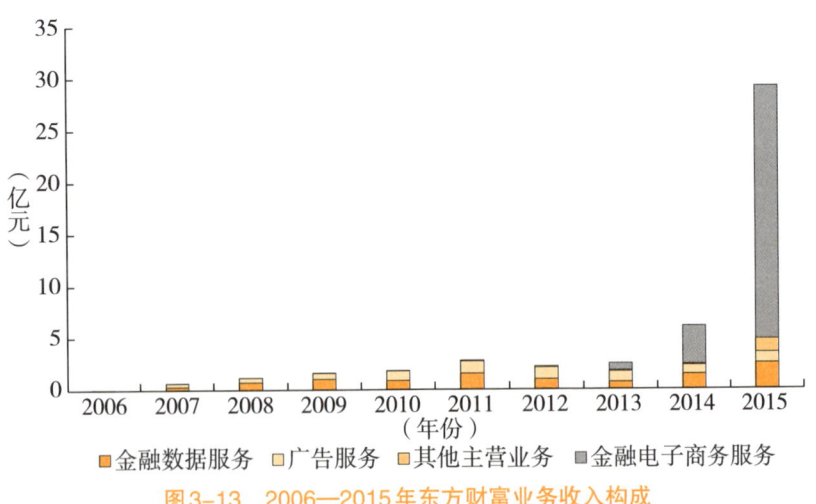

图3-13　2006—2015年东方财富业务收入构成

市值和股价同样涨疯了。2014年底，东方财富市值突破了400亿元，距离底部25亿元仅仅2年时间，15倍的涨幅，让人目瞪口呆，如图3-14所示。

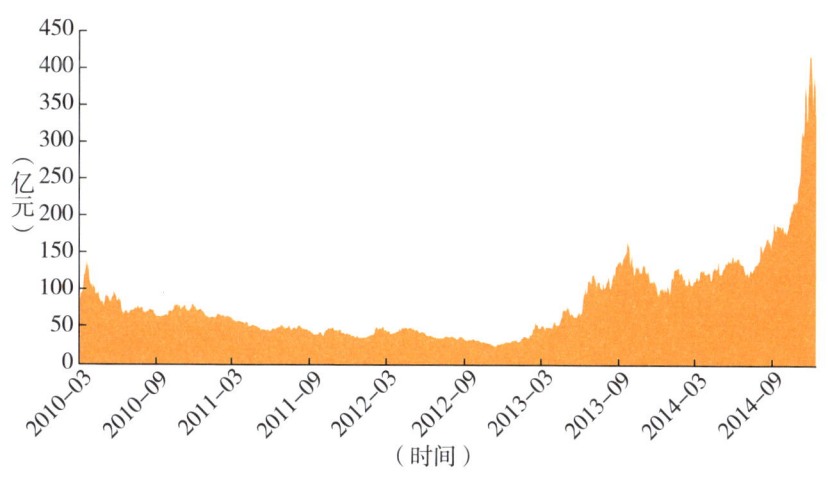

图3-14　2010—2014年东方财富市值走势

数据来源：Wind。

有什么理由不买东方财富呢？它要故事有故事，要业绩有业绩，要稀缺性有稀缺性。中国资本市场历来最为人诟病的一点，就是中国最优秀的互联网企业都去美国了。可是，眼前不就有一个吗？它就在眼前，你为什么不买它呢？

上述逻辑，套在当时中国的资本市场，没人可以拒绝。

3. 乘势而起，一飞冲天

400倍的PE，容纳什么样的预期呢？

换一个角度来看，2015年，基金代销业务大爆发，东方财富的净利润比去年大涨10倍，达到18.5亿元。如果按这个利润算静态市盈率，大约只有22倍，是不是看上去就很合理了。

问题是，这个业绩有太强的偶然性，2015年是大牛市，一旦牛市退潮，这块业务势必大幅下滑，事实上后续的实际情况确实是这么演绎的。既然如此，这个估值显然还是太高，太不理性。

市场既然给了这个价格，一定有更大的预期。

有什么业务比基金代销更给力呢？答案就是围绕投资者群体所能开展的附加值最高的业务——证券业务，东方财富要进军券商。这个故事听起来有点天方夜谭，这种感觉就像20世纪90年代的三一重工宣布要做重型机械一样，一个民营资本，凭什么进入这个行业？

可是，东方财富多少还是有点底气，原因同样很简单——用户和流量。在移动互联网大爆发的2015年，"互联网+"是从官方定调到民间共识的最强主线逻辑。在用户为王的时代，所有行业都值得重来一遍。

东方财富+券商业务，实在是太"互联网+"了。

2014年12月，东方财富以1300万港币的价格收购香港宝华世纪证券，承接"沪港通"和中国资本市场国际化的机遇。同时，在当年的年报中写道："公司将积极寻求外延式发展机会，积极和相关金融机构与企业探索合作与创新，加快探索拓展互联网金融服务新业务，进一步拓宽公司互联网财经金融服务大平台的服务范围，进一步延伸和完善服务链条，促进一站式互联网金融服务整体战略目标的实现。"关键词是"外延式发展"和"一站式互联网金融服务"。战略逻辑看起来非常清晰：通过外延并购的方式，补齐公司的金融服务能力，并最终依托公司的流量优势，打造一站式互联网金融服务。

2015年4月16日，东方财富发布了《发行股份购买资产并募集配套资金预案》，宣布以发行股份的方式收购西藏同信证券100%的股权。最终标的作价44亿元，同时配套融资40亿元，全部用于同信证券增加资本金、补充营运资金。

同信证券是一家中小券商,在全行业的排名并没有明显的亮点(见表3-4),可是同信证券是一家全牌照券商,旗下子公司还同时拥有商品期货和金融期货牌照。作为一个牌照收购的标的,同信证券实在太合适了。

表3-4　　　　　　　　同信证券财务指标行业排名

项目	指标	行业排名
规模指标	总资产	81
	净资产	90
	净资本	96
	营收	83
	净利润	88
业务指标	代理买卖证券业务(含席位租赁)净收入	77
	客户交易结算资金余额	78
	并购重组财务顾问业务净收入	54
	投资咨询业务综合收入	42

数据来源:中国证券业协会。

将东方财富和同信证券的财务指标做一个对比,情况如表3-5所示。

表3-5　　　东方财富和同信证券的财务指标对比　　单位:亿元

指标	同信证券	东方财富
总资产	65.2	61.8
净资产	11.5	18.8
营收	8.4	6.1
净利润	2.1	1.7

如果只看财务指标，这应该是两家体量近似的公司。可是当这场并购以换股的方式进行，市值上的巨大差异，使财务上的近似显得没有太多实质性的意义。

按换股前的停牌价格计算，东方财富市值500亿元，而同信证券整体估值44亿元。这个巨大的估值落差拉开了双方的差距。本次收购新发行的股份，只占发行后总股本的8.36%，而东方财富的大股东其实个人的持股比例，也仅仅被稀释了2.35%，如表3-6所示。

这就是公司成立以来最重要的并购背后，公司付出的全部代价。

表3-6　　　　　　　　　　交易前后持股比例变化

股东名称	本次交易前	本次交易后
其实	28.04%	25.69%
宇通集团	—	5.85%
西藏投资	—	2.51%
其他股东	71.96%	65.95

数据来源：公司公告。

已经处在浪潮之巅的东方财富，因为这一单并购，再次站上了资本的风口。2015年4月16日，股票复牌，不到1个月，再次暴涨2倍，达到1534亿元，最高达到1725亿元，如图3-15所示。

从25亿元到1725亿元，约70倍的涨幅花了不到2.5年的时间，这恐怕是A股前无古人的火箭速度。当时流行雷军的一句话，站在风口上猪都会飞。东方财富这家最让投资者疯狂的"正宗"互联网公司，毫无疑问站在了风口上。

东方财富很快就用实际行动交出了自己的成绩单，首先是40亿元配套融资于2016年4月完成发行，40亿元配套融资全部作

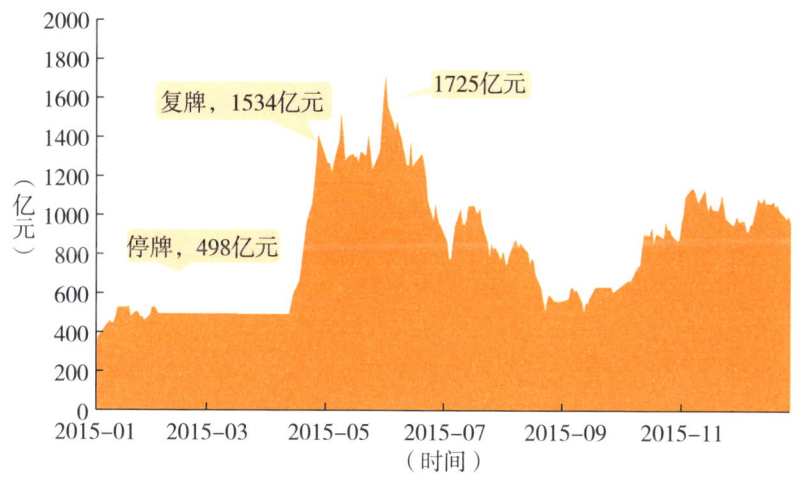

图3-15 2015年东方财富市值走势

数据来源：Wind。

为注册资本注入同信证券，并将之正式改名为"东方财富证券"。注册资本从6亿元到46亿元，宣告了东方财富对证券业务的投入决心。

此后，同样是依靠强大的用户基础和流量，浏览财经咨询和使用东方财富行情App的人群，和证券开户的人群几乎是完美重合。因此，东方财富顺势推出了远程开户业务，即不再需要线下营业网点，全部通过在线的方式完成用户交互。这也是当时东方财富证券和其余所有券商的一个重要区别。2016年开始，东方财富证券下调开户佣金率（见图3-16），大大低于行业平均水平，从而快速奠定了行业地位，市占率不断提升（见图3-17）。

此后，东方财富证券成为整个东方财富最重要的业务板块，其利润贡献在公司整体的占比常年居于60%以上，最高峰时甚至达到100%；资产在公司的占比逐年提升，2022年接近90%（见图3-18）。

图 3-16　2009—2019 年东方财富佣金率变化趋势

数据来源：公司公告、中国证券业协会

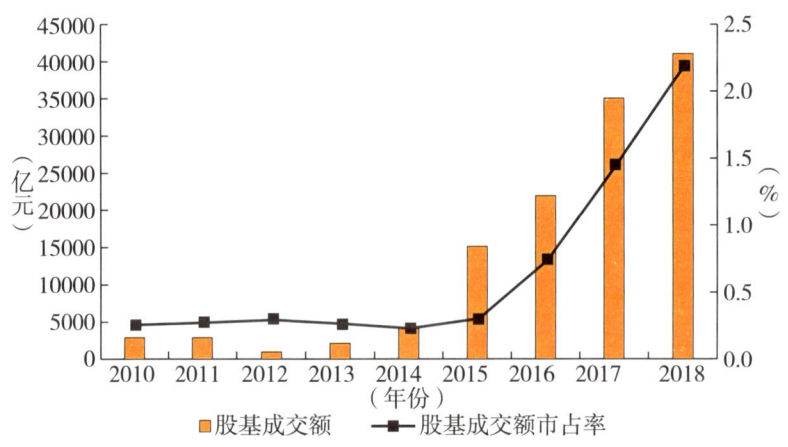

图 3-17　2010—2018 年东方财富证券股基成交额及市占率变化趋势

数据来源：公司公告、Wind。

现在，不会有人把东方财富当作门户网站或行情 App 了。

4.开动资本市场融资机器

券商的主要业务包括经纪业务、信用交易、投行业务、资管等几个主要方向。其中，经纪业务主要是指根据客户需求代理客户证券交易的业务，主要收入来自客户的交易佣金；信用交易业务包括

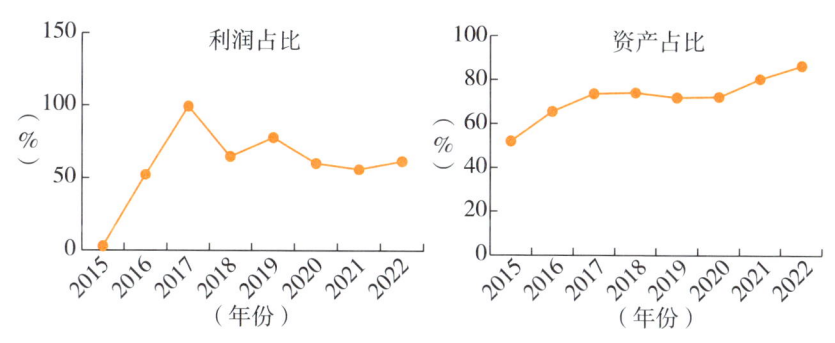

图3-18　2015—2022年东方财富证券利润、资产占东方财富整体的比例

数据来源：公司公告。

融资融券、约定购回和股票质押等业务，首要收入来自客户借款的息差；投行业务包括IPO、融资、并购等，是服务型业务；资管和自营则是投资业务，主要考验投资能力。

东方财富证券的优势是庞大的用户基数和互联网的低流量成本，经纪业务自然是其主要业务基础，除此之外最容易快速做大的业务，就是信用交易。而信用交易业务是息差生意，类似于银行放贷。显然，决定其业务规模的要素有三个：用户基数、资金成本和资金规模。

用户基数东方财富已经不用担心，剩下的问题就是钱而已。

继2016年4月东方财富完成配套融资40亿元的发行之后，2017年3月，东方财富发行可转债46.5亿元，其中的40亿元投入信用交易业务。该笔可转债的期限为6年，票面利率为：第一年0.2%、第二年0.4%、第三年0.6%、第四年1.0%、第五年1.5%、第六年2.0%。作为信用交易业务的融资，这个利率实在是太低了。

而发行的46.5亿元可转债中，有46.2亿元最终完成了转股，也直接使公司净资产增加46.2亿元。而资本金的扩大，则进一步增强了公司的债务融资能力，从而可以启动更大规模的融资。对于一般行业的企业来说，融资规模的确定相对比较慎重，因为过大的融资如果无处可投的话，反而会摊薄公司的ROE（净资产收益率），但是东方财富不存在这个问题，因为信用交易理论上可以容纳无限的资金规模，这就构成了图3-19所示的循环。

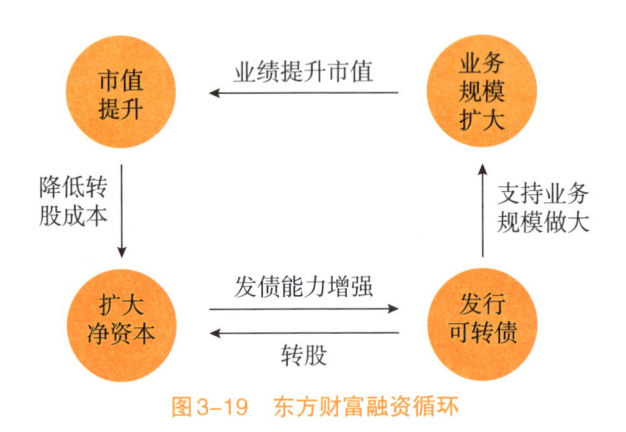

图3-19　东方财富融资循环

首先是发债和转股的小循环，可转债转股后扩大净资本，从而使得可以发行更多的债；然后是融资和业务大循环，通过发行可转债的低息融资支持公司业务规模做大，从而推动市值提升，更高的市值又能继续容纳更大规模的转股。两个循环嵌套起来，就构成了一个成长飞轮。

所以，东方财富需要做的，就是油门踩到底，开足发动机，满额融资。

2019年5月，公司继续发行可转债73亿元，其中有65亿元投入信用交易业务，并于2020年转股。

2020年12月，公司继续发行可转债158亿元，其中140亿元投入信用交易业务，并于2022年转股。

在大额的资金投入下，东方财富证券的信用交易业务规模和市占率稳步提升，如图3-20与图3-21所示。

图3-20 东方财富证券融资融券余额及其同比增速

图3-21 东方财富证券融资融券业务市占率与利息收入排名

东方财富自上市以来，上市公司层面累计向资本市场以股份和可转债的形式融资达到了375.75亿元，明细如表3-7所示。

表3-7　　　　　　　　　　东方财富融资数据

公告日期	融资方式	实施年度	发行价（元）	募资总额（亿元）	说明
2010-03-08	首发	2010年	40.58	14.20	市场公开发行

91

续 表

公告日期	融资方式	实施年度	发行价（元）	募资总额（亿元）	说明
2015-12-25	定向增发	2015年	28.53	44.05	发行股份购买资产
2016-05-14	定向增发	2016年	19.48	40.00	配套融资
2017-03-16	可转债	2017年	100.00	46.50	可转债
2019-05-30	可转债	2020年	100.00	73.00	可转债
2020-12-22	可转债	2021年	100.00	158.00	可转债
合计				375.75	

数据来源：公司公告、Wind。

如果我们将东方财富上市前后的净资产变化趋势用图3-22来表示，可以看到几次关键的跃迁均与资本市场融资高度相关。

图3-22 2010—2022年东方财富净资产变化

数据来源：Wind。

如果按累计规模算，从2010年到2022年，东方财富累积净利润302亿元，可是净资产从2.7亿元增长到652亿元，新增净资产约649

亿元。除了302亿元的净利润来自自身造血，剩余347亿元皆来自资本市场。更何况，302亿元的净利润中，有相当部分来自可转债的巨额融资带来的息差收益。

从2.7亿元到652亿元，核心增量皆来自资本市场。

可以说正是由于资本市场的持续支持，才有了东方财富的成长奇迹。2015年牛市退潮之后，虽然整体估值有所下滑，但是凭借证券业务的强劲增长，东方财富逐步进入国内一线券商的行列，市值在600亿~800亿元徘徊，如图3-23所示。

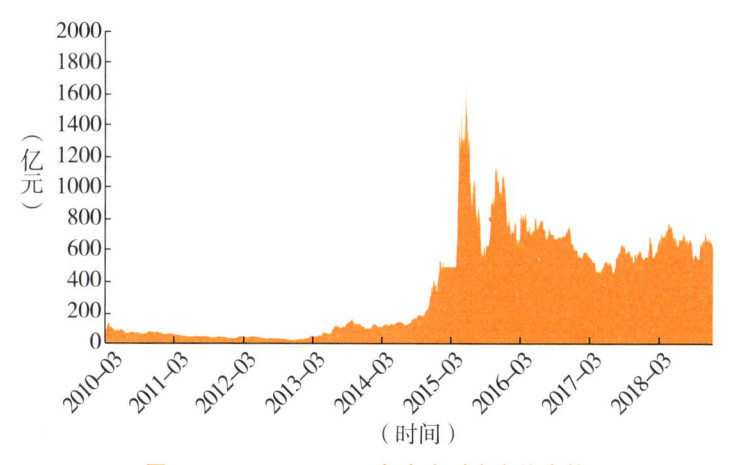

图3-23 2010—2018年东方财富市值走势

数据来源：Wind。

和别的企业不同，别的企业的利润和估值水平基本是独立发展的：产业市场好，资本市场未必好；反之，资本市场好的时候，产业市场未必好。而东方财富则不同，它的业务就根植于资本市场，其盈利和估值始终是同向的，即股市好的时候，它的业绩和估值都会更好，是天然的戴维斯双击品种。

正因为如此，东方财富的股性极其敏感，如果资本市场迎来机会，东方财富都是资金首先追捧的对象，如图3-24所示。

迈向千亿之路

图3-24 东方财富收入、利润增速与上证指数

数据来源：Wind。

由于2018年启动宏观层面上的金融去杠杆雷霆行动，资本市场的预期也跌落谷底。进入2019年之后，政策层面的冲击逐步边际递减，大量优质股票已经跌出机会。市场开始触底反弹，外资疯狂涌入，一波小牛市从2019年开始逐步成型。

本来这只是一波小级别的反弹行情，至少在当时看不到太强的牛市信号。可是2020年，疫情的突然到来，为资本市场注入了一针强心剂。由美联储无限量宽松开始，全球性的流动性异常宽松，而中国因为防疫中的出色表现，2020年至2021年，经济呈现出强大的韧性，资本市场自然也在相对宽松的流动性中节节攀升。于是，一个小级别的反弹，在各种因素的作用下，走成了一个中级别的牛市。

不出意外地，东方财富迎来了业绩大爆发，如图3-25所示。

3年时间，净利润暴涨了约8倍！这一超级亮眼的涨幅，既与资本市场行情即投资热度高度相关，当然也与东方财富开足马力全力扩大规模有关。2017—2020年累计从市场融资277.5亿元，为其强劲增长提供了充足的弹药。

图3-25　2018—2021年东方财富业绩增速

数据来源：Wind。

在超级强劲的业绩带动下，2019年开始，东方财富的市值迎来了新一波爆发浪潮，直接触达了4000亿元的巅峰，如图3-26所示。

图3-26　2018—2021年东方财富市值走势

数据来源：Wind。

5. 迈向综合财富管理集团

证券业务的成功进一步强化了东方财富的业务方向。基金代销、互联网券商的成功，其核心都是流量和用户的巨大威力。门户网站、股吧、行情App、证券业务，几大核心业务互相导流，又互相强化，使得东方财富汇聚了中国庞大的投资类用户群体。正如腾讯围绕15亿华人用户可以提供从社交到文娱、游戏的一整套服务生态一样，东方财富当然也可以围绕其数千万投资用户提供从基金到证券、期货等一整套财富管理服务生态。

一个庞大的战略呼之欲出，那就是东方财富始终在贯彻的战略主轴——"链接人与财富"。

2016年，设立东财国际期货。

2017年，设立东财小贷。

2018年，东方财富公募基金牌照获批。

2019年，收购众心保险。

2021年，东方财富证券获得投资顾问牌照。

……

一个围绕着人与财富的互联网金融生态浮出水面。

2019年开始，A股进入抱团股行情，资本逻辑很简单，既然中国资本市场要大发展，中国经济孕育的这些头部公司，就都应该参与全球定价，和全球头部公司进行对标，贵州茅台对标可口可乐，工商银行对标摩根大通，海康威视对标霍尼韦尔。

而东方财富，对标全球财富管理龙头——嘉信理财。

嘉信理财成立于1971年，是美国最大的财富管理机构之一。嘉信理财和东方财富的相似之处在于，嘉信理财也是通过互联网工具服务大量的C端用户，并为用户提供综合性的理财服务。截至2022年，嘉信理财的综合资产管理规模约7.3万亿美元（约50万亿元人民币），市值1500亿美元（约1万亿元人民币）。

考虑到中国日益庞大的经济体量和资本市场规模，以及越来越多的投资者群体数量，对标全球财富管理龙头，这个逻辑似乎并无不妥。从市值来看，今天的东方财富与嘉信理财已经处于同一量级，距离并不遥远。东方财富VS嘉信理财市值走势如图3-27所示。

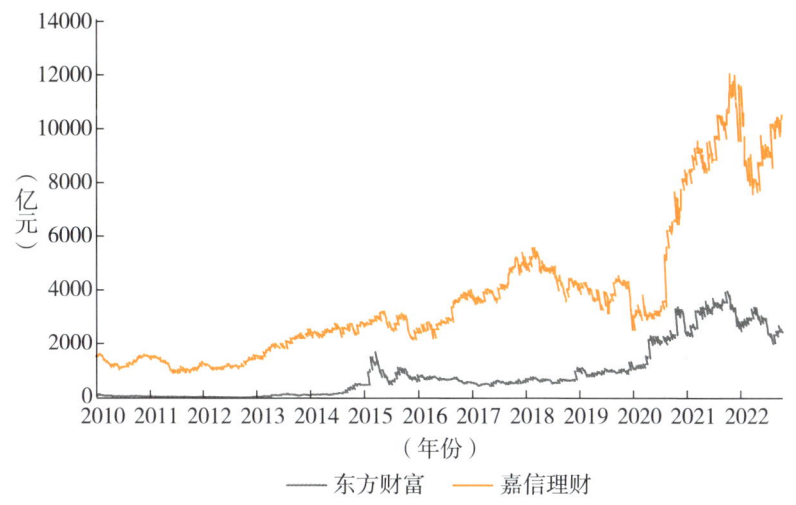

图 3-27　东方财富VS嘉信理财市值走势

数据来源：Wind。

6. 回顾千亿之路

回顾东方财富的千亿之路，可以用图3-28来表述。

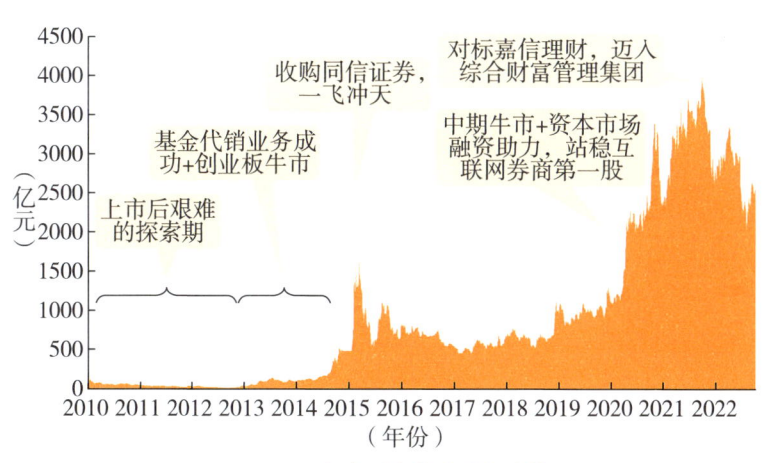

图 3-28　东方财富市值增长趋势

迈向千亿之路

东方财富的千亿之路，不像爱尔眼科的持续爬升，也不像三一重工的周期波动，而更像是一种脉冲式的涌动。在资本市场的平淡期，它或坚决探索，或沉稳蓄力，市值总体上呈现波澜不惊、风平浪静的状态。2010—2013年，以及2016—2018年这两个阶段，都是这种状态。可是一旦资本市场向好，它就会在很短的时间内完成火箭式的价值爆发。2012—2015年暴涨近70倍，2019—2021年，在约600亿元的基础上暴涨6倍！

应该说东方财富是天然的高敏感性品种。它既是科技股，又是证券股，这使它得以尽享牛市的一切红利。从这个角度来看，东方财富是独特且难以复制的，因为它所处的赛道是独一无二的。和它同时期的同花顺、大智慧没有走上以证券业务深度经营用户的道路，而券商赛道的传统豪强们，则没有通过捕获巨大的流量打造用户生态的基因。

图3-29所示的营收与净利润走势也呈现类似的特点。

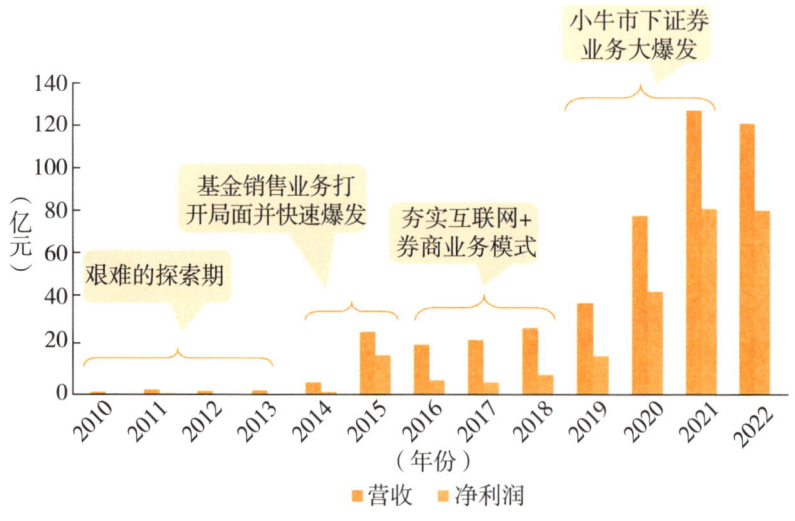

图3-29 2010—2022年东方财富营收与净利润走势

两次大的业绩爆发与股价的暴涨高度重合，这固然与前文所述的业务特点相关。但从其业务的发展历程来看，这个过程是一个持续探索和折腾的过程。如果将其收入结构展开来看，可以看出历史上的广告、付费金融数据服务业务已经退出了历史舞台，而证券业务和基金代销（金融电子商务）业务经历了考验，成了业绩的中流砥柱，如图3-30所示。

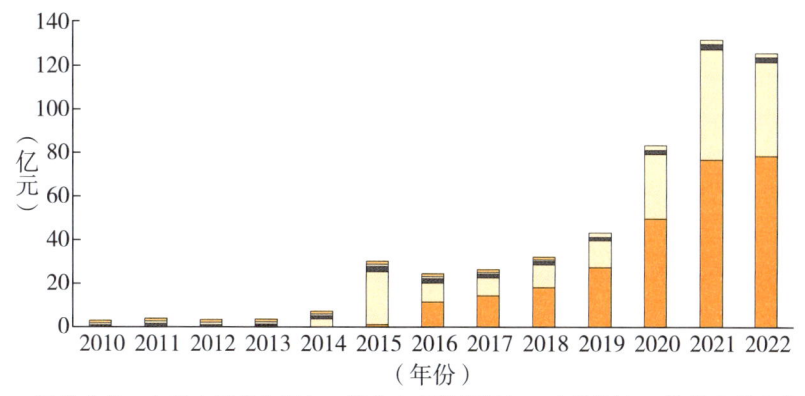

图3-30 2010—2022年东方财富业务结构变化

我们常说企业的持续成长战略是产业曲线的迭代问题，从东方财富的业务结构变化，我们可以清晰而鲜明地看到第二、第三曲线从诞生到成熟的全过程。东方财富的新业务深深根植于一个土壤，那就是海量的流量和用户。从这个角度来看，东方财富和立讯精密反而有了一点类似之处，只不过一个是2C，一个是2B，前者所有的商业模式创新，都依赖于庞大的用户群体，而后者的所有并购和新产品研发，都依托于少数超级客户。

从图3-31所示的东方财富的现金流情况，可以充分看出东方财富的业务特点。

第一，公司的投资活动净现金流极低。这主要是因为其商业

图 3-31　2010—2022 年东方财富三大现金流情况

数据来源：Wind。

模式并不需要资本开支扩张，这也是互联网商业模式的优势所在。2021 年的投资活动净现金流突然增加，也仅仅是因为大额融资之后需要购入债券，而不是实际的资本开支。第二，现金流中最亮眼的毫无疑问就是巨大的融资规模了。自从东方财富切入券商业务之后，其在资本市场的巨额融资，使得 IPO 时的数倍超募都可以忽略不计了。而巨额融资的逻辑，在前文已经做过充分的表述。

东方财富在 A 股是个标杆，也是个独特的存在。其独特之处在于，真正做到了将互联网和金融业务有机结合，走出了"互联网+金融"的成功模式，而互联网的特点是，在细分领域的优势地位一旦建立，就不大可能被超越。

其标杆意义在于，对资本市场的充分利用和有机开发。如果将东方财富比作一辆战车，那么资本市场就是为其源源不断输送燃油的加油站。它的成功向我们证明了，资本市场不是像很多人想象的那样，只会挥起镰刀收割韭菜。资本市场是优秀企业的孵化器、助推器和燃油池。东方财富是"产融互动"的极致案例，是值得所有

A股上市公司学习的真正标杆。

　　围绕"链接人与财富"的战略，东方财富还能成长到什么地步？如果东方财富真的是中国的嘉信理财，东方财富距离"管理东方的财富"，还有相当长的道路要走。这条漫长的道路，足够支撑起我们对它更大的期待。

（二）晶澳科技——以恒致远，穿越周期

今天的光伏，毫无疑问是民族产业之光。

在硅片、电池片、组件等各个环节，中国的产能都以超过70%的市占率，雄踞全球榜首。在中美进入全面科技竞争，而芯片、半导体被国外卡脖子的态势下，以光伏为代表的新能源技术，不仅走出了一条完全自主成长的道路，更是几乎垄断了核心产能，实现了反向卡脖子。考虑到"双碳"时间表越来越近，化石能源被可再生能源替代已经是无可争议的大势，这种关键产业的反向卡脖子，其背后蕴含的产业意义已经远远超出了一个制造业所能承载的意义。

其中的龙头企业，毫无疑问是产业英雄。截至2022年12月31日，A股上市光伏企业44家，总市值1.89万亿元，港股7家，总市值1564.25亿元，美股32家，总市值966.32亿美元。在A股的整个能源板块，新能源市值占比达到了50.26%，而光伏的市值占比则达到了新能源的35.87%。若论产业风口之劲，光伏舍我其谁。

时间倒回到10年前，则完全是另一番景象。彼时欧美正对中国光伏产业发起"双反"运动，整个产业面临行业性的产能过剩。频繁出现在新闻中的关键词不是"制裁"，就是"破产"，或是"退市"。在那一波浪潮中，中国最早赴美上市的7家企业中，有4家破产或退市，行业几乎遭遇灭顶之灾。

全球光伏产业的发展史，可以追溯到20世纪70年代。从这个时间点可以看出，清洁能源这种时髦玩意，和彼时的中国是没有关系的。中国光伏产业真正的发展，要从2005年颁布《中华人民共和国可再生能源法》开始算起。后发的产业，注定一开始是一无所有的。无论是技术、资源，还是人才，最糟糕的是连市场需求都没有，也

就是所谓的"三头在外",即资源在外、市场在外、技术在外。一转眼,十几年过去了,从一穷二白,到问鼎全球。从最早赴美上市的行业先驱尚德电力(简称尚德),到今天公认的产业龙头隆基股份[①](简称隆基),一大批产业英雄在这十几年间经历了产业浮沉。截至2022年底,隆基、晶澳科技、晶科能源、天合光能(简称天合)等一批龙头企业,其市值纷纷迈过千亿大关,股价在过去3年均走出了强势的崛起姿态。

其中,晶澳科技是最有历史的一家。光伏行业大名鼎鼎的先驱尚德成立于2001年,而晶澳科技的历史可以追溯到1996年成立的晶龙集团。它是最早赴美上市的光伏企业之一,而更早一点上市的尚德最终破产,英利绿色能源(简称英利)巨亏后被迫退市,赛维LDKSY(简称赛维)则最终被法院强裁破产重组。在光伏这个技术日新月异的行业里,能屹立近30年不倒,本身已经是一个奇迹,在连续征战美股、A股之后,晶澳科技越战越勇,2018年至2021年,公司组件出货量连续4年位居全球前三,2021年8月5日,晶澳科技市值首次突破1000亿元,并持续上涨,截至2022年底,市值为1415亿元。

晶澳的成长过程,不仅是一部企业史,也是一部产业史。

1. 光伏老兵,赴美先驱

和行业中众多有着传奇故事的人物相比,靳保芳显得要低调很多,基本不参加任何光伏行业的会议,也很少在行业的聚会中看到其与周边人觥筹交错。近年,除了全国两会发声,靳保芳不接受任何媒体的采访。但是,他身上的头衔很多——他是这家全球前三的光伏企业的掌舵人;担任过电力局的局长;是邢台首富;是全国五一劳动奖章获得者;也是连续三届的全国人大代表。

---

① 隆基股份证券简称自2022年5月16日起改为隆基绿能。

迈向千亿之路

和那个时代的众多筚路蓝缕的创业者一样，艰苦的成长岁月锻造了企业家坚忍不拔的品质，凡别人能做到的，自己一定要做到，而且比别人做得更好，只争第一，不甘第二。他先后当过服务员、厨师，别人不愿干的活、不想做的工作，他都去做，"我曾经一天蒸过2250个馒头，当时没有机器全凭两只手，我也曾经烙过450斤面的大饼。"

这种那一代人特有的务实、苦干的性格，最终透过企业家，成为晶澳这家企业基因中的一部分。如果仔细分析晶澳的业务结构、财务报表，你可以看出那种务实和稳重。和那个时代这个产业的许多冒险家不同，靳保芳带领下的晶澳鲜少有那种赌徒式的冒险，而是步步稳重。我非常喜欢张一鸣对字节跳动的企业文化的描述——"务实敢为"，这四个字用在晶澳和靳保芳身上同样贴切。

1992年春天，40岁的靳保芳出任邢台市宁晋县电力局党委书记、局长。就任后他雷厉风行地推动了一系列改革。为了安置被精减的员工，靳保芳物色起值得创业的方向。1995年，靳保芳听说河北工业大学有个用"中子嬗变掺杂直拉硅"技术生产单晶硅的项目，该产品可用于二极管、集成电路和太阳能发电，已获得国家科技进步奖和国家专利。这正是他所追求的高科技，同时搞单晶硅需要巨大的电能作保障，而这正是电力部门的强项。在经历了对技术负责人任丙彦教授"三顾茅庐"的邀约之后，县电力局办起了晶隆半导体厂，并随后选定了太阳能为主要业务方向。

虽然是一个诞生于县城的企业，但是公司的视野从来没有停留在县城。1997年，晶隆半导体厂拿出一半的资产和日本松宫合资成立了宁晋松宫半导体有限责任公司。之所以拿出一半资产，正是希望学习对方的先进经验，活学活用到企业另一半的资产经营上，谋求企业的更大发展。得益于这种"拿出一半"的战略决策，公司的管理水平迈出坚实步伐。到1998年底，晶龙单晶硅基地单晶炉增至24台，产能达到100吨/年，成为国内最大的太阳能单晶硅生产基地；1999年，年产单晶硅200余吨，跃升为亚洲老大。2004年，单晶炉总数达到136台，年产单晶硅836吨，占国内总产量的70%，占全球产量的20%，当时雄居世界太阳能单晶之首。

2003年，随着国家电力系统实行副业改制，宁晋县电力局实施主副业剥离，由职工出资购买了晶隆厂的全部国有资产，改制组建成晶龙集团。2006年，靳保芳卸任电力局局长一职，全力投入晶龙集团的经营。

2005年，晶龙集团与澳大利亚光电科学工程公司、澳大利亚太阳能发展有限公司合资成立晶澳太阳能有限公司（简称晶澳太阳能），正式进军光伏电池领域。这也是日后征战美股，以及如今A股千亿上市企业晶澳科技（002459）的正式业务主体。

为了更好地理解上述各大公司之间的关系，有必要介绍一下光伏产业链的基本情况。光伏的发电原理是太阳能电池利用半导体器件的光伏效应进行光电转换，而主流的半导体器件，是以硅产业链为基础的硅基电池。因此，整个光伏产业链大致可以用图3-32表示。

其中，核心原材料是电池片，电池片处于光电转化的核心环节，其下游是光伏组件，上游的原材料是硅片，而硅片的更上游是硅料，硅料的上游是工业硅，更上游则是硅矿。

从这个产业链大致可以理解每个环节的特点。硅矿，顾名思义是矿产资源行业，这个细分行业有矿产资源行业比较典型的周期性特点，价格受市场供需、能耗指标、产业政策等的影响较大，会出现周期性波动，但本质上是资源型行业，不会存在太多的技术迭代。

迈向千亿之路

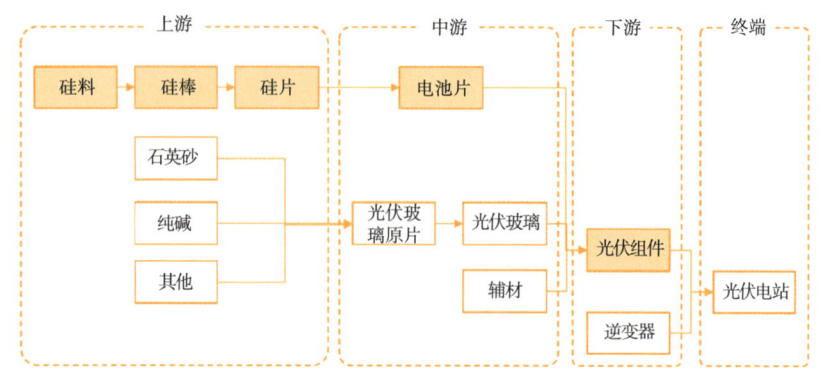

图3-32 光伏产业链示意

数据来源：Wind。

下游的光伏组件是一个直面终端客户的制造型行业，这个环节的问题是技术门槛不高，而且处于产业链的末端，所以往往是承担价格压力最大的一个环节，毛利相对较低。但好处是这个环节直接面对终端用户，所以对市场的需求变化最敏感。

而处于核心位置的硅片、电池片环节，则是技术门槛较高的环节，也是技术革新最密集的环节，新技术对旧技术路线的替代甚至颠覆时有发生。正因如此，在产业发展早期，该环节成了所有厂商竞争的关键点，是所有光伏企业的必争之地。

更详细的产业特点后文再述，但至此，已经可以理解晶澳的产业链位置和创业背景了。晶龙集团的核心业务是单晶硅棒、硅片，而晶澳太阳能的核心业务则瞄准了电池片环节。在光伏产业"三头在外"的早期，和拥有成熟技术团队的外资企业合作，是中国企业成长的必然选择。

1997年《京都议定书》之后，2000年前后，主要发达国家纷纷出台了自己的可再生能源法，并将光伏列为重要的可再生能源方向。而中国的《中华人民共和国可再生能源法》的出台要到2005年，并且2007年才推出《可再生能源中长期发展规划》。2005年，正处于欧美对光伏进行大规模补贴的阶段，当时，行业先驱无锡尚德已经完成纽交所上市。2005年12月，无锡尚德成功登陆纽交所，而这一刻也称得上是中国光伏产业发展过程中的历史性一刻。这不仅是因为其开创了中国内地民营企业赴美IPO直接登陆纽交所的先河，并创下内地民营企业在美国证券市场首次融资的最高纪录。

尚德是公认的值得尊敬的行业先驱，尚德在美的成功上市，直接带动了中国光伏企业集体赴美上市的壮举，晶澳也在其中。2005—2007年第一批赴美上市的中资光伏企业如表3-8所示。

表3-8　2005—2007年第一批赴美上市的中资光伏企业

证券代码	证券简称	上市日期	首发资金规模（亿美元）	现状
STPFQ.OO	尚德电力	2005-12-14	3.96	退市
CSIQ.O	阿特斯太阳能	2006-11-09	1.16	美股，市值22亿美元
TSL.N	天合光能	2006-12-19	0.98	回A股，1300亿元
JASO.O	晶澳太阳能	2007-02-07	2.25	回A股，1300亿元
CSUNY.OO	中电光伏	2007-05-17	0.94	退市
LDKYQ.OO	赛维LDKSY	2007-06-01	4.69	退市
YGEHY.OO	英利绿色能源	2007-06-08	3.19	退市

数据来源：Wind。

2007年2月7日，晶澳太阳能敲响了纳斯达克的钟，股票代码JASO.O，首发募资2.25亿美元，上市首日收盘市值7.8亿美元，约合人民币60.5亿元。

2. 征战美股，十年一梦

（1）上市即巅峰，闪电融资奠定江湖地位。

如果对A股资本市场有记忆，2007年的A股正处于烈火烹油一般的火热态势中。然而，光伏这个在当时看起来有点未来感的行业，在A股却没有容身空间。那时正是中国科技企业前赴后继赴美上市的阶段，网易、搜狐、百度等一批互联网公司陆续登上美国时代广场的大屏幕。科技公司赴美上市，是当时最火热的潮流。

纳斯达克这个板块本身，就蕴含了关于科技和未来的无限想象。2005年至2007年，欧洲大规模补贴刺激光伏装机量上涨，整个产业如日中天，作为核心原材料硅的价格从2004年的约100美元/千克，暴涨到2008年最高达到500美元/千克。这种对未来的强烈的信心和预期，自然而然地投射到整个光伏产业链的所有企业身上。大洋彼岸的投资者以现金投票的方式，表达了对这一批中国新能源企业的无限信心。

晶澳太阳能上市发行价格15美元/股，上市当天收盘于17.8美元/股，并开启了"不讲道理"的一路上涨模式。当年12月24日，晶澳太阳能收盘于75.4美元/股，按当天汇率折算市值242亿元。晶澳太阳能上市第一年市值走势如图3-33所示。

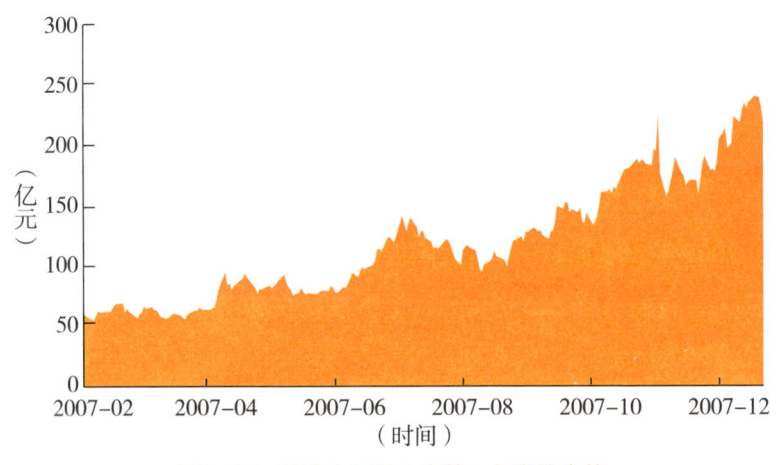

图3-33 晶澳太阳能上市第一年市值走势

数据来源：Wind。

公司当然没有放过这样的上涨机会，2007年9月20日，晶澳太阳能继续发出2.66亿美元的融资，叠加首发融资的2.25亿美元，半年多的时间总计融资4.91亿美元，约合人民币35亿元。如果我们还对这种令人震惊的数字没有直观感受的话，那么把彼时晶澳太阳能的财务报表做一下对比，就会有感觉了，如表3-9所示。

表3-9　2005—2007年晶澳太阳能收入、净利润和净现金流
（单位：亿元，以当年汇率近似折算）

	2005年	2006年	2007年
收入	0.0	7.0	27.0
净利润	-0.03	1.3	4.0
经营活动净现金流	-0.02	-0.6	-11.5
投资活动净现金流	-0.4	-1.1	-12.3

数据来源：Wind。

考虑到两次融资的时点分别是2007年2月和9月，而那时可以看到的只有这家2005年才成立的公司的两年报表，且2006年1.3亿元的净利润，以及持续为负的净现金流。这么一来，35亿元的融资看起来对未来的预期就非常大胆了。2006年底，公司净资产还只有3亿元，到了2007年底，这个数字已经变成了41亿元。

1年时间，好像已经是完全不同的另一家公司了。

最高峰时大约242亿元的市值，放到这个财务报表下来看确实有点"可怕"。如果我们以一般制造业15倍市盈率来计算，这个市值至少蕴含了16亿元的利润预期，而2006年公司收入约7亿元。

2008年，产业面火热的行情仍在继续，持续的产能投放继续吞掉公司大量的现金。2008年全年公司经营活动净现金流-12.9亿元，投资活动净现金流-4.2亿元。大量的现金需求下，公司进一步提升

了债务融资的比例。当年，公司债务融资净额28.2亿元，资产负债率从2007年的9.5%升至34.7%。众所周知，债务融资的融资空间很大程度上取决于公司的净资产体量。因此，正是上市首年的35亿元股权融资，奠定了次年债务融资的空间。事后来看，这累计超60亿元的融资，对公司穿越产业周期起到了决定性的作用。

（2）挺过行业巨震，成为第一批"剩者"。

危机很快到来，2008年的全球金融海啸给西方世界带来了巨大的冲击，而欧美正是光伏产业的主要需求来源。全产业链迎来重大打击，所有企业均遭遇不同程度的下滑或亏损，晶澳太阳能当年收入增长-31%，净利润增长-127%，当年盈利-1.3亿元。资本市场当然不会给这个业绩好的反馈，2008年11月，公司市值最低跌至3亿美元，折合人民币约20亿元。这个数字相比半年前的高峰，跌幅达到-92%，相比IPO时，跌幅为-62%。

上市的巅峰体验还在昨日，瞬间就跌入谷底。人生的大起大落，不过如此。2007—2009年市值走势如图3-34所示。

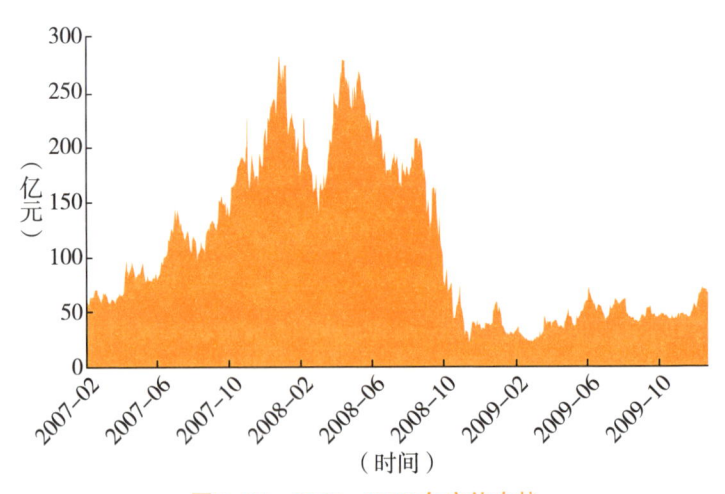

图3-34 2007—2009年市值走势

数据来源：Wind。

这就是美股，没有涨跌幅限制，投资者来去自由，没有强大的心理承受能力，没办法玩这种资本游戏。所幸晶澳太阳能在上市时赶上了一波巨大的市场红利，如果没有前两年超60亿元的融资，刚刚成立不久的晶澳太阳能不知道将如何度过这场寒冬。

除了这一点小幸运，更大的好消息来了——"四万亿"刺激计划重磅来袭。新能源赛道、基础设施特性，这些特质使光伏产业成为绝佳的资金投向。

2009年，国家推出"金太阳"工程，对所有投资于光伏的企业进行直接补贴，补贴方式简单而粗暴，直接补贴投资成本。2009—2010年，财政补贴的资金可以占到投资成本的50%左右。在如此强烈的补贴刺激之下，国内需求迅速回升，2010年全行业迎来高峰，当年，公司迅速逆转下跌的颓势，收入增长211%达到118亿元，净利润达到18亿元。同年，公司电池片出货量达到全球第一。

然而，似乎产业上的节节胜利并没有引起资本市场的重视，这个全球第一也没有在公司市值上得到太多的反映，最高峰的时候，也就在2010年的10月回到折合人民币约111亿元市值，这个水平只有2007年高峰时的46%。2006年的晶澳太阳能，还只是一个收入7亿元，净利润1.3亿元的初创企业；可2010年的晶澳太阳能，已经是收入118亿元，净利润18亿元的电池片全球第一了。

即便如此，今时不同往日，纳斯达克仍然兴味索然。

如果以市盈率计算，2010年的晶澳太阳能只有大约7倍，这个倍数已经不再是高科技企业了，甚至不如一个传统制造业的估值水平。市场显然已经彻底切换了估值的逻辑，中国的光伏企业不再可能享受科技的红利，因为，一场巨大的风暴正在前方酝酿，而市场显然已经有所感知。

2011年，欧美对中国光伏企业发起了"双反"（反倾销税、反补贴税）调查，这一举措几乎团灭了整个中国光伏产业。

由于金融危机的冲击，欧美各国前期的光伏补贴力度大幅降低，导致需求萎缩，而与之相反，中国以"金太阳"工程为代表的补贴刺激计划正如火如荼地开展。一边是需求急剧减少，一边是国内产能大幅扩张，导致中国出口欧美的光伏产品价格大幅下滑。下跌的价格直接冲击了欧美的光伏企业，大量欧美光伏企业陷入亏损，甚至破产倒闭。

2011年10月，以SolarWorld为代表的美国太阳能企业提出诉讼，美国政府开始立案调查75家中国光伏企业。2012年10月，美国商务部宣布了对中国光伏电池及组件的"双反"终裁结果，算上反倾销税和反补贴税，最终关税范围为23.75%~254.66%，远远超出中国光伏行业能够承受的范围。这意味着，中国光伏企业在美国的价格优势彻底消失。

继美国之后，2013年8月，欧盟委员会宣布了针对中国光伏企业的"友好解决方案"，即通过"价格承诺"的方式，要求中国太阳能板出口商设定最低价，未参与"价格承诺"的中国光伏企业，将被征收为期2年的反倾销税和反补贴税，惩罚性关税税率高达47.6%。

对于国内市场尚未成熟的中国光伏企业来说，"双反"不仅是当头一棒，更是釜底抽薪。欧美价格优势的丧失对中国光伏企业几乎是致命性的打击。2005—2013年主要中国光伏企业净利润情况如图3-35所示。

巨幅亏损对企业是巨大的困难，但不算是灭顶之灾，债务和现金流问题才是。

在补贴政策的刺激下，主要光伏企业在过去几年纷纷加大了债务端的融资。和国家的总体发展模式类似，2009年的中国正是一个全力加杠杆的阶段。产业趋势一片大好，国家补贴大力支持，

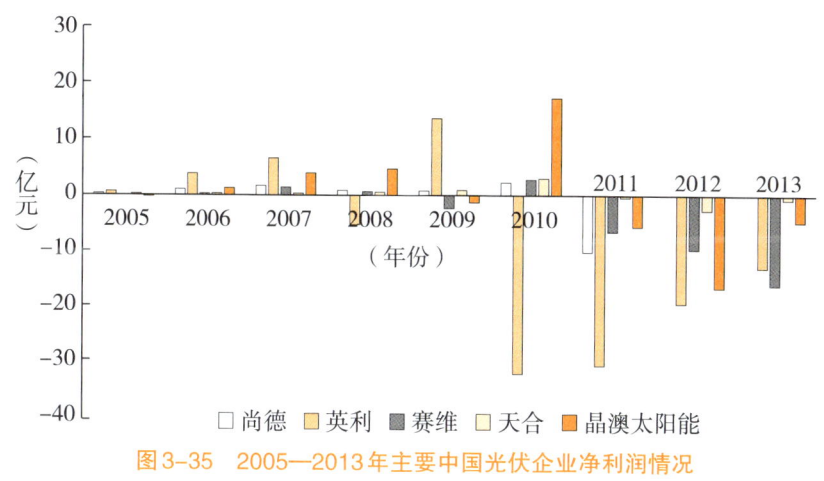

图3-35 2005—2013年主要中国光伏企业净利润情况

数据来源：Wind。

有什么理由不加杠杆呢？在预期良好的情况下，杠杆是快速跑马圈地的利器，然而预期快速下行的阶段，杠杆就是致命的毒药。

2010年底，资产负债率最高的赛维已经达到了81.4%，尚德和英利也已经在60%左右徘徊，晶澳太阳能仍维持着42.5%的资产负债率，全行业最低，如图3-36所示。

在这一场暴风雨下，第一波光伏产业英雄以破产或退市的方式黯然落幕。2013年，尚德破产重组；2014年，赛维提交破产重整申请并终止上市；英利则在苦苦支撑数年后于2018年因价值暴跌被纽交所强制摘牌。

在第一批赴美上市的光伏企业中，晶澳太阳能、天合、阿特斯太阳能等少数企业存活了下来。当外部出现巨变的时候，稳健永远是企业生存的法宝。"漂亮的进攻固然可以获得满堂喝彩，但只有防守才能带领球队获得联赛总冠军。"晶澳稳健的作风救了自己，这种稳健贯穿了公司发展的整个生命周期，并带领公司坐上了千亿王座。

这一波巨大的变故几乎冲散了华尔街对中国光伏产业所有的热

迈向千亿之路

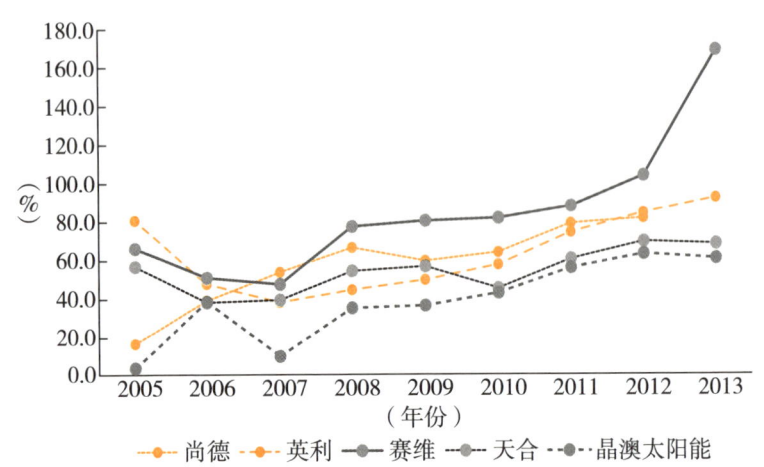

图3-36 2005—2013年主要中国光伏企业资产负债率

数据来源：Wind。

情，晶澳太阳能也迎来了其在美股历程中的最低谷时刻。2012年11月20日，晶澳太阳能收盘于3美元/股，市值折合人民币7.4亿元，而当年晶澳太阳能的账面净资产还有49亿元，其中还包括30亿元现金。2007—2012年市值走势如图3-37所示。

没有办法，这就是游戏规则。

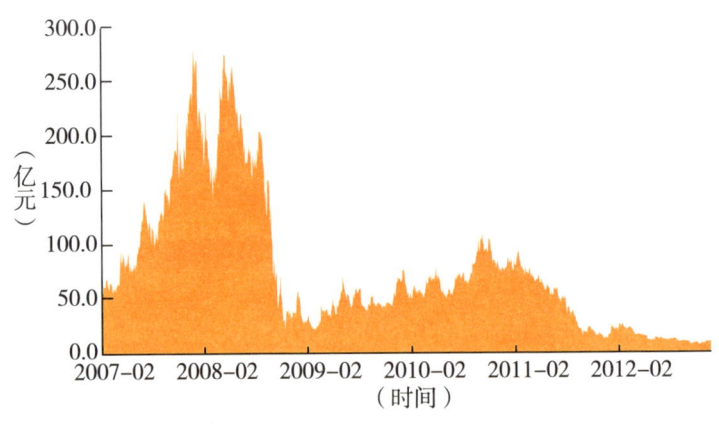

图3-37 2007—2012年市值走势

数据来源：Wind。

第三章 迈向千亿之路

投资者纷纷远离这个板块。

大洋彼岸资本市场的萧条，没法阻挡中国本土产业市场的火热。现在回过头去看，2008年至2018年这10年毫无疑问是中国的10年，这10年中国作为全球的火车头，贡献了大约一半的GDP增幅。这背后的原因，"四万亿"功不可没。

对光伏产业的补贴仍在持续进行，当时的中国光伏产业在硅片、电池片、光伏组件等环节的全球出货量占比已经接近或超过50%。经过数年的规模扩张，光伏组件的安装成本在过去5年（2007—2012年）下降了超过80%，发电成本也快速下降。虽然暂时还没法追上煤炭的发电成本，但规模扩张带来的成本快速下降已经显而易见。只要继续扩张，成本必然进一步下行。一旦光伏的发电成本低于煤炭，那么光伏对整个能源产业的替代将极具经济效应，光伏产业必然迎来大爆发。

胜利就在眼前，没人质疑对这个产业的持续投入。2011年7月，国家发展改革委发布了《国家发展改革委关于完善太阳能光伏发电上网电价政策的通知》。通知规定，对非招标太阳能光伏发电项目实行全国统一的标杆上网电价，这标志着中国光伏补贴政策进入了新时代，由事前的"投资成本补贴"进入事后的"固定电价补贴"。

一边是成本持续下行，一边是标杆上网电价补贴，光伏电站装机积极性进一步得到了刺激。2012年国内新增光伏装机4.5GW，到2017年新增光伏装机53GW，增长11倍，国内新增装机的全球占比也从2012年的11%提升到2017年的53%。

这样的行情下，晶澳太阳能迎来了涅槃重生，2013年，晶澳太阳能再次实现经营性现金流为正，2014年实现盈利，并在未来几年进入良性发展轨道，如图3-38所示。

（3）潮水退去，到了该离开的时候了。

2017年，公司营收接近200亿元，净资产达到68亿元。此时距

迈向千亿之路

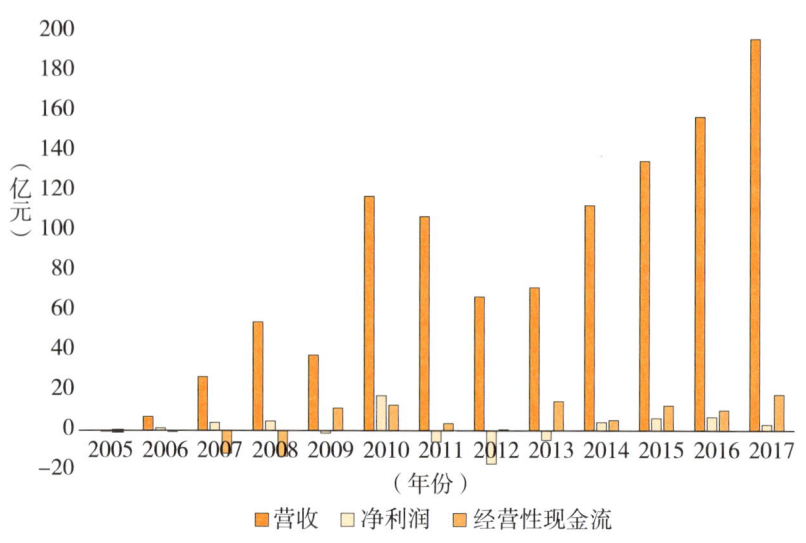

图3-38　2005—2017年营收、净利润和经营性现金流

数据来源：Wind。

离它在纳斯达克上市已经过去了10年。这10年来，经过了金融危机，经过了"双反"风波，享受了国内的补贴政策红利，公司的收入规模扩大了将近30倍，净资产扩大了20余倍，资本市场如何反应呢？

答案是，没有反应，如图3-39所示。

2014年以后，公司市值长期在15亿~30亿元波动，市盈率常年低于10倍，市净率则常年低于0.5倍。这些数字和当年IPO时的风光相比，只能用落寞来形容。这10年中，除了上市第一年的两笔融资，公司再没做过任何大的股权融资，原因显而易见——低迷的市值再也没有给过公司机会。上市第一年那个242亿元的巅峰时刻好像有点不真实。

和大洋彼岸的落寞不同，2017年，A股的友商隆基正风生水起。隆基在2017年底迎来了自己的800亿元市值。

如果比较两家公司的营收（2007—2017年）、市值（2012—2017年）和市销率估值（2012—2017年），可以看到两者存在巨大的落差，如图3-40至图3-42所示。

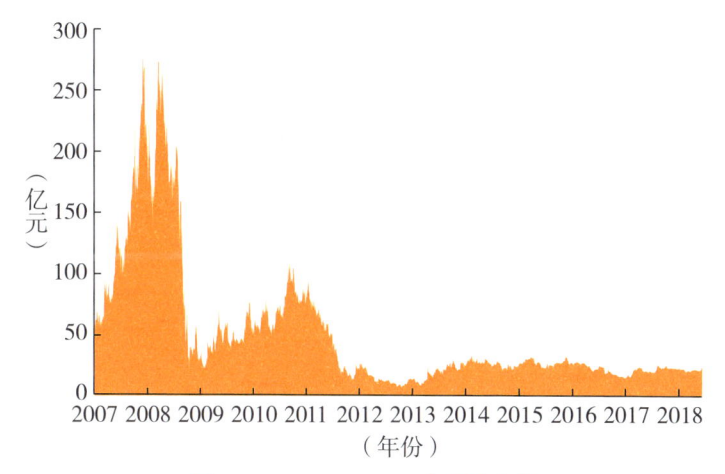

图3-39 2007—2018年市值走势

数据来源：Wind。

图3-40 隆基&晶澳太阳能营收趋势

数据来源：Wind。

对一个仍然拥有伟大抱负的企业来说，这种结果是不可接受的。大洋彼岸的资本市场已经完成了其历史使命，已无留恋之理由，到了该离开的时候了。

（4）闪电回归，百亿市值再出发。

2017年11月17日，晶澳宣布，由晶澳董事长兼CEO靳保芳牵头的买方集团，将以3.62亿美元全现金交易的方式，完成对晶澳太

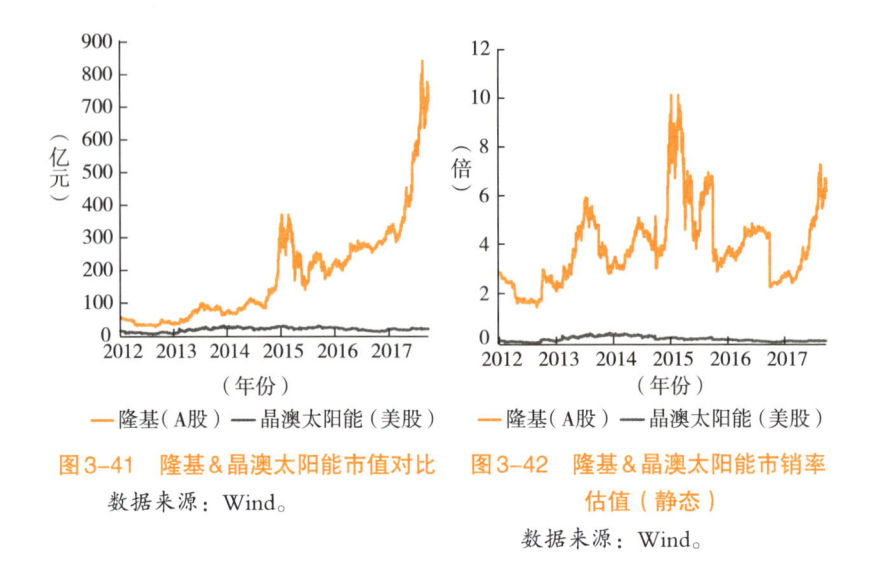

图3-41　隆基&晶澳太阳能市值对比

数据来源：Wind。

图3-42　隆基&晶澳太阳能市销率估值（静态）

数据来源：Wind。

阳能（JASO.O）的收购并实现私有化。这个价格对应的人民币大约为24亿元，而2016年底，公司的净资产已经达到64.6亿元。

随后，公司进一步将晶龙集团与光伏相关的核心资产置入晶澳太阳能。2018年7月17日，晶澳太阳能宣布完成与控股母公司的合并交易，正式从美国纳斯达克退市并成为私有公司。

而短短2天之后，这宗私有化的归宿浮出水面。7月19日，A股上市公司天业通联（002459）停牌，随后发布公告，称与晶澳太阳能的实际控制人靳保芳签署了重大资产重组意向协议，天业通联将以发行股份方式购买晶澳太阳能100%的股权，同时天业通联的所有存量资产将全部由原股东以现金方式收购。借壳后的天业通联将改名晶澳科技，其业务将变更为纯粹的光伏业务。2019年1月21日，借壳方案出炉，晶澳太阳能估值75亿元，借壳完成后，晶澳太阳能的全部股东将获得新公司71.02%的股权，靳保芳控股的宁晋县晶泰福科技有限公司将成为新公司的单一第一大股东，持股59.71%。

2019年11月，借壳上市方案正式执行完毕，上市公司更名为

"晶澳科技"。新股上市当天，收盘于149亿元市值。

阔别10年之后，晶澳再次回到100亿元市值的体量，并将从这里出发，走上全新的征程。

3.再战A股，王者归来

晶澳从美股回到A股，从2017年启动，到2019年结束，而这几年，正是中国光伏行业的换挡期。

（1）"531新政"，迎接平价新时代。

回顾中国光伏产业的发展历史，大致可以将2018年以前算作一个阶段，2018年及以后算作另一个阶段。其中，"531新政"是一个标志性事件。

截至2017年，经历了长时间的补贴，我国的光伏产业取得了规模上的快速增长，2017年当年国内新增装机量在全球的占比达到53%，累计装机量在全球的占比达到32%，如图3-43与图3-44所示。回想起10多年前一穷二白的处境，这个超级增速体现了在财政补贴的刺激下，中国制造业的巨大能量。

图3-43 新增光伏装机量

数据来源：Wind。

图3-44 累计光伏装机量

数据来源：Wind。

与规模快速扩大同步的是持续的技术迭代和进步，在这两个因素的共同作用下，光伏的LCOE（平准化度电成本）快速下降。截至2017年底，我国光伏商业LCOE已经达到0.57元/度（见图3-45），已经逐渐接近燃煤0.4元/度的平均上网电价。

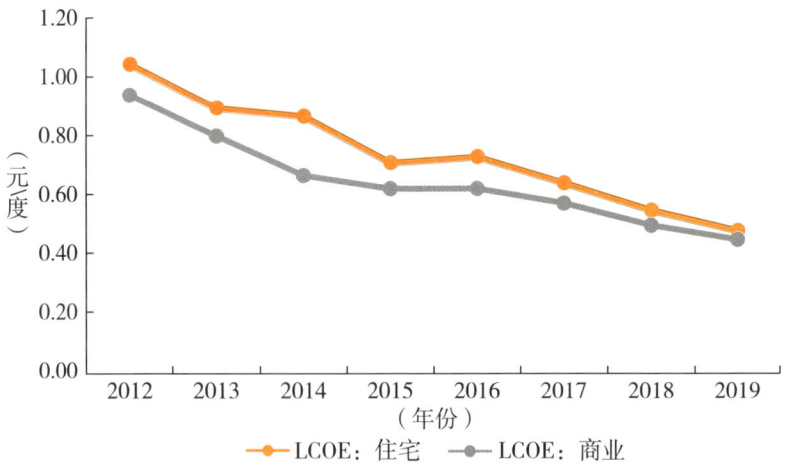

图3-45 2012—2019年中国光伏LCOE

数据来源：Wind。

然而，非市场化的补贴虽然带来了高速的增长，但负面影响也随之而来。一是局部的产能过剩已经比较明显。随着光伏发电的迅猛增长，一些地方弃光限电的问题开始凸显。2015年全国弃光率12%，2016年弃光率11%，2017年甘肃、新疆等个别地方的弃光率甚至达到了20%和22%。

二是财政资金用于光伏补贴的可再生能源缺口持续扩大。截至2017年底，累计可再生能源发电补贴缺口总计达到1127亿元，其中光伏补贴缺口455亿元，且呈逐年扩大的趋势。

利好和利空的因素叠加导向了一个必然的结果——取消补贴的时刻就要到来了。

2018年5月31日，国家发展改革委、财政部、国家能源局联合印发了《国家发展改革委 财政部 国家能源局关于2018年光伏发电有关事项的通知》("531新政")，首条即是："根据行业发展实际，暂不安排2018年普通光伏电站建设规模。在国家未下发文件启动普通电站建设工作前，各地不得以任何形式安排需国家补贴的普通电站建设。"

2018年底，国家能源局在太阳能发展"十三五"中期评估成果座谈会中，对于"531新政"进行了进一步明确。核心思想是，2019年和2020年的主旋律将是补贴和平价并行发展，2021年及以后，光伏补贴将退出历史舞台。

平价时代终于到来了。

"531新政"对行业的历史性意义在于，在此之前，行业的发展极大地受制于政策环境的影响，"金太阳"工程直接引发了国内快速的产能扩张，而"领跑者认证"计划[1]则极大地加速了单晶对多晶的

---

[1] 从2015年开始，国家能源局每年安排专门的市场规模实施"领跑者认证"计划：要求光伏项目采用先进技术，发挥财政资金和政府支持光伏发电技术进步的作用，加强工程产品质量管理，加强光伏产品检测认证，加强技术检测和监督，完善光伏发电运行信息检测体系等，加速光伏产业转型升级。

技术路线迭代。从股票估值的角度看，这使得这一时期的光伏概念股票很大程度上呈现出周期股的特点，与政策高度相关。而一旦进入平价时代，意味着政策这一干扰项将不复存在，企业的成长与竞争都将以市场规律来主导。从股票估值的角度看，这意味着光伏企业的估值逻辑出现了从周期股向成长股转移的趋势。即原来光伏企业的估值更看重外部周期，尤其是政策周期，而未来则将面临一个相对平稳的外部环境，企业本身的成长性将在估值体系中占据最主要的位置。

这一趋势，将成为未来几年一批光伏巨头市值井喷的历史背景。

（2）穿越产业周期，一体化发展跻身寡头俱乐部。

除了有形的手在2018年做出的明确表态，在无形的产业规律上，2018年前后也是关键的时点，甚至可以将之作为产业发展阶段的分水岭。

可再生能源的细分方向很多，风电、水电、生物质能、光伏等均在2007年的《可再生能源中长期发展规划》之列。10多年下来，光伏装机量以接近年化50%的速度，成为发展最快的可再生能源方向（风电大约为20%），其背后的核心原因，正是随着光伏装机规模的扩张，技术路线在不断迭代优化，从而极大地降低了光伏的发电成本。这种技术进步带来的成本下降速度，远胜其他能源类型。电池片的光电转化效率从最初的约15%，到2018年已经接近23%，并且随着新的技术路线投入应用，可能会进一步达到26%甚至更高。

技术路线的快速迭代意味着在行业发展早期，行业后进者可能反而有后发优势，因为赌对了技术方向的玩家随时有掀桌子的可能。其中最典型的当数隆基股份。

第三章 迈向千亿之路

成立于2000年的隆基，也是以硅片起家。硅片有两种主要的技术路线，一种是单晶硅，一种是多晶硅。单晶硅成本较高，但相比多晶硅有更高的功率稳定性和转化效率。在产业发展早期，多晶硅是主流技术路线。而在2006年，隆基就确定了自己专业化单晶厂商的战略定位。2012年4月11日，隆基在上交所挂牌上市。2013—2015年，连续快速拉晶技术和金刚线切片技术的导入使得单晶组件成本与多晶组件成本的差距一下子缩小到了3%以内，而在单晶硅路线投入重注的隆基迎来了爆发式的成长。2016年，隆基的组件出货量还排不进全球前10，而2017年则直接跃升至第7，到2020年及之后，则一直为全球第一。

这一轮技术迭代的结果直接导致了多晶厂商不计成本地甩卖，产能利用率大幅下滑，设备折旧成本压力快速放大，多晶龙头保利协鑫2018年直接由盈转亏，曾经的多晶硅片第一梯队厂商旭阳雷迪更是直接停产。

类似的技术变革还很多，比如从薄膜到晶硅，从热氢化到冷氢化，从BSF（铝背场）电池到PERC（发射极钝化和背面接触）电池等。

正因如此，在行业发展早期，企业的核心竞争力主要体现在产品力方面。而由于产品本身的技术路线处于变革过程中，所以使供应链本身随时面临挑战。首先就是上游的技术变革向下游扩散就会遭遇重重阻力。比如在单晶硅片替代多晶硅片的早期，因为下游的电池组件企业均是多晶为主的一体化企业，使单晶硅片的推广受阻。正因如此，隆基才坚定地迈出了一体化的步伐，2014年收购乐叶光伏，进军组件业务，自己掌握产业链全流程。那么反过来，对于下游组件厂商而言，其本身的供应链因为上游的技术变化，也处于不稳定状态。

因此，这个阶段，行业的格局和秩序处于动荡和变化的过程中，产业链中的企业一方面在积极布局技术革新，另一方面也都在纷纷寻找竞争的边界和护城河。有实力的龙头企业，自然都选择了同一路径——产业链的纵向一体化。

晶澳很早就开始了行动。2010年晶澳的电池片发货量就已经达到了全球第一，同时，公司也开始向下游组件及电站扩张。作为整个产业链的最下游，组件是直面终端用户的最后一环，也是在电站企业中建立品牌影响力的环节。与此同时，由于海外光伏电站通常需绑定组件进行前期融资，组件厂的可融资评级将直接影响银行是否放贷。组件厂的可融资评级来自多年在终端的品牌积累，在垂直一体化的浪潮中显得愈发珍贵。

2012年，晶澳的组件发货量进入全球前10，2018年全球排名升至第2，如表3-10所示。

表3-10　　　　全球组件市场发货量排名变化

	2011年	2012年	2013年	2014年	2015年	2016年	2017年	2018年	2019年	2020年	2021年
1	尚德	英利	英利	天合	天合	晶科	晶科	晶科	晶科	隆基	隆基
2	First Solar	First Solar	天合	英利	阿特斯	天合	天合	晶澳	晶澳	晶科	晶澳
3	英利	天合	夏普	阿特斯	晶科	阿特斯	阿特斯	天合	天合	晶澳	天合
4	天合	阿特斯	阿特斯	韩华	晶澳	韩华	晶澳	隆基	隆基	天合	晶科
5	阿特斯	尚德	晶科	晶科	韩华	晶澳	韩华	阿特斯	阿特斯	阿特斯	阿特斯
6	夏普	夏普	昱辉	晶澳	First Solar	协鑫	协鑫	韩华	韩华	韩华	日升

续 表

	2011年	2012年	2013年	2014年	2015年	2016年	2017年	2018年	2019年	2020年	2021年
7	Sunpower	晶科	First Solar	夏普	协鑫	First Solar	隆基	日升	日升	日升	韩华
8	晶科	晶澳	韩华	昱辉	英利	英利	日升	协鑫	First Solar	正泰	First Solar
9	韩华	REC	京瓷	First Solar	尚德	腾辉	尚德	尚德	First Solar	尚德	尚德
10	京瓷	韩华	晶澳	京瓷	昱辉	日升	英利	腾辉	正泰	尚德	正泰

数据来源：天风证券研究所。

从组件发货情况就可以看出，2017年以前的市场格局快速变化，而2018年之后头部企业的格局基本稳定。这意味着主要的技术迭代已经完成，市场头部格局基本明确。除电池片环节仍有较大的技术迭代动力外，主产业链其他各细分子行业的技术迭代基本接近尾声，尚未看到足以颠覆整个行业的技术路线，后续预计以工艺改良为主，行业后发的优势将愈发不明显。即便是在技术创新密集的电池片环节，行业主要玩家（一超三强，即隆基、晶澳、晶科、天合）都已经构筑起了极高的研发壁垒，后发者挑战市场格局的机会，已经比较渺茫了。

技术创新作为核心优势的时代过去了，在头部企业形成寡头竞争的时代，规模优势和成本优势将成为主要的竞争武器。大级别的融资、扩产，将是下一阶段龙头企业的主要特征，不具备融资能力的中小型厂商，将逐步被市场边缘化。

强者恒强的逻辑正逐渐形成，头部企业的戴维斯双击（盈利和估值的双重上涨）蓄势待发。

（3）**发动融资机器，储备子弹大干快上。**

2019年11月，晶澳科技正式完成借壳，股票完成发行上市，上市当天收盘于149亿元的市值,大约20倍的市盈率和不到2倍的市净率,虽然不算高,但是比起在美股时,实在是好太多了。

该撸起袖子加油干了。

2020年伊始,农历春节前,所有人都卸下一年的疲惫准备欢度春节长假的时候,新生的晶澳科技发布了回归后的第一个投资计划公告,"义乌年产10GW高效电池和10GW高效组件及配套项目",预计投资102.0亿元,资金来源为自筹。紧接着,整个2020年,围绕产业链各个环节的投资建设计划如连珠炮一般发布,全年累计公告投资额达244.9亿元,如表3-11所示。

表3-11　　　　2020年公司公告一体化产能投资计划

公告时间	投资方向	项目名称	预计投资金额(亿元)
2020-02-18	电池、组件产能	义乌年产10GW高效电池和10GW高效组件及配套项目	102.0
2020-03-24	光伏电站	朝阳县300MW光伏平价上网项目	14.5
2020-08-18	硅片产能	年产2GW硅片切片项目	0.7
2020-08-18	硅片产能	年产2GW硅片切片项目	0.7
2020-08-18	电池产能	年产4GW高效太阳能电池项目	11.8
2020-08-18	组件产能	年产3.2GW高功率组件项目	3.3
2020-09-16	硅片产能	年产1GW拉晶及5GW切片项目	6.7
2020-09-16	硅片产能	年产20GW拉晶及切片项目	58.3
2020-09-16	电池产能	年产3.5GW高效太阳能电池项目(越南)	14.7
2020-09-16	电池产能	年产6GW高效太阳能电池项目	17.2
2020-09-16	组件产能	年产3.5GW高功率组件项目(越南)	7.0
2020-12-16	组件产能	扬州年产6GW高功率组件项目	8.0
合计			244.9

数据来源:公司公告。

而2019年公司的财务数据是212亿元的收入，13亿元的净利润，83亿元的净资产。这一系列雄心勃勃的投资计划昭告了王者的归来。

与积极的投资扩张相匹配，A股市场的融资机器开始启动。2020年9月，回归A股之后的首个非公开融资发行成功，募资总额52亿元；2022年4月，继续发行非公开融资，募资50亿元；2022年8月，发布可转换公司债券发行预案，募资89.6亿元。

2022年，公司进一步发布了更积极的投资计划，全年累计计划投资404.3亿元，如表3-12所示。

表3-12　　　　　　　2022年公司公告一体化产能投资计划

公告时间	投资方向	项目名称	预计投资金额（亿元）
2022-02-12	硅片产能	越南2.5GW拉晶及切片项目	12.0
	电池产能	宁晋1.3GW高效电池项目	3.7
	辅材产能	义乌10GW组件辅材配套项目	6.9
	光伏电站	突泉200MW光伏储能发电项目	11.9
2022-04-29	组件产能	邢台5GW高功率组件项目	9.9
2022-05-19	电池、组件产能	曲靖10GW高效电池、5GW组件项目	60.6
		合肥11GW高功率组件改扩建项目	42.3
2022-06-23	电池产能	扬州10GW高效电池项目	26.2
2022-07-20	硅片、电池产能	宁晋5GW切片、6GW高效电池项目	25.3
2022-10-28	组件	邢台一车间5GW组件改造项目	8.1
		合肥5GW组件项目	7.6
2022-11-24	电池、组件产能	扬州10GW高效电池项目（新增）	27.0
		曲靖四期年产10GW电池、5GW组件项目	47.4

续　表

公告时间	投资方向	项目名称	预计投资金额（亿元）
2022-12-13	电池、组件	石家庄年产10GW切片及10GW电池项目	55.0
		石家庄新型电池技术研发中心项目	4.0
		东台年产10GW电池和10GW组件项目	56.4
合计			404.3

数据来源：公司公告。

当然，支撑公司如此庞大的投资计划的，更重要的是公司自身的造血能力。自2013年公司从欧美"双反"危机中完成调整之后，就体现出了强大的现金流造血能力，2019—2022年，经营性净现金流持续高于净利润，如图3-46所示。2013年至2021年，公司累计实现净利润70亿元，累计经营性净现金流为182亿元。

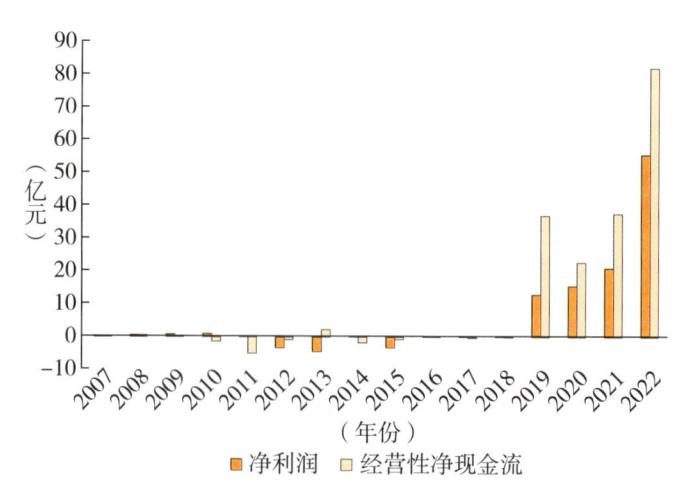

图3-46　2007—2022年净利润和经营性净现金流情况

数据来源：Wind。

核心业务持续造血，资本融资机器加大马力，不断扩大产能夯实竞争壁垒。回归A股之后，公司的业务和资本进入正向循环，持续互相强化，产融互动渐入佳境。

（4）戴维斯双击，厚积薄发一举登上千亿王座。

2019年11月29日，晶澳科技借壳上市，新股登记第一天，收盘于149亿元市值。

如果参考2018年底公司约7亿元的净利润，这个估值大约相当于21倍的市盈率，如果按照2019年的预期净利润13亿元，则只有11倍左右。这个估值水平大致算是个普通制造业水平，然而晶澳科技在A股的千亿之路，也即将从这个平平无奇的价格启程。

2020年是一波结构性的牛市，中国光伏产业龙头企业的市值，将在这一年开始起飞。

第一是行业短期需求维度。"531新政"之后，2018年、2019年光伏行业迎来了2年的低迷期，上游的硅片、电池片、光伏组件、逆变器等产品轮番降价，这一定程度上刺激了海外的需求。国内方面，2020年应该是最后一个还有补贴的年份，2021年将进入全面平价时代，这意味着国内将在2020年迎来"终极抢装"。2019年全国新增光伏装机量只有29.0GW，而2020年大逆转，全年最终实现了48.0GW，如图3-47所示。行业的供需两旺，为资本市场的资金关注铺垫了前提条件。

第二是产业结构维度。头部企业的竞争优势开始显现，2020年年初，除了晶澳科技，其他头部企业也都相继发布了激进的扩产计划。随着平价时代的临近，终端客户中，大型能源集团的占比逐渐提升，对组件的产品一致性、品牌、企业财务稳健性等的要求都逐渐提高，这极大地有利于头部企业。尤其是海外市场对组件产品的可融资性要求是刚需，而头部企业的品牌力则是巨大的优势。此外，

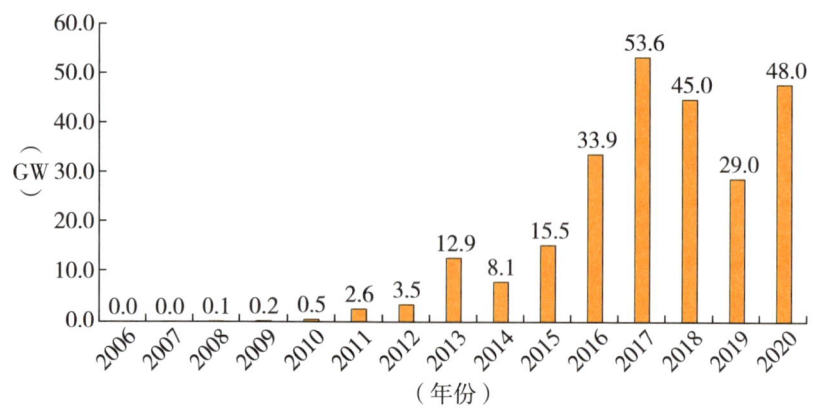

图3-47 2006—2020年中国新增光伏装机量

数据来源：Wind。

海外市场的高速成长，对布局海外渠道较早的头部企业来说也是重要的竞争优势。同时，最快速的技术渗透期已过，头部企业的综合成本和精益化管理能力也都更占优势。在这些要素的综合作用下，行业集中度提升的趋势已经明确，且有加速迹象，头部企业的地位越来越难以撼动。

第三是中长期产业逻辑。2020年9月，中国在第75届联合国大会上正式提出2030年实现碳达峰、2060年实现碳中和的目标。这一明确时间点的提出，直接引爆了整个资本市场的投资热情。在宏观经济结构转轨、房地产这一核心引擎失灵的背景下，双碳概念直接规划了明确的产业方向。资本市场明确提出，未来10年是双碳周期，正如过去10年是房地产周期。

光伏毫无疑问是其中逻辑最为清晰、目标最为明确、空间最为广阔的一个方向。在碳达峰与碳中和目标的驱动下，可以预测，2030年中国光伏装机量将达到1000GW，2050年将达到3600GW，这意味着未来10年国内就有年均100GW左右的新增装机规模，而2020年全国累计装机量才刚突破250GW。这是一个无比清晰、无比明确的市场，甚至连路线图都是清楚的。

第四是2020年特殊的结构性牛市环境。突然的疫情带来的全球大恐慌，美联储史诗级放水创造的流动性宽松，创造了2020年"科技+消费"的结构性大牛市背景。光伏一定程度上可以说兼具这二者的属性：既有技术革新带来的更远期的想象，也有明确需求带来的稳定成长预期。

空间清晰、路径明确、头部格局已定且集中度还在提升，这就是天选的产业风口。再加上宏观大产业周期从房地产向双碳的转向，而流动性也在宽松状态，资本集体将目标锁定在了这个行业。

2019年12月31日，晶澳科技收盘于150亿元市值，2020年1月2日，行情开始启动。2020年是个资金抱团的市场，即我们有钱我们要买，而市场上每个行业最头部的公司是谁，投资者都知道，所以投资者的钱都去买那些头部公司了。贵州茅台、海天味业、宁德时代、隆基股份无一例外，全部受到资金的热烈追捧。晶澳科技作为行业的头部企业之一，自然没有错过这场盛宴。行情几乎精准地在2020年末达到顶点，12月23日，晶澳科技收盘于757亿元市值。

1年，市值增长4倍，这是个令人惊讶的成绩。而实际上2020年公司的业绩并没有太令人惊讶的增长，2020年全年公司营收达258亿元（同比增长22%），净利润15亿元（同比增长21%）。这意味着全年的增长几乎全是估值推动的。以2020年底15亿元的利润计算，市盈率从10倍增长到50倍，也就是所谓的生拔估值行情。

这波行情覆盖了A股主要的核心资产，各个行业的头部企业构成了"茅"组合。光伏"茅"的殊荣授予了隆基，但晶澳科技作为核心龙头之一，享受的涨幅一点儿也不次于"茅"。2019年12月—2020年12月主要龙头股市值与市盈率情况如图3-48所示。

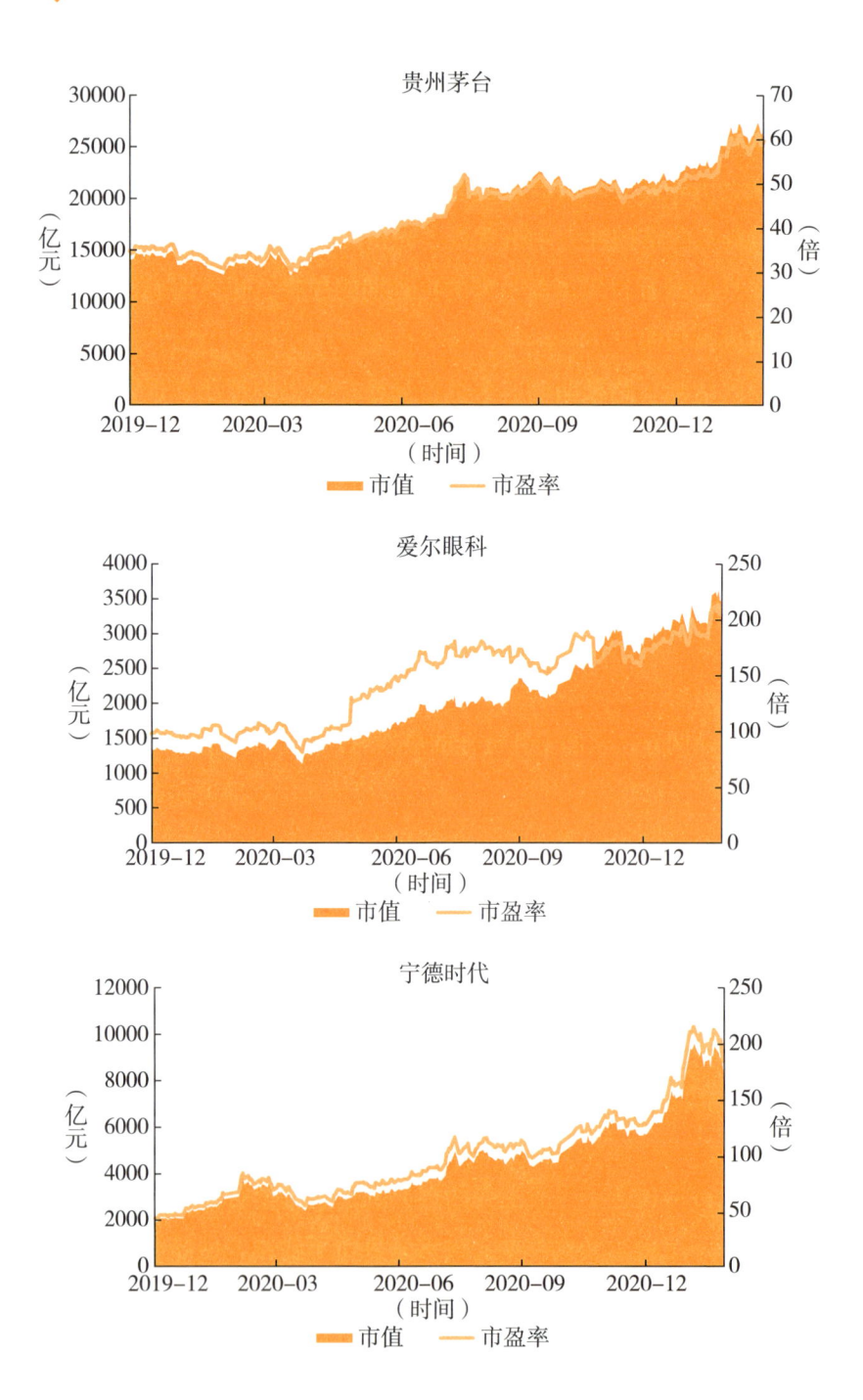

迈向千亿之路

贵州茅台

爱尔眼科

宁德时代

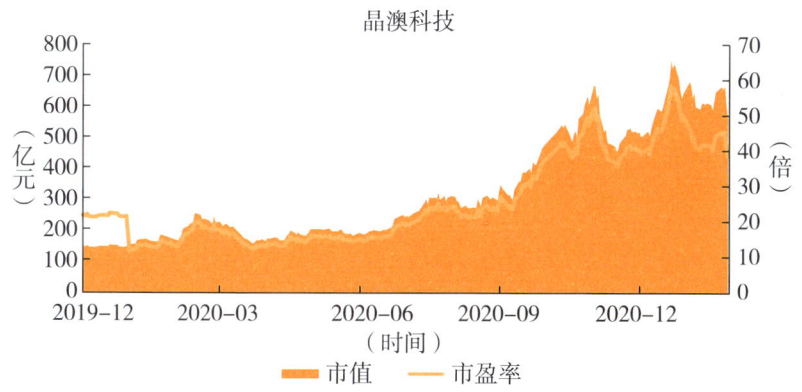

图3-48 2019年12月—2020年12月主要龙头股市值与市盈率情况

数据来源：Wind。

迈向千亿之路

2021年伊始，抱团的逻辑开始分化。2020年所有人都在疫情冲击下的不确定世界中疯狂地寻找确定性，答案是"贵州茅台"，以及由此扩散的各个行业的"茅"，因为只有各个行业的"茅"才有确定性。然而到了2021年，大家发现，光有确定性是不够的，疫情后的世界七零八碎，好的股票还需要有成长性。所以上半年，抱团股开始瓦解、分化。以贵州茅台为代表的消费属性龙头如海天味业、爱尔眼科等，纷纷开始回调。在此带动下，2020年涨幅巨大的公司纷纷大幅回调，晶澳科技在2021年5月跌至400亿元附近，相比半年前的高峰跌幅达47%。

"茅指数"逐渐被抛弃，取而代之的是"宁组合"（"宁德时代"组合）。要在疫情冲击下的世界寻找成长性，双碳背景下的新能源当仁不让。锂电、光伏继续名列前茅。整个2021年毫无疑问地属于新能源。

晶澳科技的市值继续大涨，如图3-49所示。

图3-49 2019年12月—2021年12月晶澳科技市值走势

数据来源：Wind。

2021年8月25日，晶澳科技收盘于1025亿元，首次突破千亿市值，并于11月22日达到1626亿元。至此，公司完成了2年10倍的壮举！

这个涨幅大都是由市盈率贡献的。如果还以2020年的静态市盈率为参考，已经突破了100倍。如果说贵州茅台的100倍估值内涵是对永续增长的预期，因为白酒是消费品，可以认为贵州茅台永续存在；那么晶澳科技的100倍蕴含的则是对未来高速成长的期待，因为制造业企业不可能永续存在，唯有期待它中短期的爆发。

市场的认知是准确的。一个天花板极高、成长性极强的行业龙头企业，业绩不可能让人失望。2021年，公司实现收入413亿元（同比增长60%），净利润20.39亿元（同比增长35%）。

亮丽的业绩将晶澳科技送上了新的高峰，2022年7月28日，晶澳科技收盘于1850亿元附近。而当年的业绩也没有让投资人失望，2022年，收入730亿元（同比增长77%），净利润55.33亿元（同比增长171%）。2019年11月—2022年5月晶澳科技市值走势如图3-50所示。

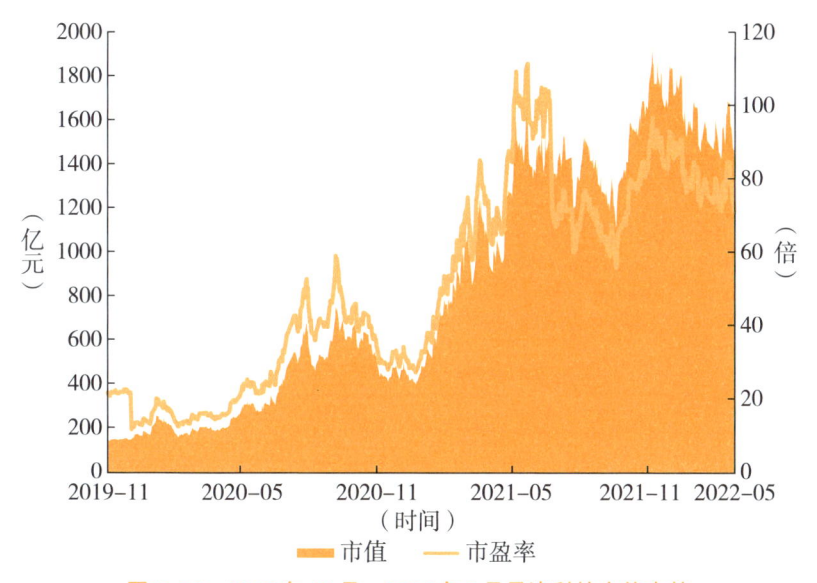

图3-50　2019年11月—2022年5月晶澳科技市值走势

数据来源：Wind。

迈向千亿之路

2022年12月31日，晶澳科技的市值为1415亿元，而市场对2023年和2024年的一致利润预期分别为71亿元、92亿元（见图3-51），这意味着市场对产业龙头的未来业绩仍然抱有充分乐观的预期。

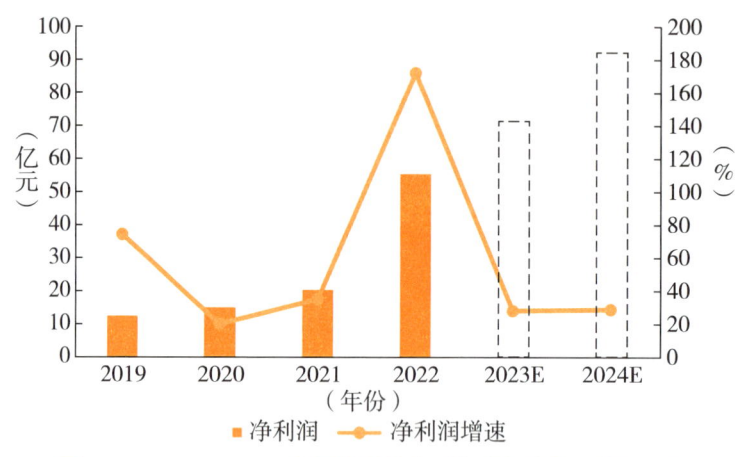

图3-51　2019—2024年晶澳科技净利润增长趋势及成长预期

数据来源：Wind。

4. 回顾千亿之路

我们可以用三张图来回顾晶澳科技的千亿之路。

首先是市值走势图。如果把晶澳美股期间、借壳期间，以及在A股上市后的完整市值走势连起来，效果如图3-52所示。

这个市值曲线放到任何一家A股千亿企业看，都非常不典型。不是步步为营的稳健成长，也没有惊险不断的跌宕起伏，而是十年磨一剑的厚积薄发。莲花初绽，动人心魄，观者如云，岂知绚烂芳华的背后是长久的寂寞等待。在晶澳科技走出2年10倍的市值奇迹之前，是无比漫长的坚持。

其次是业绩视角。2013年之前，公司的盈利能力很不稳定，经营性现金流基本为负。2013年是公司的转折点，此后数年在平稳增

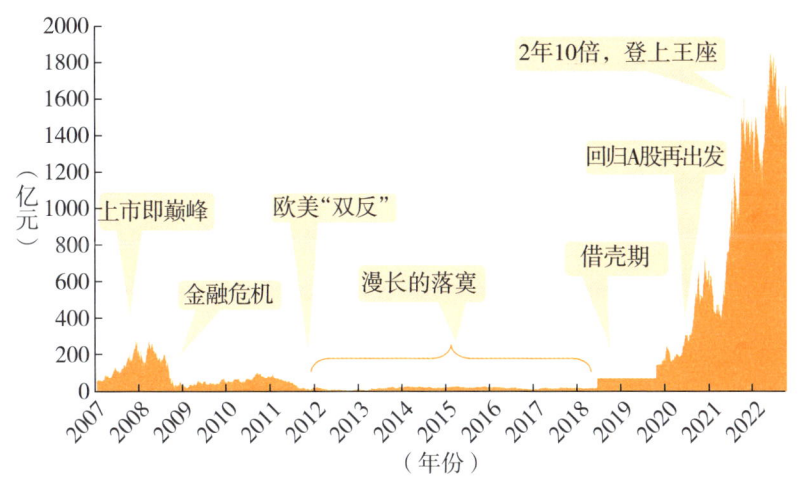

图3-52 晶澳全程市值走势

数据来源：Wind。

长的同时不断构筑自身的产业护城河，坐稳龙头之位，并在光伏真正大发展的平价时代一飞冲天，如图3-53所示。

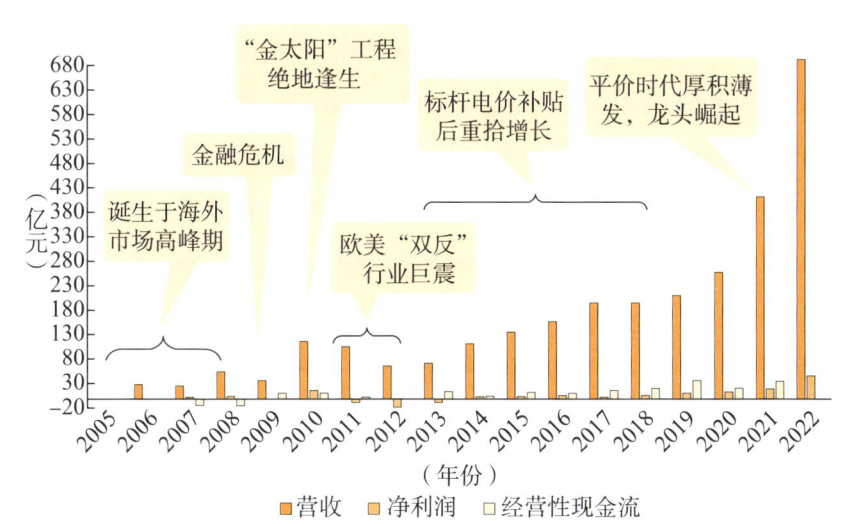

图3-53 2005—2022年晶澳营收、净利润和经营性现金流

数据来源：Wind。

迈向千亿之路

最后是产融互动视角。如果将晶澳历史上的现金流情况做比对，可以比较清晰地看到历史上的投资资金来源大致分为三个阶段。2007年上市，当年基本靠美股的60多亿元融资奠定了公司发展的基础。此后数年因为美股持续低迷，股权融资功能基本丧失，在经营性现金流极不稳定的情况下，靠资产负债率的提升维持了持续的产能投放。真正的良性产融互动则是在回归A股以后，"强造血能力"加"强融资能力"，双轮驱动打造了持续的现金供给，支持了巨额的产能投放，夯实了企业护城河。2005—2022年晶澳历史投融资现金流情况如图3-54所示。

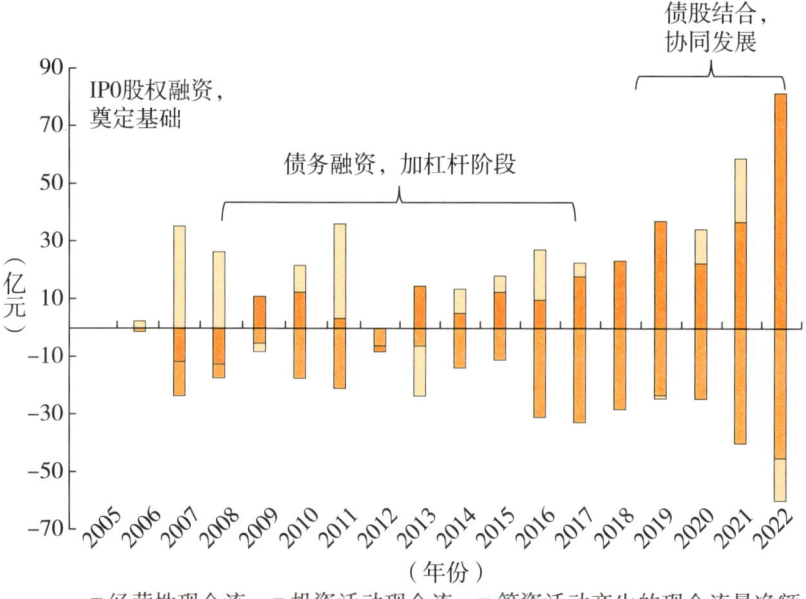

图3-54　2005—2022年晶澳历史投融资现金流情况

数据来源：Wind。

在风口行业创业的企业很多，但能持续穿越产业周期最终存活下来的很少。

在激烈的技术革新和迭代中踩中某一波机会的企业很多，但在每一波技术变革中都紧紧抓住风口，持续走在行业前沿的公司很少。

借助资本杠杆激进扩张快速抢位的企业很多，但活用股权和债权等融资工具，高效驱动资本工具同时始终保持现金流健康、经营稳健的公司很少。

晶澳科技恰好属于后者。

每一个企业家都希望自己的企业处于一个空间广阔、成长迅速的高速赛车道上，但是，越是所谓的风口行业，就越是必然经历更多的质疑、分歧、犹豫，以及更多的九死一生，有多少人能耐得住风口来临前漫长的落寞呢。

成为行业"剩者"是可能存在幸存者偏差的结果，但是从主观来看，最后穿越了一个又一个周期后剩下来的产业龙头，其背后敏锐的战略洞察、稳健的经营风格、坚定的执行勇气，更值得所有企业学习、研究和效仿。

（三）爱尔眼科——扩张飞轮，永不停歇

什么样的行业可称为最好的行业？

回答这个问题，需要回归生意的本题，包括盈利能力的高低、现金流的好坏、需求的稳定性、竞争的壁垒几个维度。其中，前两个维度决定了这个业务的短期盈利能力，后两个维度则指向这个业务的长期可持续性。如果按照这个模型筛选，有两个行业无疑是正确答案，那就是教育和医疗。

第一，盈利能力俱佳。事关刚性的需求，用户几乎没有议价能力，几乎无法想象用户和医院及学校讨价还价的场景。第二，现金流极好。都是当期付费甚至预付费，除了消费品行业，很少有行业的现金流这么稳定。第三，需求极其稳定。和科技类企业相比，用户需求几乎不会有迭代，去医院的需求是治好病，去学校的需求是考高分。第四，竞争壁垒，教育品牌和医疗品牌在消费者心中的地位，不是消费品品牌可以比拟的。可口可乐可以被元气森林抢夺份额，但很难想象什么机构可以冲击人大附中、协和医院在百姓心中的地位。

然而，事物皆有两面性，这两个行业同时也是最糟糕的行业。

第一，随时面临监管风险。以上种种利好，皆因为这两个行业事关百姓的基础需求，而正因为如此，这两个行业都带有浓厚的公共属性，甚至天然的去市场化属性。一旦有市场力量在该领域渗透过深，就会遭遇监管的无情打压，其中以教培行业最为典型。第二，建立品牌的过程极其漫长。一个消费品牌可以在一夜之间崛起，但一个教育或医疗品牌若无十年、百年之功，不可能有真正的品牌力。第三，这两个行业的容错空间极小，一旦出现教育或医疗事故，对企业品牌就

是毁灭性的打击。第四，管理难度大，使得规模的扩张极其艰难。若问什么样的团队最难管理，那必然是高级知识分子聚集的团队。管理工厂只需要设立严格的制度和流程，管理工程师和程序员需要明确的目标和愿景，而管理高级知识分子则需要满足更深层次的自我实现需求。恰好这两个行业的核心竞争力，都是高级知识分子。

眼科医院就处于这么一个充满矛盾的行业中。

一方面，它的需求巨大，空间广阔；另一方面，它的管理难度很大，扩张艰难。因为视光业务（配眼镜）、屈光业务（近视手术）是典型的消费类眼科服务，不在医保结算范围内，所以并未遭遇医保集采这样的政策冲击。但是因为扩张难度大，这个行业比较典型的生存状态是能在一个区域内站稳脚跟的医院品牌已经是人中龙凤了，做成全国连锁，并进而成为覆盖全球的知名品牌，是难以想象的。

爱尔眼科做到了。

截至2022年底，爱尔眼科集团旗下的眼科医疗机构总计816家。其中，中国内地698家（包括上市公司旗下363家，产业并购基金旗下335家），中国香港8家，在海外的布局突破110家眼科诊所，包括美国1家，欧洲96家，东南亚13家。2022年，公司营收161.1亿元，净利润26.89亿元，市值2230亿元。爱尔眼科是目前A股最大的医疗服务集团。2009—2022年爱尔眼科的市值增长情况如图3-55所示。

医院可能是一个容易盈利的行业，但医院绝不是一个容易扩张的行业。理解爱尔眼科的成长历程，有助于理解连锁经营业态。

1. 商界老兵，医疗门外汉

要说医院的创始人是个医疗行业的门外汉，就如同说学校的校长不懂教书一样不可思议。而爱尔眼科的老板陈邦，就是这样一个"异类"。

迈向千亿之路

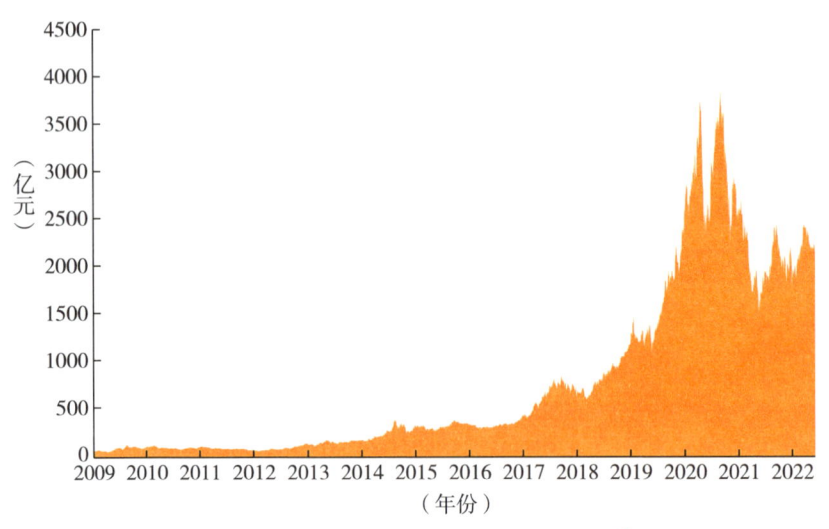

图 3-55　2009—2022 年爱尔眼科市值增长情况

数据来源：Wind。

1965 年 9 月，陈邦出生于长沙南门口的一个军人家庭。这样的家庭出身赋予了他军人式的坚忍、果敢和钢铁意志，这在他未来跌宕起伏的人生中体现得淋漓尽致。

17 岁他加入部队，2 年后对越自卫反击战一触即发，陈邦与他的战友李力一同刺破手指，用鲜血写下请战书，请求上前线作战。最终由于前线收复失地，他们没能走上战场。后来他幸运地考上了梦寐以求的军校。可是造化弄人，体检中他被检查出有红绿色盲，不得不结束了自己的"军旅"生涯。

退学后，他加入了一家农业机械国企做发货员。2 年后，不甘寂寞的陈邦下海创业，干装修、搞贸易、做饮料批发、做文化传播，几年时间内，几乎是看什么赚钱便做什么。直到 1990 年拿到海南椰树椰汁的代理权，一夜暴富。后又在海南房地产热潮中杀入海南，成为第一波吃螃蟹的人，赚得盆满钵满。那一年，他才 26 岁。

第三章
迈向千亿之路

在二十几岁取得这样的成就，即使放到今天，也可以说是天选之人了，何况是30多年前。然而，"少年得志是人生之大不幸"，这句话在陈邦身上也不出意外地应验了。1994年海南房地产泡沫破灭，留下600多栋烂尾楼。亿万富翁陈邦在这波浪潮中高开低走，损失惨重，几近破产。

一般人遭受这样的打击，或一蹶不振，或退出江湖。而军人出身的陈邦没有被打倒，他马上又将目光投向了新的机会。1995年，台海关系出现曙光，政府鼓励两岸进行各类交流活动。为了拯救海南的项目，陈邦拿出剩余的全部身价在台湾投建了一个文化主题公园，成了首个对台投资的大陆人。可是，主题公园开业不久，李登辉访美导致两岸关系恶化，陈邦的投资血本无归。在台湾桃园机场，这个钢铁硬汉泪流满面。

自觉无颜面对长沙父老的陈邦，悄悄回到上海，过上了住出租屋、挤公交车的生活。

人生的大起大落，不过如此。30岁的陈邦从一夜暴富到跌入谷底，刚到而立之年，仿佛已经走过了别人几辈子那么长。极大的落差使陈邦经常难以入睡、心力交瘁，最终导致了突发性耳聋，他不得不黯然回到长沙第三人民医院接受治疗。

困境中，陈邦依然没有放弃，仍在苦思冥想如何东山再起。机会永远留给有准备的人，敏锐的商业触角，让他找到了新的创业之路。陈邦的主治医生的妻子，是一名眼科医生，陈邦从她口中得知了眼科治疗的市场机会。经过一番调研，他发现真有人承包医院的眼科赚到了钱，此路似乎可行。

他找到了当年的老战友李力，就是曾经一起写血书请求上战场的那位，这位同年同月同日生的铁血战友，成为他的黄金搭档。

1996年，两人在长沙正式开启了"科室承包"（"院中院"模式）的全新创业之路。

眼科的需求既包括刚性眼病的治疗，比如白内障、青光眼等常见眼科疾病的治疗；也包括刚需属性较弱的屈光不正（近视、远视、散光）的治疗。眼科在公立医院属于较为边缘的科室，一般挂靠在五官科之下，且收入在医院总体收入中的占比不高，这使一般公立医院对眼科的设备投入热情不高，对于消费型需求，尤其是近视矫正等领域几乎没有太大的投入，这恰好成了市场化力量介入的空间。常见眼病分类如表3-13所示。

表3-13　　　　　　　　　　常见眼病分类

眼部疾病大类	眼部疾病小类	眼部疾病细分	主要治疗方式
非致盲类眼病	屈光不正	近视	框架眼镜、手术治疗、药物治疗
		远视	框架眼镜、手术治疗
	干眼症	水液缺乏型干眼	药物治疗
		蒸发过强型干眼	
		混合型干眼	
致盲类眼病	白内障	先天性白内障	手术治疗
		老年性白内障	手术治疗、药物治疗
	青光眼	开角型青光眼	手术治疗、药物治疗
		闭角型青光眼	
	老年黄斑变性（AMD）	湿性AMD	药物治疗
		干性AMD	

资料来源：行行查研究中心《2022中国眼科行业研究报告》。

陈邦和李力引入了当时最流行的激光近视治疗仪，在公立医院的信用背书加持下，他们承包的眼科人满为患。

当时以"院中院"模式开展业务的民营资本并不在少数，陈邦和李力也并不是行业先行者。然而，这一模式虽然带来了丰厚的收益，但是有个很大的问题，那就是与医院的合作都有期限，且过于依靠合作医院的品牌，其可持续性有较大的问题。陈邦意识到，要构建可持续的发展模式，就需要建立自己的品牌。而此后大规模的行业整顿也证明了他超前的战略眼光。

2001年，陈邦收购了长沙钢厂职工医院，作为爱尔的首家医院，正式走上了自建医院的道路。然而，失去了公立医院背书，用户信任就成了最大的问题。为了留住老专家，陈邦开出了诱人的条件，却依然挡不住专家跳槽到公立医院。

开医院没有专家，这不是胡来吗。

"没有专家，我也要干！"这就是军人出身的陈邦身上的倔强。有什么可以替代专家在病人心中的地位呢？爱尔眼科打出了"先进治疗仪"的招牌。

不知道是误打误撞，还是事前敏锐的战略洞察，总之，这个早期倔强的决策，后来成了爱尔眼科疯狂扩张的底层密码。用标准化的、高端的仪器，替代对人的依赖，在大部分科室，这个逻辑都是行不通的，而在眼科，这个逻辑正好适用。因为眼睛疾病的诊疗，必须依赖极其精密的仪器，并不简单依赖专家的手感，而人们恰好容易因此形成对医院的信赖感。

2003年开始，爱尔眼科确立了医院连锁经营的模式，并在长沙、武汉、成都、沈阳开了4家连锁医院。

这个医疗界的门外汉，硬是靠自己敏锐的眼光和不服输的决心，在医院这个民营资本最难进入的行业，闯出了一条路来。

2.创业板首批上市，风光无限

从财务模型来看，眼科医院虽然单体现金流不错，但是投建新的医院早期投入较大，省会级别的医院单一投入在数千万元，且需要一段时间的培养期。这使开办连锁医院遭遇到第一个问题，那就是扩张所需的现金流。2004年，营收不足1亿元的爱尔眼科就开始考虑赴美上市的问题，不过最终无疾而终。毕竟那个时候正处于民营医院刚刚放开的阶段，国外投资者很难理解为什么要投资一家这样的小专科医院。

幸运的是，2006年，爱尔眼科得到了专注于支持发展中国家企业发展的国际金融公司（IFC）的认可，并获得了800万美元的低息贷款。这笔投资为爱尔眼科带来了资金，更有规范化的管理，这客观上使爱尔眼科后面的融资和上市一路顺利。2007年，爱尔眼科又获得达晨财信的1920万元投资。获得资本加持的爱尔眼科有如神助，从2006年到2009年，爱尔眼科以平均每年超50%的速度快速成长，截至2009年，爱尔眼科已经拥有19家连锁医院，收入超6亿元，净利润超9000万元。

2009年，酝酿了10年的创业板开板，爱尔眼科作为首批挂牌的28家企业（史称C28）之一，登上了创业板。作为首批挂牌企业中唯一的医疗企业，爱尔眼科获得了资本的热烈追捧。爱尔眼科以高达61倍的市盈率完成发行，融资8.82亿元。和一战定天下的汇川技术类似，这一笔融资，让爱尔眼科的净资产一口气从2.6亿元跨越至12.3亿元，资产负债率从34.0%降至12.6%（见图3-56），为爱尔眼科未来8~10年的扩张打下了基础。

IPO一举将公司体量带上一个新台阶。

当然，这多少也得益于当年没有发行倍数限制的发行制度，在当时同期上市的C28企业中，发行市盈率最高为82倍（鼎汉技术，高铁行业），最低40倍（天海防务[①]，军工行业）。然而，值得一提

[①] 曾用名上海佳豪。

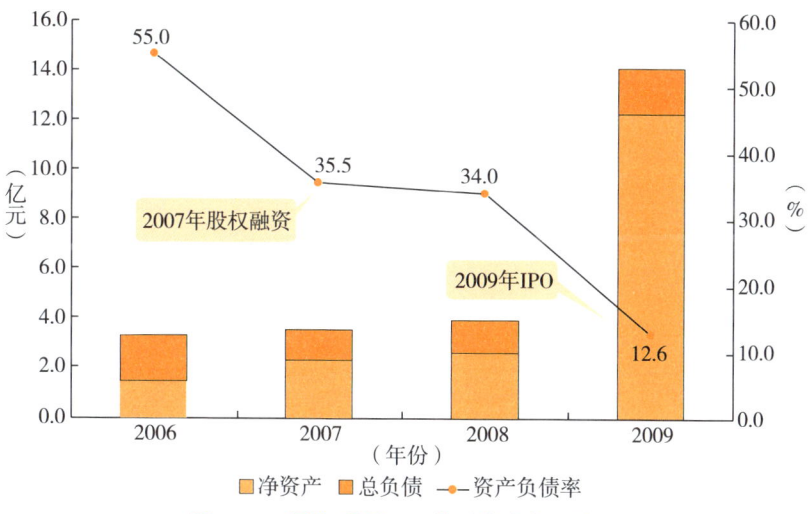

图3-56 爱尔眼科IPO前后资产负债情况

数据来源：Wind。

的是，创业板首批28家企业发展至今，爱尔眼科已是其中最大的一家，它和亿纬锂能是"唯二"的千亿企业。其中有近半数的企业，10余年下来，均没有实质性的成长，其中有2家甚至已经退市（见表3-14）。

表3-14　　　　　爱尔眼科同期上市企业中市值增长情况

证券代码	证券简称	2009年发行首日市值（亿元）	2022年底市值（亿元）	涨幅[①]（%）
300015.SZ	爱尔眼科	69	2230	3118
300014.SZ	亿纬锂能	38	1795	4612
300003.SZ	乐普医疗	257	432	68
300012.SZ	华测检测	38	375	900
300026.SZ	红日药业	54	171	218

① 涨幅是据原始数计算。

续 表

证券代码	证券简称	2009年发行首日市值（亿元）	2022年底市值（亿元）	涨幅（%）
300001.SZ	特锐德	59	158	169
300009.SZ	安科生物	42	157	272
300024.SZ	机器人	46	139	201
300017.SZ	网宿科技	41	136	234
300002.SZ	神州泰岳	130	85	−35
300027.SZ	华谊兄弟	119	77	−35
300008.SZ	天海防务	26	68	165
300005.SZ	探路者	34	67	100
300019.SZ	硅宝科技	23	61	166
300007.SZ	汉威科技[1]	29	55	92
300020.SZ	银江技术[2]	29	41	42
300006.SZ	莱美药业	33	40	23
300021.SZ	大禹节水	22	39	73
300010.SZ	豆神教育[3]	35	38	6
300016.SZ	北陆药业	24	32	33
300011.SZ	鼎汉技术	35	30	−14
300018.SZ	中元股份[4]	37	29	−21
300004.SZ	南风股份	38	26	−32

[1] 曾用名汉威电子。
[2] 曾用名银江股份。
[3] 曾用名立思辰。
[4] 曾用名中元华电。

续 表

证券代码	证券简称	2009年发行首日市值（亿元）	2022年底市值（亿元）	涨幅（%）
300025.SZ	华星创业	18	24	33
300013.SZ	新宁物流	19	22	14
300022.SZ	吉峰科技①	32	18	−43
300028.SZ	金亚科技	51	退市	—
300023.SZ	宝德股份	22	退市	—

数据来源：Wind。

IPO一战成功的爱尔眼科迎来了意气风发的时刻，犹如一个满怀信心的少年，浑身都是力量，且心无挂碍，开始属于它的产业征途。爱尔眼科迎来了身份的质变。

2009年的年报中写道："公司的上市标志着公司步入了快速发展阶段，同时将对我国的医疗体制改革产生深远影响。"

2010年，公司借助资金优势，快速完善发展布局，当年的年报中写道："公司不仅兼并收购了包括北京英智、郴州光明、天津麦格、重庆麦格、石家庄麦格、南充麦格等六家眼科医院的股权，而且还受让了湖南康视医疗投资管理有限公司持有的南昌爱尔、济南爱尔的全部股权……还通过自建或增资扩股分别在昆明、长春、菏泽、南京、岳阳、怀化、贵阳等城市投资设立了连锁医院，除怀化爱尔外，其他医院已相继开业运营。截至2010年12月31日，公司已运营的连锁医院达31家，连锁医院布局覆盖了全国19个省份（直辖市），基本形成了日益完善的连锁网络体系，为公司日后实现资源共享，提升规模效益奠定了坚实的市场基础。"

---

① 曾用名吉峰农机。

迈向千亿之路

自2010年开始，公司进入了扩张快车道。爱尔眼科医院扩张情况如图3-57所示。

阶段	年份	新增医院数	存量医院数
自有资金成长	2003		4
	2004	3	4
	2005	1	7
	2006	1	8
IFC贷款加股权融资扩张	2007	5	9
	2008	4	14
	2009	3	18
IPO之后高速扩张	2010	10	21
	2011	5	31
	2012	8	36
	2013	5	44

图3-57 爱尔眼科医院扩张情况

如果以医院的数量来衡量公司的发展进度，基本可以分为上图的三个阶段，在资本的助力下，公司扩张明显提速。

一切似乎都在向好的方面发展，但"黑天鹅"永远不会缺席。

2012年2月，台湾眼科医生蔡瑞芳宣布，由于他通过长期观察发现，不少多年前接受激光矫正近视手术的患者，在十多年后视力出现明显下降，他分析可能和当年动刀后角膜瓣发炎有关，因此，他宣布，为了防止手术后遗症的发生，他个人将停做准分子激光角膜屈光手术。蔡瑞芳是何许人也？他是台湾引入激光矫正近视手术的第一人。他的这次宣告，后来被称为"封刀门"事件。

医疗风险是医疗行业的致命伤和最脆弱环节，尤其是对近视矫正手术这一需要很长时间才能看到后遗症的领域。"封刀门"事件极大地影响了用户对近视矫正手术的信心，而用于近视矫正的准分子手术收入占当时爱尔眼科业务比重的30%，公司当年业绩遭受重创。陈邦坦言，这次事件给公司造成的影响很大，公司业绩低于很多分析师的预期。

低于预期是多低呢？2012年公司实现净利润1.82亿元，同比增长6%。

是的，不是下滑，只是增幅跌至6%而已，这就是爱尔眼科在最为困难的环境下的最低增长了。即便是强如立讯精密、汇川技术，也都曾出现过负增长的年份，但爱尔眼科从未出现过负增长。在"封刀门"事件的影响逐渐淡去后，从2012年之后一直到2022年，爱尔眼科每年30%的增长几乎是雷打不动的。

可是，对投资者情绪的影响就没有那么容易消除了，2012年，在业绩依然稳健的情况下，估值从顶峰时超120倍，跌至最低约30倍。市值则直接打回原形，于2012年12月跌至62亿元。2009—2022年爱尔眼科市值表现如图3-58所示。

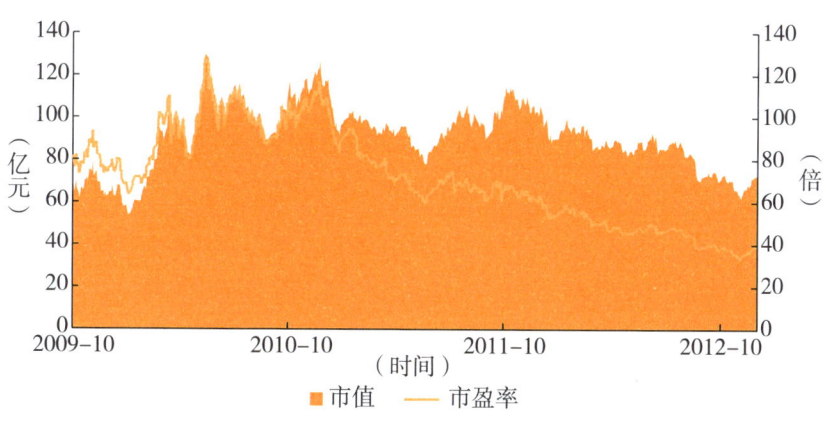

图3-58 2009—2012年爱尔眼科市值表现

这应该是资本市场对爱尔眼科最没有信心的时刻，但事后证明，对投资者来说这却是千载难逢的投资机遇。只是，没有几个投资人有企业家那样坚定的信念，他们只看到了市场的风险，却没有看到一个百炼成钢的企业家抵御风险的信心和能力。否则，不会有那么多投资人到今天还在为错失2012年的爱尔眼科扼腕叹息。

3. 灵活机制，扫清扩张道路

医院数量的快速扩张，引发了对人才的巨大需求。爱尔眼科之所以在整个眼科行业一骑绝尘，很大程度上得益于其完善的管理体系。

爱尔眼科是国内民营医院第一个吃螃蟹的人，一开始的长沙爱尔眼科医院只有1000多平方米，4~5个医生，和公立医院相比，民营医院就是小不点，要构建在患者心中的品牌地位，必须走差异化的路线。这个差异化路线，爱尔眼科摸索出来的就是"三级连锁"。

根据招股说明书的描述，公司把临床及科研能力最强的上海爱尔作为一级医院，定位为公司的技术中心和疑难眼病会诊中心，并对二级医院进行技术支持；把具有一定规模和较强临床能力、位于省会城市的连锁医院作为二级医院，定位为着力开展全眼科服务、代表省级水平的疑难眼病会诊中心，并对三级医院提供技术支持；把建立在地市级城市的医院作为三级医院，侧重于眼视光及常见眼科疾病的诊疗服务，疑难眼病患者可输送到上级医院就诊。

"三级连锁"商业模式较好地适应了我国眼科医疗服务行业"全国分散、地区集中"的市场格局。特别是通过下属各连锁医院的相互促进和支撑，实现了患者在连锁医院的相互转诊以及医疗技术资源在体系内的顺畅流动，不仅任何一家连锁医院都可以依托公司的整体力量参与当地的市场竞争，取得"多对一"的竞争优势，而且每一位患者在公司下属的各连锁医院都能享受到高水准、多层次的眼科医疗增值服务。

随着更多的医院开设，"三级连锁"体系逐渐升级为"四级连锁"体系，即"中心城市医院—省会城市医院—地级市医院—县级医院"四级体系（见图3-59）。

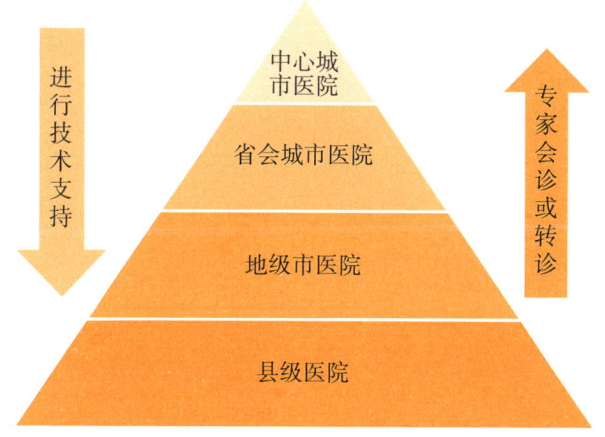

图3-59 爱尔眼科分级成长模式

这种多级结构，类似乎航母战斗群，中心城市医院毫无疑问扮演了航母的角色，是带动公司医疗水平提升的火车头，代表了公司的专业高度，下沉的医院则形成了广泛的业务触角，捕捉各层市场的业务需求。这种结构形成了爱尔眼科在区域上的强大竞争优势，在任何一个区域，表面上看是一家医院，但背后实际是多家医院形成的多级矩阵。这样的连锁模式，自然就形成了区域内的竞争优势。

在连锁模式成熟的基础上，医院快速扩张，随之而来的问题就是人员激励。眼科医院采取的是典型的以运营为核心能力的商业模式，连锁网点的管理团队的能力和积极性，直接决定了该医院的盈利能力。

2011年，公司推出了首期的股权激励计划，和一般的激励计划相比，爱尔眼科的激励方案有两个特点，一个是力度大，首期激励授予的比例占公司总股本的3.37%。不熟悉资本市场业务的读者可能对这个比例没太多感觉，不过统计A股上市公司股权激励的样本，平均单次授予比例一般为总股本的1%~2%，因为过高的授予比例会

153

带来较高的管理成本。

第二个特点是期限长，首期直接分7年解锁，解锁条件是2011—2016年的净利润相对2010年的净利润增速达到20%、40%、65%、90%、110%、140%。这么长周期的激励，在A股并不多见，一般上市公司激励多为3~4年，原因很简单，一般公司对业绩的预测看不了那么远。

爱尔眼科这个雄心勃勃的激励计划，表达了公司结硬寨、打呆仗，进行持久战的决心。爱尔眼科首次股权激励目标和实际业绩情况如图3-60所示。

图3-60 爱尔眼科首次股权激励目标和实际业绩情况

实际情况当然没有让人失望，全部超额完成。这一方面与本期激励有关，另一方面则是来自公司的另一激励措施，即合伙人计划。

公司总体层面的股权激励，为公司总体业绩提供了目标指引。但是彼时的爱尔眼科已经是一家拥有31家连锁医院的大型集团，对于任何一个独立的医院个体，都会有同样的问题，那就是：既然我的收益是按照公司整体业绩来的，那么光我自己干得好没用，或者我自己干差点也没有大的影响。

大锅饭的问题出现了。

为了解决这一问题，2014年，公司推出了两个合伙人计划，分别是"合伙人计划"和"省会合伙人计划"，前者主要针对新建的医院，后者则针对已经成熟的14家省会城市医院。

两个合伙人计划的共同之处，都在于引入医院的管理团队在医院持有10%~20%的股份，在一定期限内，团队可以获得医院的分红权，而达到一定期限，待医院运营成熟之后，公司则会按照一定的溢价完成对相应股权的回购。合作人计划模式如图3-61所示。

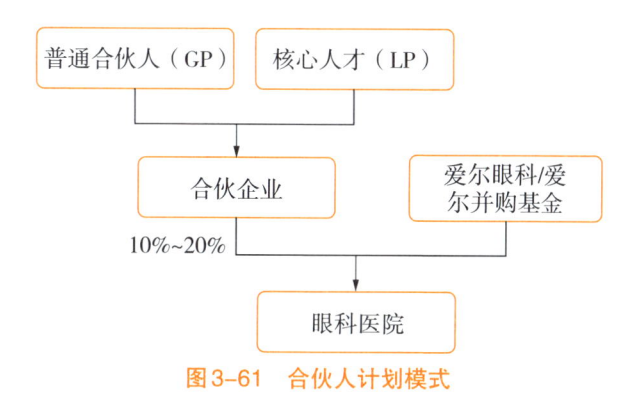

图3-61　合伙人计划模式

对于眼科医生而言，合伙人计划的激励效果非常明显。眼科治疗中仪器设备及其他开店投入需要大量资金的支持，想要自主创业难度较大且风险较高，而合伙人计划恰好为其提供了一个优质平台，可借助爱尔眼科的资金和品牌实现二次创业。大部分合伙人同时也是爱尔眼科"限制性股票"的股权激励对象。根据公司的社会责任报告，在双重激励之下，眼科医生相较于加入爱尔眼科之前的年收入平均超过了3倍，最高达14倍。

一般对于新建医院，合伙人计划的期限是3~5年；对于成熟的省会城市医院，期限是4~6年。期限的设计并不是凭空而来的，而是因为一个新建医院：前2年亏损，第3年盈亏平衡，第5年步入稳定经营。这样的期限设计确保在医院的业绩爬坡期，能给予核心团队最大的激励。

合伙人计划实施之后，医院的盈利能力大为提升。2010—2017年合伙人计划省会城市医院净利润情况如图3-62所示。

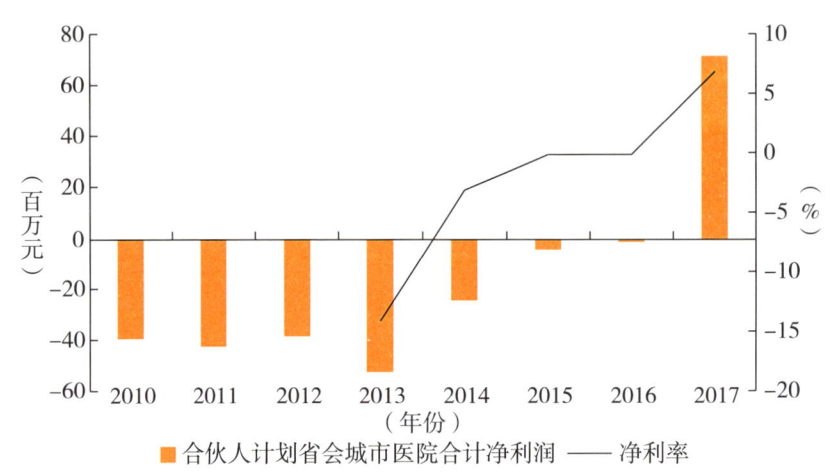

图3-62 2010—2017年合伙人计划省会城市医院净利润情况
资料来源：公司年报。

合伙人计划加股权激励，构成了公司的长期激励体系，再结合公司的短期、专项激励体系，构成了爱尔眼科完整的激励机制，如表3-15所示。

表3-15 爱尔眼科激励机制

短期激励		长期激励			专项激励		
基本年薪	绩效奖金	合伙人计划	省会合伙人计划	股权激励	临床带教激励	科研成果奖励	职称/手术等能力提升奖励

资料来源：公司公告。

自2011年推出首次激励计划之后，爱尔眼科每2~5年就会推出新一轮的激励计划，每次都会提出更高的激励业绩要求，而最终的结果永远是超预期的，如图3-63所示。

图3-63 历次股权激励目标和兑现情况

在一个需要较高专业水平的行业，爱尔眼科对人的重视是无与伦比的。在基础人才方面，2013年开始，爱尔眼科和中南大学联合成立中南大学爱尔眼科学院，正式开启了校企合作的探索。之后与武汉大学、暨南大学、天津大学、四川大学等知名高校战略合作，进行眼科专业人才联合培养。在高端人才方面，借助"引才引智项目""伯乐奖"等机制，通过灵活多样的项目和政策持续吸引一大批海内外高端专家加盟，进而帮助公司快速提升相关眼病的诊疗能力和整体实力。

一边是持续的人才引入，一边是多层次的激励体系，爱尔眼科逐步成了眼科人才的聚集地。根据2020年国家卫健委发布的《中国眼健康白皮书》，国内眼科医生总数为4.48万人，而次年爱尔眼科集团的眼科医生和视光师总数已超过9000人。

灵活的机制和无与伦比的人才优势，为爱尔眼科的扩张扫清了道路。

4. 资本助力，插上腾飞之翼

如果说机制的灵活为爱尔眼科的扩张扫清了道路，那么资本力量的助力，则为其成长插上了翅膀。

如前文所述，虽然眼科医院本身现金流很好，但新设医院的前2年仍是投入期，基本处于亏损状态，要实现医院的快速扩张，需要大笔资金。而在爱尔眼科发展的早期，分别有2005年达晨财信投资（1920万元）、2006年IFC贷款（800万美元），以及2009年IPO一笔融资8.82亿元，这笔巨额的融资，一直支撑着爱尔眼科早期的快速扩张。截至2013年，公司已经拥有49家直营医院，要继续扩张，需要更多的钱，钱怎么来呢？方案一是债务融资，以银行借款或发债的方式提高杠杆率。这一方案的好处是融资快，但是新医院一开始的亏损叠加融资财务费用，必然影响公司业绩。方案二是继续定增融资，这一方案的好处是不增加杠杆率和额外的财务费用，但是效率偏低，每次融资都需要证监会审核，且不同次融资间隔至少18个月，贻误战机。

爱尔眼科选择了第三种方案，体外并购基金。即通过体外并购基金撬动大规模的资金，一般爱尔眼科出资10%~20%，剩余资金向社会投资者募集。而爱尔眼科为并购基金提供优质标的资源，并输出管理，使标的可以度过1~5年不等的培育期。当标的项目进入成熟稳定期之后，爱尔眼科再以发行股份或现金的方式，把成熟的医院以合适的价格并入上市公司，并购基金获得并购收益。爱尔眼科产业并购基金运作模式如图3-64所示。

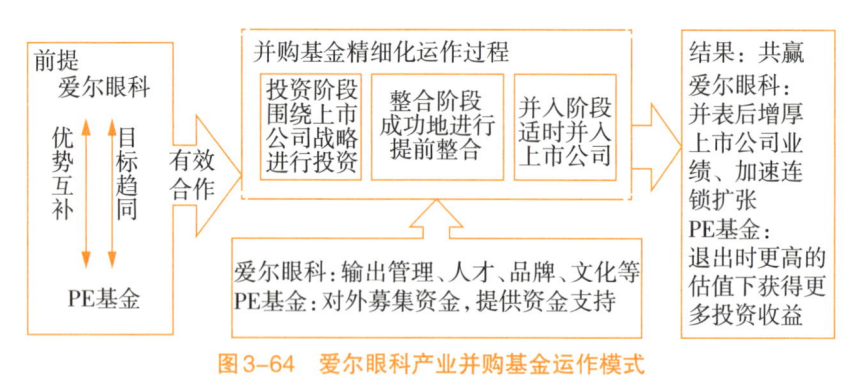

图3-64 爱尔眼科产业并购基金运作模式

资料来源：《"上市公司+PE"型并购基金如何创造价值——基于爱尔眼科的案例》一文，作者是陆正华与谢敏婷（有改动）。

这个模式相比前两种融资方案有明显的优势：

第一，通过并购基金实现了市占率的快速提升。上市公司本身不需要增加额外的财务成本，只需要在项目成功孵化后以发行股份的方式完成收购即可。相当于上市公司以10%~20%的出资额，撬动剩余的社会资金为自己所用，极大地提高了资金使用效率。

第二，屏蔽了孵化器的经营风险。对于尚未达到成熟期的项目，直接放在体内会拖累财务报表，而且存在经营风险。但是如果放在体外就不存在这个问题了，直接由并购基金来承担这个风险。不过这个风险可控，因为全程的管理都是爱尔眼科直接参与的。而且即使真的有个别医院出现亏损甚至经营失败，只要单一基金投资的多家医院加总是盈利的就可以了，对基金来说风险也是可控的。而从实际情况来看，经营不达预期的情况非常少，这当然是基于公司对自身经营能力足够自信。

第三，因为爱尔眼科对所有的标的医院都有品牌授权加管理输出，再加上优先回购权，基本可以保证并购项目高度可控。爱尔眼科之所以在2014年才启动这一项目，正是因为过去10余年的高速发展已经积累了足够的管理经验。对被并购的医院而言，获得爱尔眼科的品牌和管理赋能，并最终加入爱尔眼科上市公司体系，是回报最大的最优解。

除了爱尔眼科，对于参与并购基金的其他方，也是有益的。

首先是对于医院的合伙人，其激励效果自然不用多说，今天按初始成本投入，几年后按照净利润的10~20倍回购，比工资奖金强太多。

其次是标的医院，所有被并购的医院，都是直接嫁接爱尔眼科的管理体系，既有品牌加持，又省去了探索试错的成本，可以说是站在巨人的肩膀上，其发展效率大幅度提升。

最后是社会资本，在爱尔眼科品牌和管理加持的前提下，还有较好的并购预期，其投资风险大幅降低，回报预期大幅提升，自然愿意。

除此之外，这一模式对于爱尔眼科来说还有重要的隐性红利，即PE差。

以2017年12月爱尔眼科以发行股份的方式收购的首批体外9家医院为例，这9家医院的交易估值总计约8.2亿元，累计净利润是6871万元，收购PE倍数加总平均为12.0倍，如表3-16所示。因为收购比例在55%~90%，最终爱尔眼科实际收购付出的股份金额约为5.8亿元，并表利润为4788万元。可是当时爱尔眼科自身股价的PE倍数是60倍，这意味着这部分利润可以为爱尔眼科贡献28.7亿元的市值。

表3-16 2017年12月爱尔眼科非公开发行并购的首批9家体外医院

	收购比例（%）	收购价格（亿元）	标的估值（亿元）	2017年净利润（亿元）	收购PE
滨州泸滨爱尔	70.0	20885	29835	2352	12.7
朝阳眼科医院	55.0	3725	6772	940	7.2
东莞爱尔	75.0	9848	13130	1646	8.0
泰安爱尔	58.7	3014	5134	160	32.1
太原爱尔	90.0	5830	6478	444	14.6
佛山爱尔	60.0	3536	5893	547	10.8
九江爱尔	68.0	3106	4568	312	14.6
清远爱尔	80.0	2645	3306	69	47.9
潮州爱尔	75.0	5426	7234	401	18.0
合计		58015	82350	6871	12.0

数据来源：公司公告。

因为有这种5.8亿元换28.7亿元的游戏机制,所以这个并购游戏可以一直玩下去,从而真正实现没有输家的多赢。这个多方共赢的模式,同时实现了公司扩张、团队激励、投资人获益,这就是标准的"上市公司+PE"模式,而爱尔眼科将这种模式进行了完美的演绎。

从2014年3月开始,公司相继设立了12支产业并购基金,除了已经退出的基金,截至2022年底,仍有10只基金存续,存续的10只基金合计规模99.2亿元,其中爱尔眼科合计出资约19.1亿元,投资杠杆效应巨大,如表3–17所示。

表3–17　　　　　　　　　爱尔眼科产业并购基金

产业并购基金名称	爱尔眼科持股/出资比例	成立时间	存续期限	募集资金规模	状态
南京爱尔安星眼科医疗产业投资中心(有限合伙)	19.00%	2016年6月	5年,可延续	10亿元	存续中
湖南亮视交银眼科医疗合伙企业(有限合伙)	19.50%	2016年12月	5年	20亿元	存续中
芜湖远翔天祐投资管理中心(有限合伙)	19.88%	2019年7月	5+1年	8亿元	存续中
湖南亮视长银医疗产业投资基金合伙企业(有限合伙)	19.00%	2017年12月	5年	10亿元	存续中
湖南亮视长星医疗产业管理合伙企业(有限合伙)	19.00%	2018年10月	5年	10亿元	存续中
湖南亮视晨星医疗产业管理合伙企业(有限合伙)	19.00%	2019年8月	5年	10亿元	存续中
芜湖远澈旭峰股权投资合伙企业(有限合伙)	19.34%	2020年8月	5+1年	6.2亿元	存续中

续表

产业并购基金名称	爱尔眼科持股/出资比例	成立时间	存续期限	募集资金规模	状态
湖南亮视中星医疗产业管理合伙企业（有限合伙）	19.00%	2021年1月	5年	10亿元	存续中
苏州亮视远筑股权投资合伙企业（有限合伙）	19.98%	2021年11月	5+1年	5亿元	存续中
湖南亮视同星医疗产业管理合伙企业（有限合伙）	19.00%	2022年1月	5年	10亿元	存续中
深圳前海东方爱尔医疗产业并购基金	10.00%	2014年3月	3+1年	2亿元	已到期
湖南爱尔中钰眼科医疗产业投资合伙企业	9.80%	2014年12月	5+2年	10亿元	已到期

资料来源：公司公告。

并购基金模式为爱尔眼科带来的成长用飞速一点儿也不为过，从2014年开始，爱尔眼科的医院数量迎来以体外基金为主的扩张阶段，短短2年之后，即从2016年开始，体外医院（并购基金旗下医院）的数量就超过了体内医院的数量（见图3-65），这使爱尔眼科彻底拉开了与同行的差距。

理论上，只有体系内的医院可以算作上市公司并表的业务范围，但是当投资者意识到体外医院迟早会被上市公司并购后，无疑增大了对上市公司本身业绩的确定性，从而无形中提升了公司的估值水平。这可能是这一并购基金模式的另一隐性利好。

在国内市场高歌猛进的同时，爱尔眼科开启了国际化的步伐。2015年收购中国香港的亚洲医疗集团。2017年，收购了欧洲最大的连锁眼科医疗机构Clinica Baviera S.A.，美国眼科中心AW

图3-65 爱尔眼科医院扩张趋势

Healthcare，成为历史上第一家横跨欧亚美大陆的眼科连锁集团。2019年，收购新加坡上市公司ISEC Healthcare进军东南亚市场。爱尔眼科已经形成真正意义上覆盖全球的医院体系布局。

5. 永不停歇的扩张战车

爱尔眼科的业绩成长，除了2012年因为"封刀门"事件遭遇业绩低谷外，一路并无波澜，如图3-66所示。

除了本身总量的稳健增长外，盈利能力也常年维持稳态，如图3-67所示。

这种稳健的经营和增长势头是很多企业羡慕的，在其他同样优秀的千亿企业的成长过程中，几乎都能通过盈利能力或增长速度感受到公司经历的产业周期。但是爱尔眼科的成长和盈利曲线则非常平稳。

这当然有行业因素，爱尔眼科和2B类的工业企业不同，爱尔眼科所在的行业增速是平稳的，不大可能出现需求的突变。一定程度上甚至可以认为这是增长最稳健的行业了。即便稳健如消费品，也可能在特定阶段出现需求的大幅波动，如元气森林的出现可能掀起

163

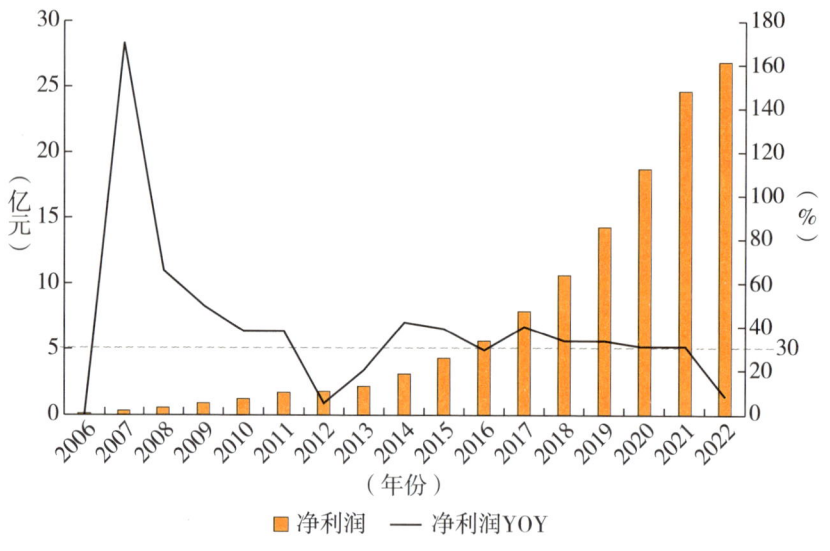

图3-66 爱尔眼科净利润增长情况

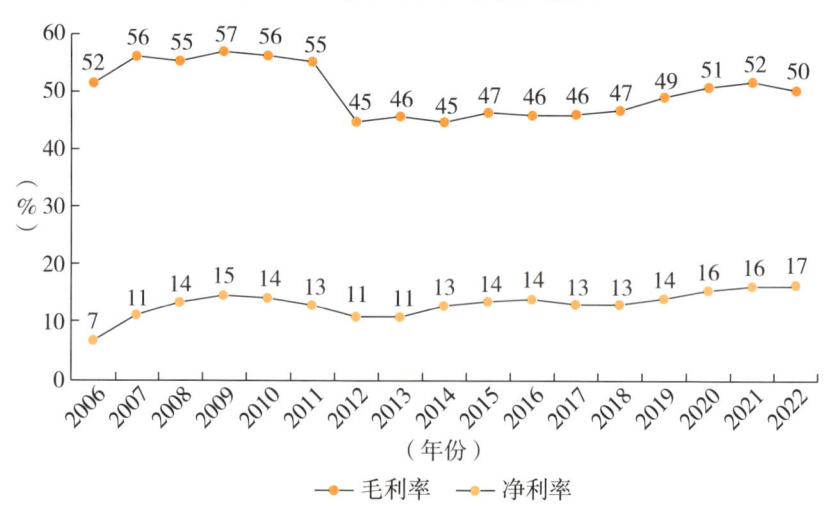

图3-67 爱尔眼科毛利率、净利率变化情况

一股突然的消费浪潮，即便强如茅台，也存在明显的周期性波动，如图3-68所示。

爱尔眼科的飞速成长，一方面是因为企业本身的优秀经营，这个在前文已做了充分的表述。另一方面是在这10余年，并没有遭遇

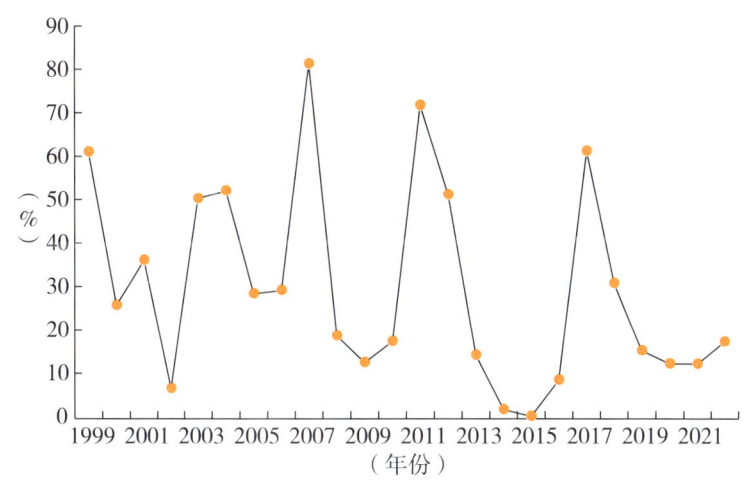

图3-68 1999—2022年贵州茅台净利润增速

数据来源：Wind。

特别大的行业监管政策变化。无论是代表消费类医疗服务的激光近视手术，还是代表基础类医疗服务的白内障手术，中国的渗透率和可对标国家相比都还有很大的提升空间（见图3-69与图3-70）。而眼科疾病的患者和近视人群的增速一直是稳定的，这客观上为爱尔眼科的经营决策提供了稳定的外部环境。

一方面是广阔的市场空间，另一方面是大干快上的跑马圈地。爱尔眼科成了一辆永不停歇的扩张战车。

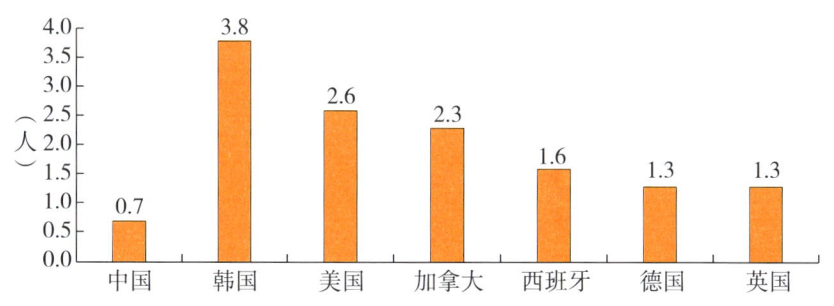

图3-69 2021年中国及部分代表性国家千人激光近视手术量对比

资料来源：《2022中、欧国际近视手术白皮书》。

165

图3-70 中国及部分国家CSR（每百万人进行白内障手术人口）对比

资料来源：《我国防盲与眼健康事业的主要成就》。

2021年，公司进一步推出了股权激励计划，覆盖人数高达4909人，考核维度覆盖2021—2025年，进一步为公司未来的成长路径给出了指引，如图3-71所示。按照公司历史股权激励的兑现情况来看，从来只会超越预期。

图3-71 2021年股权激励目标

强劲的业绩成长，自然在资本市场得到了投射。从市值角度看爱尔眼科上市以后的成长，自2012年"封刀门"事件之后，公司的市值开始腾飞，其市值的成长大致可以分为三个阶段：

第一阶段是2012年到2018年。这一阶段公司推出了合伙人计划，推出了并购基金计划，形成了属于爱尔眼科的稳健打法。市值随着业绩增长稳步爬坡，PE倍数中位数达到了64倍。2017年，公司首批并购基金孵化项目成功并入体内,且首次踏出了国际化的步伐。2018年,公司市值首次触达800亿元的高峰,如图3-72所示。

图3-72 2012—2018年爱尔眼科市值表现

在爱尔眼科于2017年底推行的非公开发行中,知名投资机构高瓴资本拿下总募集金额17.2亿元中的60%,发行价格为发行首日前20日均价的98.85%。这个价格拿下定增,体现了高瓴对爱尔眼科的龙头地位和长期价值的高度认可。

第二阶段是2018年到2021年。在三年结构性行情中,爱尔眼科也未缺席,尤其是在2020年疫情冲击后,在美元无限量宽松、大水漫灌的背景下,无风险收益率走低,全球消费、医药类股票迎来了一波超级大牛市。在这三年波澜壮阔的行情中,爱尔眼科的市值从800亿元一路上涨,最高达到了3800亿元!这背后除了业绩的稳步增长外,估值中位数直接提到了96倍,最高峰时达到了惊人的222倍!如图3-73所示。

从历史经验来看,爱尔眼科的增长速度几乎就在30%左右,按照彼得·林奇的投资观点,合理的估值水平大致应该在PEG≈1附

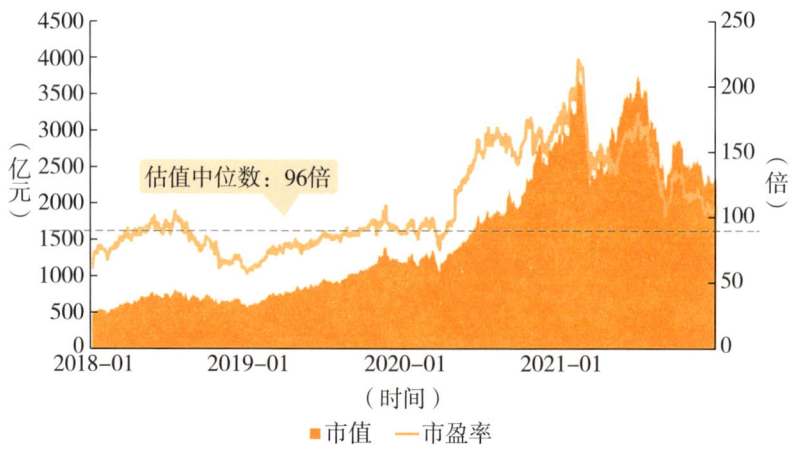

图3-73 2018—2021年爱尔眼科市值表现

近,即PE/Growth(增速)≈1,这么说来,一个稳步增长30%的公司估值30倍左右是合理的,凭什么给200倍呢?

同样的问题也被问向了贵州茅台,答案就是,永续。爱尔眼科的业务形态使其回报极其稳定,只要不出现医疗事故或政策变化,业绩几乎不可能下滑。这是立讯精密、汇川技术都难以享受到的行业优待。

第三个阶段就是2021年到2022年。随着美联储加息进程的推进,前期的高位股开始进入业绩兑现期,即通过继续增长的业绩达到前期已经给出的高估值。估值从222倍跌至66倍,市值从3800亿元跌至2230亿元(见图3-74)。

6.爱尔眼科的成长密码

爱尔眼科的扩张模式,是资本和产业利用资产进行有机结合的完美呈现,在资本市场是"PE+上市公司"模式的标杆案例。但是,很多模仿爱尔眼科模式的企业,鲜有非常成功者,爱尔眼科能够成功主要有以下几个重要的原因。

第一,爱尔眼科自身的现金流极好。其经营性净现金流/净利润常年高于100%(见图3-75),这使其自身的业务成长不需要额外融

图 3-74　2021—2022 年爱尔眼科市值表现

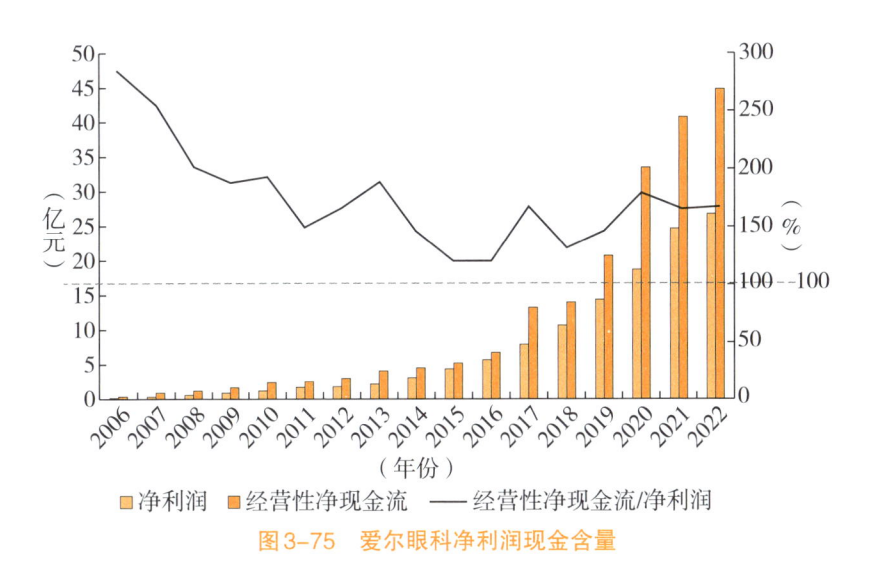

图 3-75　爱尔眼科净利润现金含量

资，客观上使其在融资扩张的选择上有多种可能性，而体外资金只是其中最佳的一种方式。虽然表面上看，体外资金并不构成上市公司的财务负担，但是作为围绕上市公司产业链开展的投资并购活动，投资人对于项目退出的隐性预期是一定存在的，这虽然谈不上或有债务，但也是一种潜在的资金压力。而自身良好的现金流，为这种大体量的体外资本循环提供了底气。这是很多其他行业的企业难以实现的。

第二，医院的标准化复制程度比较高，这客观上为大量基金的标准化复制提供了基础。而其他行业则很难按照同一种模式进行地毯式复制，如制造业，每一个潜在并购标的的客户、产品都不一样。从这个角度来看，这一模式对于零售、消费等行业的企业更有参考性。

第三，眼科医院对精细化的眼科设备的依赖度较高，所以这意味着总体商业模式可以做成一种"大后台，小前台"的模式。即商业模式运转的核心是资产投放和管理体系，虽然对专家的依赖程度也非常高，但并不是失去某一人业务就无法进行的地步。对人的依赖达到极致的商业模式，就是律师，因为人的时间就是交付物，所以大部分的律师事务所、会计师事务所、管理咨询公司等，都是合伙人制，因为太依赖人了。

这种所谓的"大后台，小前台"具体在商业模式上有什么体现呢？就是合伙人机制中的10%~20%，这个比例的设定非常微妙。如果一个商业模式需要拿出3%~50%的股权比例来激励团队，那么势必削弱公司整体在这块业务上的影响力，而3%~5%的激励力度则明显不够。10%~20%则恰好处于一种公司绝对控制，且合伙人相对满意的比例状态。这种微妙的比例设定，同样和底层的商业逻辑相关。

正是基于以上因素，爱尔眼科将"PE+上市公司"模式进行了完美演绎。我用图3-76来呈现这一商业模式的完整形态。

在这样的资本扩张模式中，爱尔眼科背靠资本市场，可以获得源源不断的资金供给。只要有退出预期，那么资金方的资金能力理论上是无限的。制约这个增长模式的瓶颈是什么呢？就是增发的价格。因为每一次增发就是一次对存量股东股份的稀释。如果不考虑存量股东的控制力，当然可以无限增发。但现实中这并不可能，控股股东的持

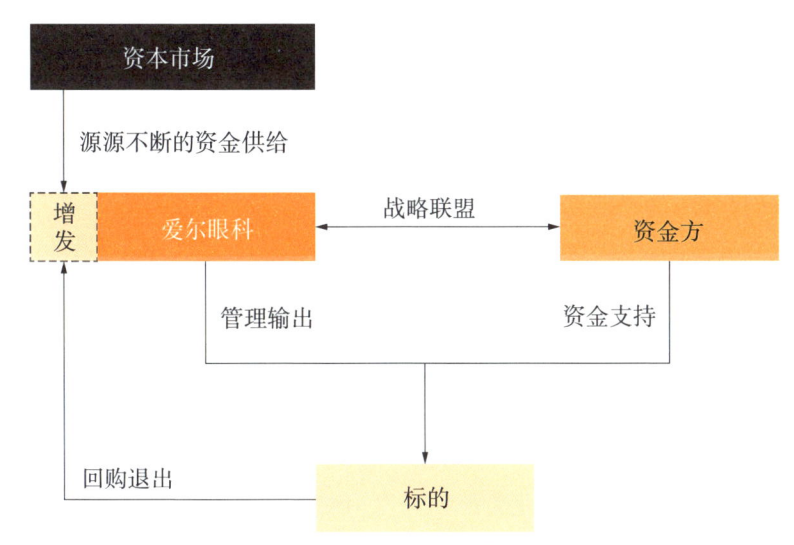

图3-76 爱尔眼科商业模式形态

股比例显然是越高越好，不可能接受无限稀释。那么上市公司本身的价格和估值就极其重要，这可以用图3-77所示的成长飞轮来总结。

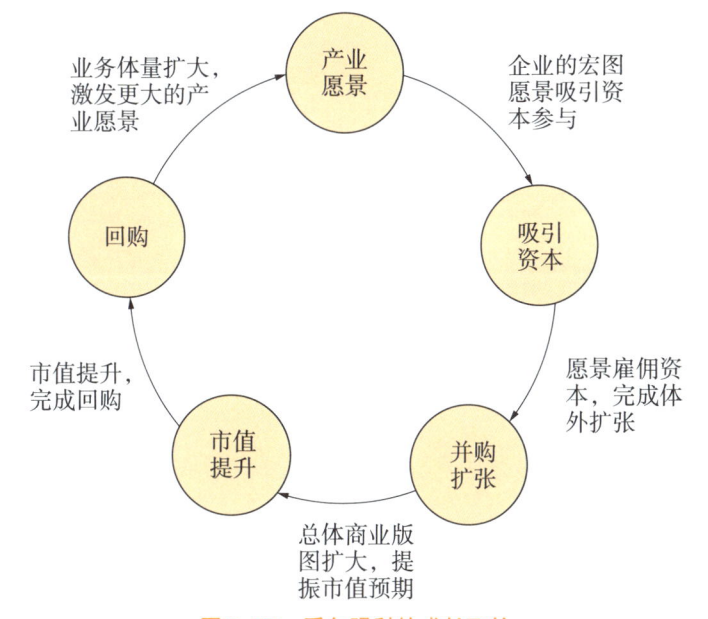

图3-77 爱尔眼科的成长飞轮

171

企业的成长愿景吸引资本参与，完成总体商业版图的扩张，体外的成长确定性推升了市值，并客观上拉低了公司的回购成本。随着回购的推进，公司体量不断扩大，进而激发出更大的产业愿景。如此循环，构成一个成长飞轮。

而驱动这个飞轮的底层动力，毫无疑问是企业的宏图愿景。

所有的模式、技巧、工具，都可以为人所学习、引用、借鉴、模仿，唯有产业的愿景是无法被模仿的，这也是区分优秀企业和平庸企业的最底层的因素。

7. 回顾千亿之路

回顾爱尔眼科的千亿之路，可以用图3-78来描述。

图3-78 爱尔眼科市值增长情况

在A股，拥有爱尔眼科这样漂亮的市值曲线的公司并不多，一路的市值成长看起来并无悬念和波澜。其中，除了全文已经详细展示过的公司优秀的经营，另一条看不见的线，是民营医院改革政策所缔造的时代红利。爱尔眼科创立的2001年正值中国民营医院解冻

第三章 迈向千亿之路

的时刻，当时受加入世贸组织的压力，医疗市场逐渐放开，著名的"莆田系"也是从那个时候开启得到快速发展的。爱尔眼科作为最早的行业进入者，充分享受了行业的改革红利和先发优势。

和其他的千亿企业一样，过去十几年的每一波牛市机会，爱尔眼科都没有落下。当然，这很正常，因为它一直都是行业中最优秀的公司之一，没有被怀疑过。

从营收和净利润的角度来看，同样是毫无悬念的稳健增长，如图3-79所示。

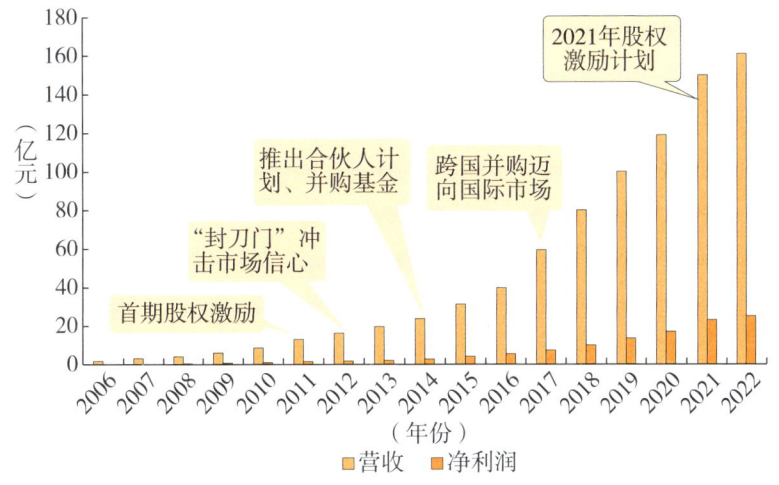

图3-79　爱尔眼科营收和净利润增长情况

从现金流角度来看，和很多其他企业不同，爱尔眼科历史上并没有频繁的融资行为。IPO之后第8年才开始首次定增（见图3-80），这种情况和汇川技术类似，读者可在汇川技术的案例中详细了解。值得一提的是，爱尔眼科同时也是本次所选案例企业中，资产负债率最低的企业（2022年资产负债率为34%）。

爱尔眼科在民营医疗行业的表现可以用一骑绝尘来形容，"PE+上市公司"的发展模式为其打下了辽阔的疆土，使其成为资本市场最经

迈向千亿之路

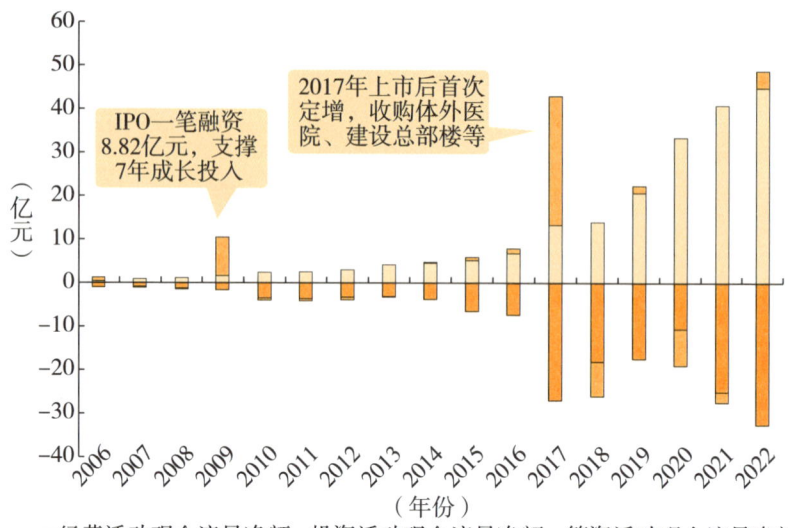

图中标注：
- IPO一笔融资8.82亿元，支撑7年成长投入
- 2017年上市后首次定增，收购体外医院、建设总部楼等

图例：经营活动现金流量净额　投资活动现金流量净额　筹资活动现金流量净额

图3-80　爱尔眼科现金流情况

典的案例之一。但是这并不代表公司可以永远按照同一种发展路径成长下去。2022年1月29日凌晨，陈邦发布《致全体爱尔人的一封信》，在5月底的股东大会上，陈邦再次强调了"求变"的决心：根据公司所处的发展阶段制定战略，并购基金模式在过去取得了非凡的成功，但在新的发展阶段，这个模式会慢慢退出历史舞台。目前公司体外还有300多家医疗机构等待注入，后续新医疗机构的设立，将以自建为主。在继续布局医疗网络的前提下，公司要进一步聚焦高质量发展。

这并不意外，因为并购基金中医疗机构的数量在近几年没有大幅增长，作为行业中一骑绝尘的领先者，爱尔眼科永远在创新和变革的过程中。这种不断创新突破、锐意进取的基因，就藏在企业家的创业历程中。从企业家早年创业过程中的无数个"第一"，到眼科医院最早的创业者，再到创业板第一批IPO，在这个最稳健的行业中，爱尔眼科一直走在进取的道路上。

创新不止，变革不止，企业就必然永远生机勃发。

（四）三一重工——时代企业，民营之光

今天，具备中国特色，可以作为中国产业名片的已经有很多，高铁、新能源车、移动支付等。每一个产业的背后，都代表了一种中国特色的发展模式，比如高铁代表了举国体制下的创新能力，新能源车代表了中国强大的制造业基础，移动支付代表了中国庞大的人口红利。其中，有一个行业最为网友们津津乐道，并且还因这个行业给中国赋予了一个特色鲜明的绰号——"基建狂魔"。基建，代表的是中国过去40年这波人类历史上规模最大的城市化进程。

在这波浩浩荡荡的城市化浪潮中，基建这个超级产业航母，孕育了无数的产业巨子，钢铁、水泥、建材等，机械装备作为最为受益的行业之一，自然也诞生了一大批优秀企业。历经周期性的产业起伏和激烈的行业竞争，今天，一批中国装备制造企业已经具备了全球级的实力，在部分细分领域全球第一，数智化、电动化等领域甚至引领全球。

2019年，《复仇者联盟4》上映，成为全球科幻电影的里程碑之作。它讲述了复仇者们打造出时间机器，穿越回过去拯救世界的故事。复仇者们穿越时空的场景，给无数观众留下了深刻的印象。谁能想到，复仇者联盟的总部，在现实中属于一家中国企业，那就是三一重工（见图3-81）。

时空穿越这种超现实的科幻和挖掘机这种最接地气的机械设备重叠在一起，形成一种有意思的反差感。这种反差感背后，正好映射出三一重工这家企业，以及中国的装备制造行业正在发生着何种一日千里的变化。

图3-81 电影《复仇者联盟4》中复仇者联盟总部

这家国人并不陌生的企业，诞生于20世纪80年代末。提到它，大部分人的第一反应是挖掘机、混凝土泵车、搅拌车、起重机，但是大家可能不知道的是，这已是一家海外业务占比接近50%，在全球重型机械行业市占率全球前5的超级产业巨头。

截至2022年底，三一重工的主要产品市场地位是：混凝土机械全球第一、履带起重机全国第一、摊铺机全国第一、挖掘机械连续13年全国第一……

在2022年这一艰难的年份，三一重工收入808亿元，净利润44亿元，市值1342亿元。

2003—2022年三一重工市值走势如图3-82所示。比起巅峰时刻，这个成绩并不算最好。不过身处这个行业，应该早已习惯了在周期性的繁荣和萧条中来回穿越。穿越了数个产业周期，经历了无数次的行业淘洗，它是中国三大重工巨头中唯一的民营企业，也是市值最大的企业——三一重工。

1. 血书立志，矢志报国

梁稳根出生于湖南省涟源市茅塘镇的一个农村家庭。少年时的梁稳根学习成绩很好，恢复高考那一年，他刚好21岁。次年，梁稳根以优异的成绩考入了中南矿冶学院，也就是今天的中南大学，学

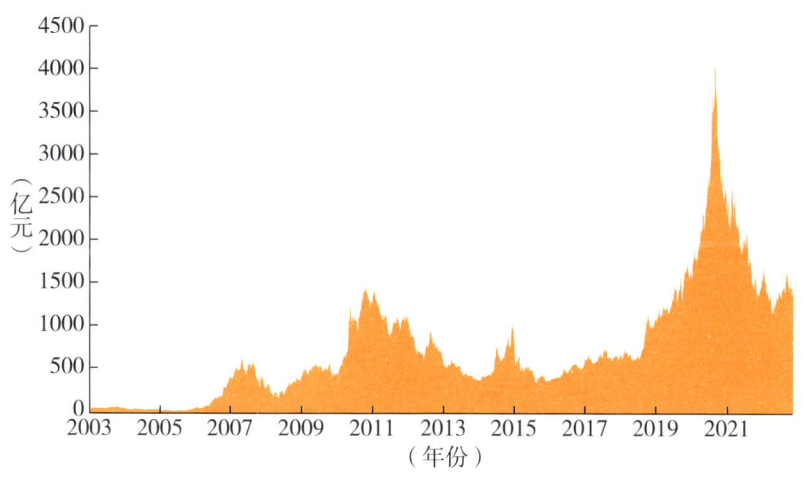

图3-82　2003—2022年三一重工市值走势

数据来源：Wind。

习材料学专业。

1983年，大学毕业的梁稳根被分配到兵器工业部下属的湖南洪源机械厂。在这里，他遇到了唐修国、袁金华、毛中吾、向文波这几位兄弟。几位热血青年，在80年代那个充满激情的年代，都想干出一番事业来。而在这个大型国有工厂中，他们看不到施展的空间，袁金华后来回忆说，机械厂当时是"机器坏了，工人高兴得很，因为修机器是别人的事"。

在5人共事了3年后，向文波率先离开了洪源机械厂。原本有机会成为一名正处级领导的他选择了继续深造，于1985年考上了大连理工大学材料专业的研究生。

彼时的梁稳根正担任洪源机械厂体改委副主任，已经是这家厅级国企的副处级干部，留下来的4个热血青年，终究还是压抑不住心中的理想，在向文波离开1年后一齐提交了辞职报告。1985年10月30日晚上，梁稳根、唐修国、袁金华、毛中吾4个人划破手指，写下了动人心魄的誓词：梁稳根，湖南涟源人，今与袁金华、毛中吾、唐修国志同道合，愿结为兄弟，为中华民族腾飞贡献毕生心血……

然而，理想遭遇现实，总是经历最残酷的教训。4人没有积累，赤手空拳，最后只能是四处碰壁。他们贩过羊、卖过酒、做过玻璃纤维，无一例外，全都失败。梁稳根总结了一条无比实在的经验：专注做自己擅长的事情。他最终决定还是回归自己的老本行，进军一种市场上缺乏的105铜基焊接材料。4人一起回家借钱，最终凑到6万元，成立了涟源茅塘焊接材料厂。

当时正处于国家基础设施建设腾飞的阶段，焊接材料在市场上供不应求，这个乡镇企业经过数百次的失败，最终以一种"105铜基焊料"实现了首单9000多元的收入。凭借这一产品，小厂发展迅猛，1989年就实现了净利润3.6万元，第二年直接达到了13万元。

而此前选择继续深造的向文波，1988年研究生毕业后成了一名公务员，之后的2年里还分别担任了湖南涟源市阀门厂和益阳市拖拉机厂的厂长，但满身抱负的向文波依然放弃了"铁饭碗"，于1991年加入了三一集团，和曾经的兄弟们一同创业。

随着生意越做越大，1992年，材料厂的销售额直接破亿，年利润3000多万元，成了娄底最大的民营企业，也做到了焊接材料细分领域全国第一。

即便放在今天，这个数字也已经非常了不起了，但梁稳根仍未感到满足。怀揣实业报国梦的几人意识到必须继续变革，几人经过反复调研后得出结论：第一涟源茅塘地方太偏，难以孕育一个大型企业；第二焊接材料格局太小，天花板明显。于是，向文波革命性地提出了"双进"战略：一是进军湖南省会长沙，二是以材料厂为基础，进入工程机械行业，并将所有资金投入重工业制造领域中去。1994年，梁稳根将企业搬到了长沙，并将企业更名为"三一重工"，意为"创建一流企业，造就一流人才，做出一流贡献"。

一般人眼中，重型机械这个行业是财大气粗的国有企业才能进入的行业，当时的龙头大哥是位于江苏徐州的老牌国企，徐工集团。1993年徐工集团已经实现了约7亿元的收入，1亿元的净利润。而梁稳根偏偏不信邪，誓要在这个领域实现一番作为。为了赶上中国大搞基础设施建设的步伐，他们把目标锁定在了用于房屋、桥梁、隧道施工的混凝土机械上。而彼时市面上95%的零部件被美、日、德品牌垄断，且价格极高。为了不被卡脖子，三一重工义无反顾地走上了自主研发的道路。

1995年，四处求贤的梁稳根找到了机械工业部北京机械工业自动化研究所的主任易小刚，易小刚是国内液压技术的专家级人物，他的加入让三一重工的研发能力上了一个台阶。当时三一重工的泵车生产需要一种高强度的钢板材料，这种材料只能欧洲生产，为了不被卡脖子，易小刚在室外温度40摄氏度的夏天守在车间火炉旁不分昼夜地实验，因为太过投入，甚至从离地几米高的工作台上摔了下来，导致尾椎骨开裂。

在这样敢打敢拼、"霸得蛮"的精神下，2000年，三一重工在混凝土机械领域成了全国第一，并进而成为中国工程机械行业的龙头之一。

2003年，三一重工在A股挂牌上市，市值51亿元。

当时，包括三一重工在内，总共有7家工程机械类的上市公司，如表3-18所示。

表3-18　　　　　　　　2003年工程机械类上市公司

证券简称	2003年市值（亿元）	主营
三一重工	51	混凝土机械、道路机械
中联重科	43	混凝土机械、起重机械
徐工机械	36	道路机械、铲运机械

续 表

证券简称	2003年市值（亿元）	主营
柳工	34	装载机械
厦工股份	30	土方石机械
山推股份	29	推土机、挖掘机
安徽合力	21	叉车

数据来源：Wind。

20年后，这批企业中，走出了今天的机械三大巨子，即三一重工、徐工机械、中联重科，而在这三大巨子中，三一重工可谓独领风骚。2003年与2022年部分工程机械类上市公司市值情况如图3-83所示。

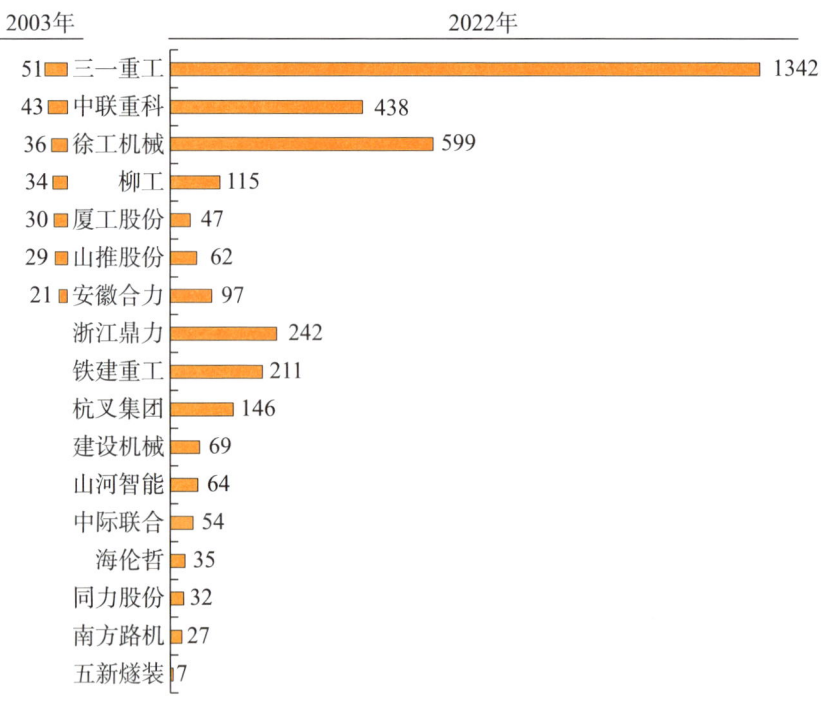

证券简称	2003年	2022年
三一重工	51	1342
中联重科	43	438
徐工机械	36	599
柳工	34	115
厦工股份	30	47
山推股份	29	62
安徽合力	21	97
浙江鼎力		242
铁建重工		211
杭叉集团		146
建设机械		69
山河智能		64
中际联合		54
海伦哲		35
同力股份		32
南方路机		27
五新燧装		7

图3-83 2003年与2022年部分工程机械类上市公司市值情况（单位：亿元）

2.工程机械产业不能交给外国人

从市值角度看，2003年上市时的三一重工已经是当时机械行业最大的企业了。但从营收角度来看，在之前的十多年中，中国工程机械行业的龙头大哥还是老牌国企徐工机械。

徐工机械的前身是1943年成立的华兴铁工厂，新中国成立后改名徐州重型机械厂，研发并生产了我国的第一台汽车起重机，第一台蒸汽压路机。进入80年代，在市场化改革的浪潮中，徐工重型机械厂逐渐落伍，一度面临破产。1989年，徐州政府为了激发企业的市场活力，将徐州重型机械厂、徐州工程机械制造厂等进行合并，组建了徐工集团。1992年开始，徐工集团在全国范围内大量收购企业，加上政府委托管理的企业，规模迅速扩大，成为国内机械行业的绝对龙头。

作为机械行业的龙头，徐工机械自然是全行业的效仿和竞争对象。三一重工就是其中最有竞争力的民营企业之一，凭借灵活的机制，敢打敢拼的精神，三一重工很快就具备了和徐工机械同等对话的实力。1993—2006年三一重工、中联重科、徐工机械营收对比如图3-84所示，净利润对比如图3-85所示。

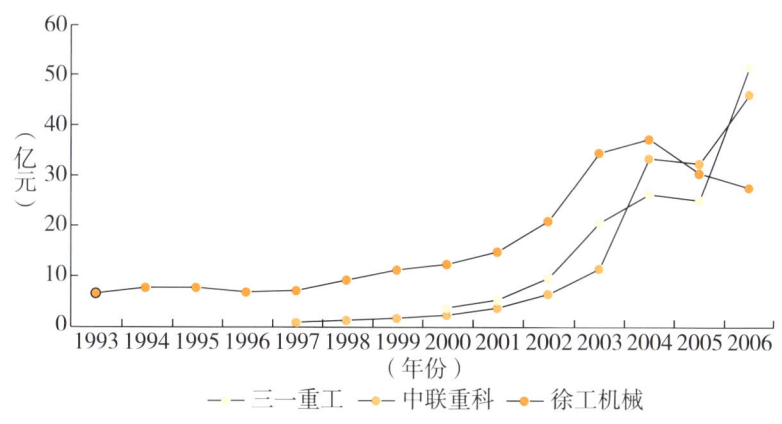

图3-84 1993—2006年三一重工、中联重科、徐工机械营收对比
数据来源：Wind。

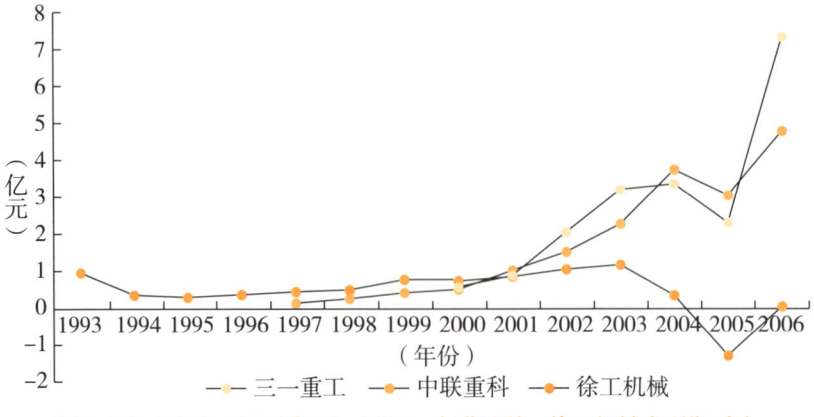

图3-85　1993—2006年三一重工、中联重科、徐工机械净利润对比
数据来源：Wind。

而另一边，大量整合给徐工集团带来的负面效应日益凸显，机制不活、包袱太重、效益偏低。2000年，徐工集团开始清理当年的扩张恶果，剥离辅业，采取股份退出、破产等处置方式，到2002年底这部分改制才基本完成，并最后确定了集团整体改制的思路。2003年初，江苏省政府将徐工集团列为82家需要改制的大企业之一。根据徐州市政府的决策，要对全部国有企业进行改制，国有股从绝大多数企业退出。徐工集团改制就是在这个政策大背景下开始的。

此消息一出，全行业轰动。30多家公司和投资机构闻风而动，陆陆续续到徐工集团考察。其中既有国内的三一重工，也有国外的公司和资本，包括全球工程机械龙头卡特彼勒。

最终，徐工集团选择了全球著名的私募股权基金凯雷集团。2005年10月25日，双方签订协议，凯雷集团以3.75亿美元（约30亿元）的价格收购徐工机械85%的股权。凯雷集团承诺，不参与徐工机械的经营管理，3年内裁员比例不超过5%，并将推动其实现海外上市。

看上去条件非常优厚，谈判也非常顺利。2006年2月，并购流程送交到中国商务部审核。

就在这一紧要时刻,一个人站了出来。他持续在微博发了40多篇文章,疾声高呼阻止这起收购案,明确提出这是贱卖国有资产,当时的徐工机械市场估值100亿元,85%的股份至少要85亿元,而凯雷集团只给了3.75亿美元,约30亿元。

这个人就是当年的三一重工执行总裁、今天的三一集团轮值董事长——向文波。向文波疾呼,工程机械是国家战略产业,徐工机械是行业领头羊,其两大主导业务汽车起重机和压路机占到了国内市场的50%以上。因为有徐工机械,国外同类市场一直无法占领国内市场,可一旦被收购,中国的工程机械产业必将被美国控制。到时候,整个行业将面临巨大的生存危机。

此外,三一重工愿意以高出凯雷集团30%的价格收购徐工机械的股权。

消息一出,舆论一边倒地反对这起收购案。志在必得的凯雷集团创始人邀请前国务卿鲍威尔亲赴北京,将收购比例从85%降至50%,再降至45%,收购价格则上浮10%。即便如此,最终这笔交易仍然以被商务部叫停而告终。

交易叫停之后,国家对徐工集团给予了一系列支持,最终平稳度过了危机。此后的徐工集团乘着国家大基建的东风,取得了高速发展。截至2022年,徐工集团和三一重工分列全球机械制造行业第三和第四。

三一重工在徐工集团的危机中迅速崛起,它和其隔江相望的湖南友商——中联重科一起,先后在2005年、2006年超越徐工机械,实现了营收和净利润全国第一、第二,并在此后长达10年的时间中,既竞争又合作,成为中国工程机械行业的双子星。

截至2005年底,三大龙头的基本财务指标和市值如表3-19所示。

表3-19　　2005年底机械行业三大龙头基本财务指标、市值

	营收（亿元）	净利润（亿元）	市值（亿元）
徐工机械	30.8	-1.3	18.2
中联重科	32.8	3.1	32.5
三一重工	25.4	2.3	31.9

数据来源：Wind。

三家企业的业务结构也呈现明显的差异，如图3-86所示。

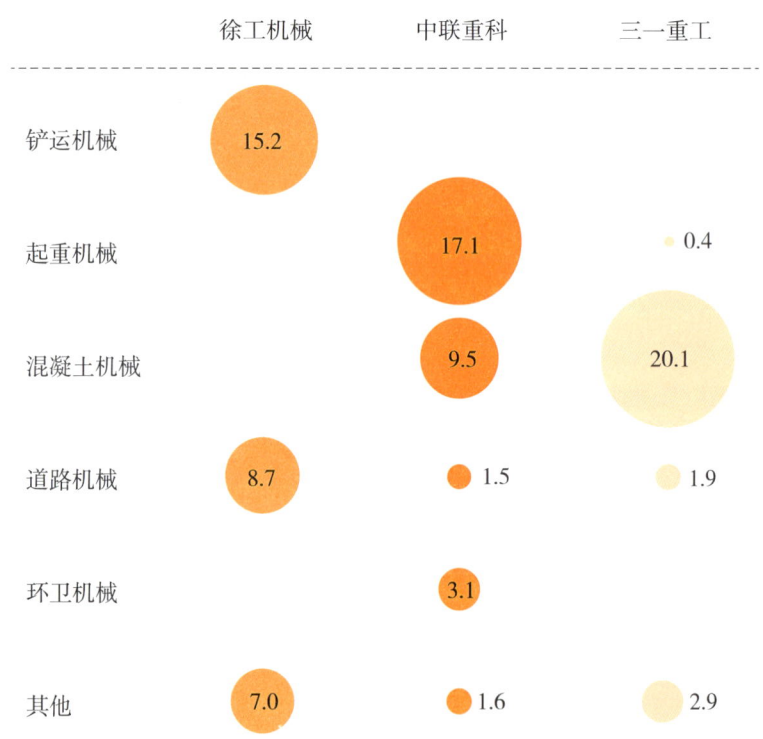

	徐工机械	中联重科	三一重工
铲运机械	15.2		
起重机械		17.1	0.4
混凝土机械		9.5	20.1
道路机械	8.7	1.5	1.9
环卫机械		3.1	
其他	7.0	1.6	2.9

图3-86　2005年三家企业主要业务构成（单位：亿元）

数据来源：Wind。

注：此图与表3-19中的数存在尾差。

3. 时代浪潮，滚滚而来

三一重工的上市时点，正处于中国资本市场大变革的前夜。

2005年，中国启动了资本市场历史上里程碑式的改革——股权分置改革。在股权分置改革之前，上市公司股票分为流通股和非流通股。这种分置的股权结构，使企业经营层和投资人群体对企业效益和股价的利益诉求是分割的，不利于企业的健康发展。

2003年三一重工上市时，就曾提出过股权大流通的设想。隔年3月，梁稳根董事长又以全国人大代表的身份提出了相关议案。时任三一重工总裁向文波后来回忆说："我们积极争取股权分置改革的机会，跟三一创办之初我们的梦想有关！我们离开国有经济的体制下海，就是要创办一块试验田探索中国改革的方法！"

2005年4月29日，中国证监会宣布，启动股权分置改革试点工作。次日，三一重工第一时间向中国证监会提交了股权分置改革的试点方案。5月8日，三一重工被最终确定为4家首批试点单位之一。6月10日，三一重工的股权分置改革方案最终在股东大会上以93.44%的高赞成率顺利通关。

三一重工因此成为中国资本市场股权分置改革第一股，被永久载入史册。

完成股权分置改革的三一重工，企业效率得到了极大的提升，积极性得到了充分的释放。而当时恰逢中国大力推行基础设施建设，装备制造行业迎来一波超级成长周期。多重因素的作用下，三一重工的业绩出现了爆发式增长。短短2年时间，三一重工营收增长2.6倍，净利润增长7.3倍，如表3-20所示。

很快，众所周知的2007年史诗级大牛市来了，这波牛市最大的主题正是当时迅猛发展的中国经济带动下的能源、基建等板块，即便是煤炭、钢铁等板块，也曾被炒到100倍的市盈率，这在今天看

表3-20　　　　　2005—2007年三一重工营收、净利润

	2005年	2006年	2007年
营收（亿元）	25.4	52.1	91.4
净利润（亿元）	2.3	7.4	19.1

数据来源：Wind。

来几乎不可想象。

三一重工在这波牛市中受到追捧。2006年3月，三一重工的市值从27.7亿元启动，从此一路不回头，实现了史诗级的暴涨，截至2007年10月30日，达到635亿元，一年半的时间，涨幅超20倍。其中固然有业绩无与伦比的跨越式增长，也有估值的疯狂拉升，巅峰时期其市盈率接近60倍（见图3-87），这就是2007年那个特定时期的疯狂。

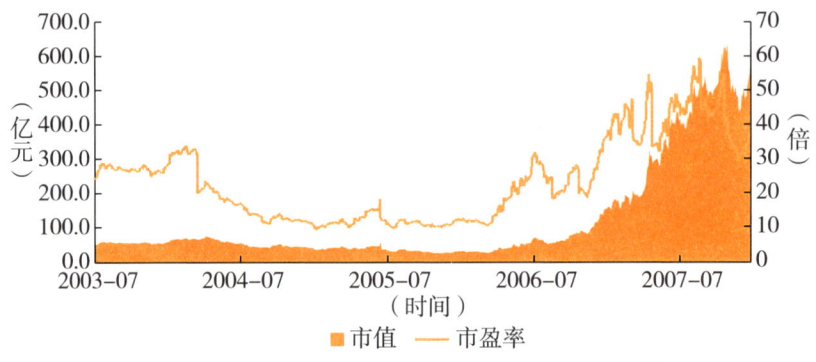

图3-87　2003—2007年三一重工市值、市盈率走势

数据来源：Wind。

2007年，上证指数留下6124点的巅峰之后，如雪崩一般暴跌，在牛市中红极一时的煤炭、钢铁、有色等板块很多至今没有收复失地。

装备制造的周期还没有结束，虽然2008年金融危机对宏观环

第三章 迈向千亿之路

境有一定的影响，但是2008年11月宣布了4万亿投资计划，标志着新中国历史上，宏观层面上最大的一波资本扩张启动。大量的高铁项目启动，中国城镇化进入加速期，基础设施建设继续如火如荼地开展，对工程机械行业而言，这种行业性的高景气一直延续到2011年，而这期间三一重工的营收、净利润实现了狂飙式增长。

从2005年到2011年，6年间三一重工的营收增长了19倍，净利润增长了40倍，年化增速分别达到了64.8%和84.9%，如图3-88所示。

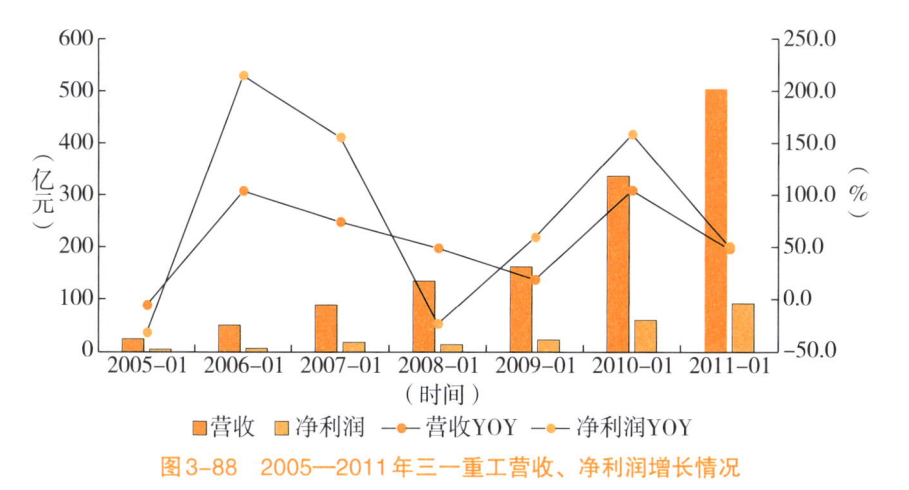

图3-88 2005—2011年三一重工营收、净利润增长情况

数据来源：Wind。

即便是在熊市期间，面对三一重工这样的强势增长，资本市场也给出了相应的反馈。2011年4月，在整体估值水平一路下行的背景下，三一重工的市值达到惊人的1458亿元，在当时A股总共1706家上市公司中排名第23，也是市值最大的民营企业。同时，三一重工登上世界500强，是当年唯一上榜的中国机械企业。2003—2011年三一重工市值、市盈率走势如图3-89所示。2003—2011年三一重工市值走势对比上证指数如图3-90所示。

187

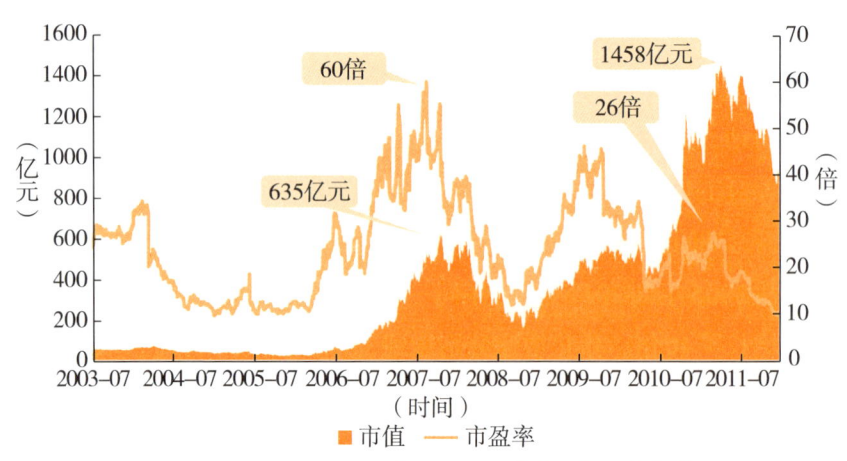

图3-89　2003—2011年三一重工市值、市盈率走势

数据来源：Wind。

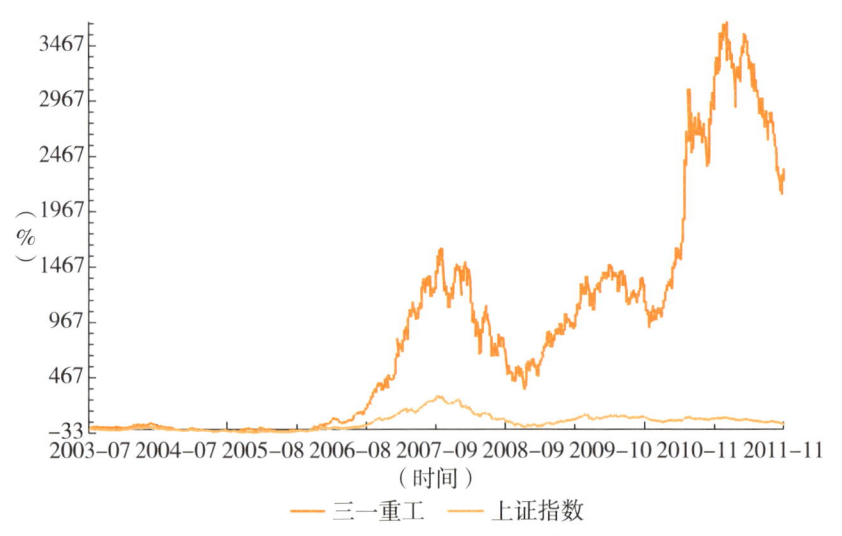

图3-90　2003—2011年三一重工股价走势对比上证指数

数据来源：Wind。

2012年1月，三一重工以3.24亿欧元（人民币26.54亿元）的价格，收购德国普茨迈斯特90%的股权，成为三一重工国际化的标志性一步，甚至也成了中国企业海外并购的标志性案例。普茨迈斯特

诞生于1958年，从世界上第一台灰浆机开始，它给自己取名普茨迈斯特，意为"灰浆机大师"。从20世纪70年代开始，关于混凝土泵车的所有核心技术，都掌握在普茨迈斯特手里，它不断地刷新混凝土的泵送高度，被称为"世界泵王"。

三一重工收购普茨迈斯特，是"中国泵王"收购"世界泵王"，是"全球最大的混凝土机械制造商"收购"全球混凝土机械第一品牌"。这宗经典的并购，被收录入哈佛商学院案例课，国外媒体将之称为欧洲向中国投资者开放的象征。

而在此前的2008年，中联重科已收购了世界第三大混凝土机械制造商意大利CIFA公司100%的股权。此后的2012年7月，徐工集团收购了世界第二大混凝土机械制造商施维英公司52%的股权。全球三大混凝土企业尽归中国企业囊中。当时中国互联网行业出现了一个词，叫BAT，代表了那个风起云涌的互联网时代。如果当时的中国民营上市企业需要一个词来代表那个时代，那一定就是三一重工。

4. 得挖掘机者得天下

如果只把三一重工的超级成长归结于外部周期是不准确的。作为中国优秀的重型机械企业之一，三一重工一直在新业务的探索上走在时代的最前沿。

在混凝土机械领域，三一重工已经是名副其实的"中国泵王"，其友商中联重科则紧随其后。截至2022年，二者加总在混凝土机械领域已经占据了90%的份额。最初，三一重工之所以选择在混凝土领域创业，就是因为混凝土机械的技术门槛高，大都为外资所垄断，为国产企业留下了巨大的空间。现在看来，三一重工早年的战略选择是正确的。

然而，带领三一重工成为中国机械装备一哥的产品，并不是混凝土机械，而是挖掘机。

"挖掘机学校哪家强，中国山东找蓝翔！"这句广告词的流传程度已经足够成为全球中国人的接头暗号，可是，为什么不是"混凝土机学校哪家强"或者"起重机学校哪家强"呢？

这一广告语背后，正说明了挖掘机广泛的应用场景和无可替代的产业价值。

其一，挖掘机是所有重型机械中应用场景最广泛的机械，除工程机械传统应用领域，如基建、地产建设项目、采矿作业以外，挖掘机还可应用于新型基建项目（如通信基站、充电桩、特高压等）、替代人工（室内作业、果树种植、河流清淤）、农村建设等，其应用场景相对起重机、混凝土机具有明显的优势。

相比混凝土机与起重机，挖掘机本身应用场景更广，如图3-91所示。

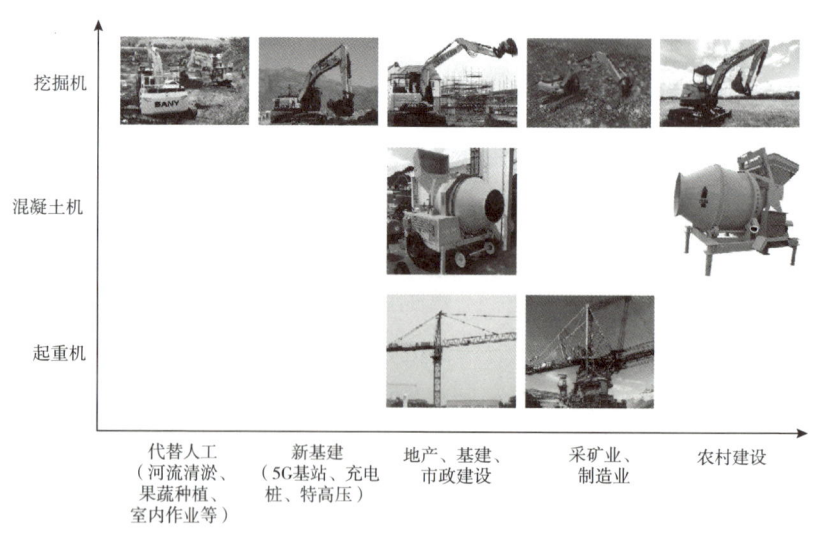

图3-91 挖掘机、混凝土机、起重机应用场景

资料来源：铁甲网。

其二，挖掘机可配置属具，实现一机多用，进一步对人工和其余机种进行替代。除常规的挖掘、装载用途外，挖掘机的前端还可配置20多种属具。由于挖掘机属具种类多样（见表3-21），市场上出现了大量专门出租挖掘机属具的公司，为客户提供多元化解决方案。

表3-21　　　　　　　　　　挖掘机可配置属具

挖掘机属具	作业图例	应用场景
破碎锤		又名液压破碎器或炮头，主要用于矿山矿石的开采及拆迁混凝土
液压剪		又名液压钳，主要用于楼房拆迁，效率比破碎锤高很多
液压凿岩机		又名打孔机，主要用于矿山炮眼施工
振动夯		又名液压夯或夯实器，主要用来水利护坡还有高速及铁路破面的施工，个别小挖掘机配夯用来楼房基础夯实
松土器		又名裂土器，主要用来风化石施工，先用松土器把土层或风化石层分离，然后用快速连接器切换挖斗装车

续表

挖掘机属具	作业图例	应用场景
抓木器		主要用来抓取木材和竹子,也可用来抓石头和废钢,装卸非常迅速和方便
伐木机		用于林场大规模伐木,在程序控制和液压动力驱动下,快速实现砍倒、去枝、刨皮和截断等一系列伐木动作

资料来源:中国工程机械信息网。

可以看出,挖掘机就是一个大号的机械臂,其渗透的场景远远不止"挖掘",挖掘机也是最接近"变形金刚"的一类人造机械。正因为如此,挖掘机被称为重型机械"皇冠上的明珠",行业内素有"得挖掘机者得天下"的说法。

1999年开始,国内挖掘机市场开始快速膨胀,在本土挖掘机企业几乎全军覆没的情况下,三一重工开始了向挖掘机进军。然而,在发展的头几年,因为技术匮乏,经验缺失,质量问题频发,遭遇客户退货,以至于挖掘机业务严重亏损。2003年,三一集团在江苏昆山成立昆山市三一重机有限公司(简称三一重机),挖掘机业务最终从上市主体三一重工体系剥离,转入三一重机旗下,此外,集团额外投资3800多万元,继续研发,独立发展。

三一重机挖机事业部全面向日本企业学习,挖掘机结构件实现外协,制造工艺大幅度提高。在公司员工协同努力下,三一重机挖掘机的连续无故障时间由几十小时提升到几百小时,可靠性大幅度提升。

2005年,随着20吨级液压挖掘机的成熟,三一重机挖掘机产量超过500台,成为三一重机挖掘机业务走向成熟的标志。从此,三一重机开始大规模扩充人才，以实现产品系列化。

2008年10月10日，上市公司三一重工发布了向特定对象发行股份购买资产暨关联交易的预案，拟通过发行股份的方式，将三一重机的全部资产置入上市公司，从而实现了三一集团的核心资产整体上市。至此，三一重工的主导产品完整覆盖混凝土输送泵、混凝土泵车、全液压振动压路机、沥青摊铺机、旋挖钻机、履带起重机、大中小型挖掘机等工程机械系列产品。根据交易预案中披露的数据，2007年三一挖掘机在国内市场的占有率约为3%。

2009年，三一挖掘机全年销量突破6000台，在数量上超越全球大型工程机械制造商卡特彼勒，让中国企业看到了战胜外资品牌不再是神话。

仅仅2年后的2011年，三一挖掘机的国内市场占有率达到了近12%（见图3-92），这是各大外资品牌盘踞中国挖掘机市场20余年来，中国国产品牌首次突破重围，摘得第一。

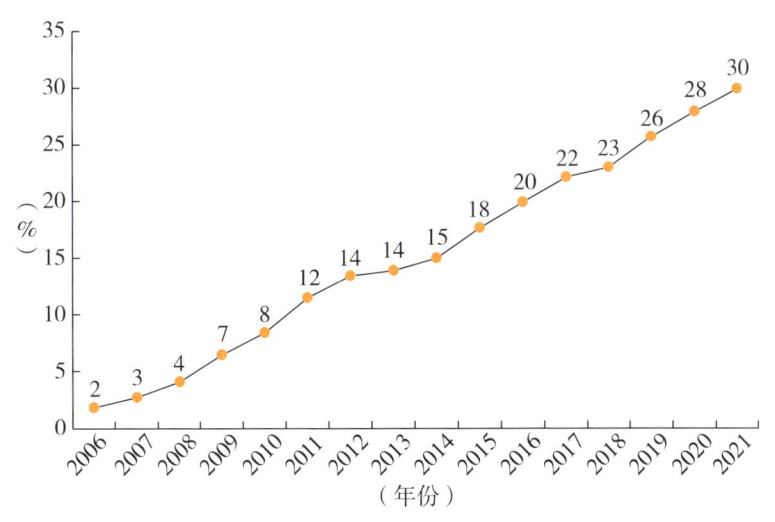

图3-92　三一挖掘机市占率

资料来源：CCMA挖掘机分会。

迈向千亿之路

整体上市,加上"皇冠上的明珠"挖掘机业务强势发展,资本市场股价一路飙升。2011年梁稳根超越宗庆后,荣登中国首富。

此后,三一重工的挖掘机业务市占率直线提升,三一重工成了名副其实的中国挖掘机一哥。

5. 旧周期与新周期

物极必反是世界基本规律的常态,2012年开始,随着中国经济进入调整周期,投资放缓,工程机械行业进入周期性的减缓期,主要工程机械品种销量纷纷快速下滑,如图3-93与图3-94所示。

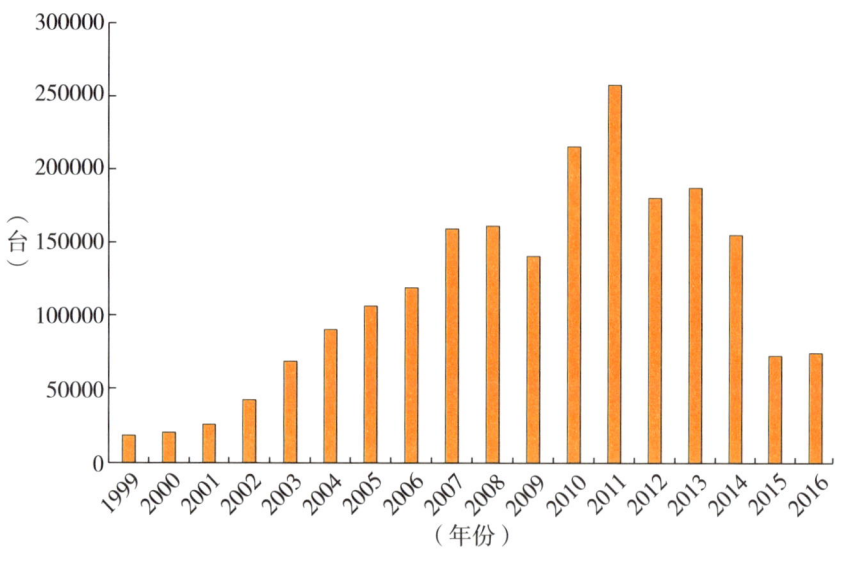

图3-93　1999—2016年中国装载机销量

数据来源：Wind。

作为行业龙头的三一重工自然也受到冲击。2000—2016年三一重工营收、净利润情况如图3-95所示。

5年时间,三一重工的营收从508亿元跌至233亿元,跌幅超50%,净利润更是从94亿元跌至最低1.4亿元,跌幅超98.5%。

194

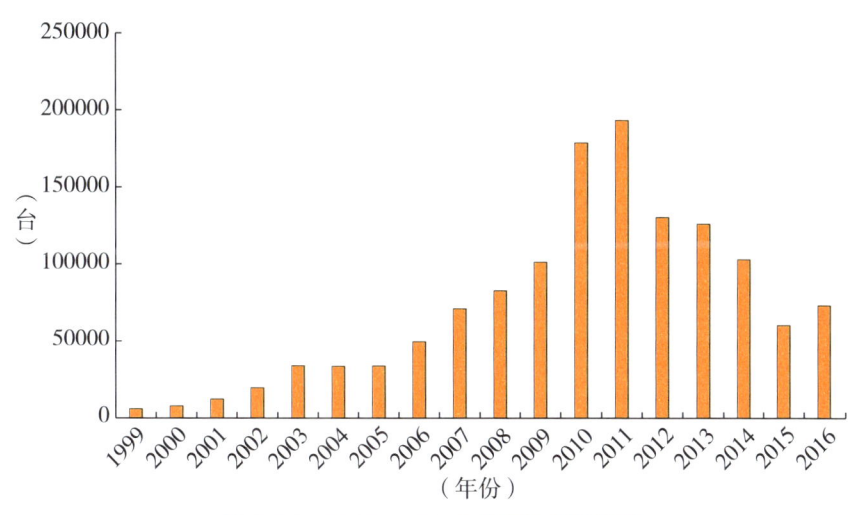

图3-94 1999—2016年中国挖掘机销量

数据来源：Wind。

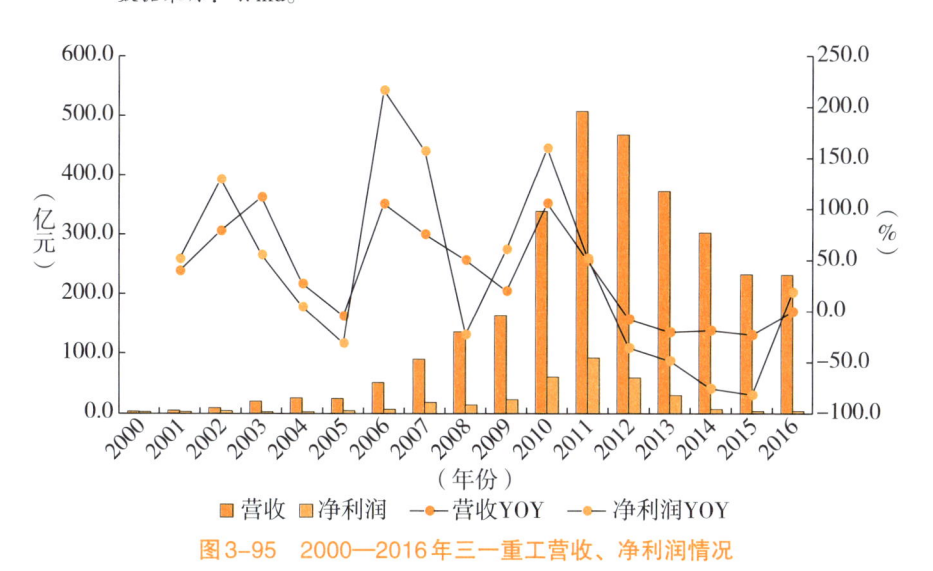

图3-95 2000—2016年三一重工营收、净利润情况

数据来源：Wind。

因此，即便是在资本市场最热闹的2015年，低迷的业绩表现也使三一重工难以再现往日的荣光。大部分时间市值在500亿元左右徘徊，即便在2015年牛市最高峰期，也仅仅是在1000亿

元昙花一现,后来一路下跌,至最低350亿元左右,如图3-96所示。

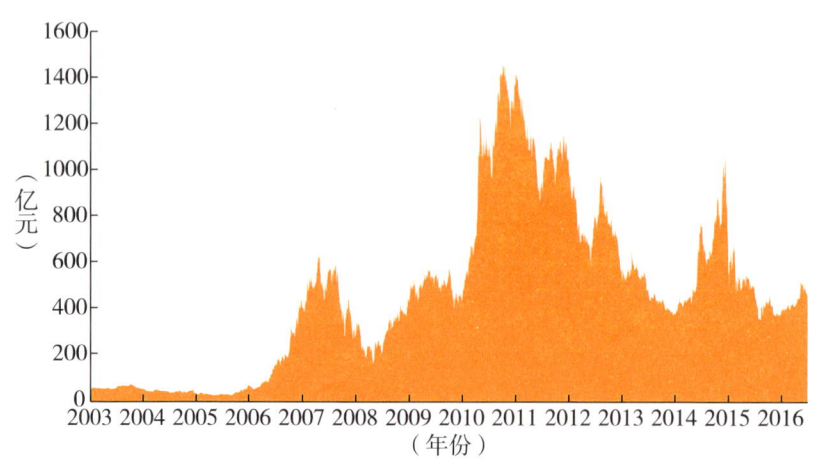

图3-96　2003—2016年三一重工市值走势

数据来源：Wind。

2015年的三一重工,颇有种英雄末路之感。

不过,既然是周期,就是既有衰退和萧条,也有复苏和繁荣。转机在2016年出现。从2016年开始,工程机械行业整体出现企稳回升的迹象,新一轮景气的周期开始蠢蠢欲动。

只是,这一轮周期,和上一轮周期有些不一样。从宏观层面上来看,与工程机械销量高度相关的固定资产投资情况并没有变得更好。可是在宏观固定资产投资没有改变的情况下,以挖掘机为代表的工程机械行业出现逆势上涨,并呈现出明显的剪刀差,如图3-97所示。

这种变化的原因是多方面的。第一,上一波投资高峰期的机械设备到了更新换代周期,以挖掘机为例,如上图所示,2007年前后开始国内销量进入高速增长期,而挖掘机的生命周期一般为10年左右。2016年前后,行业进入更新换代的时点。

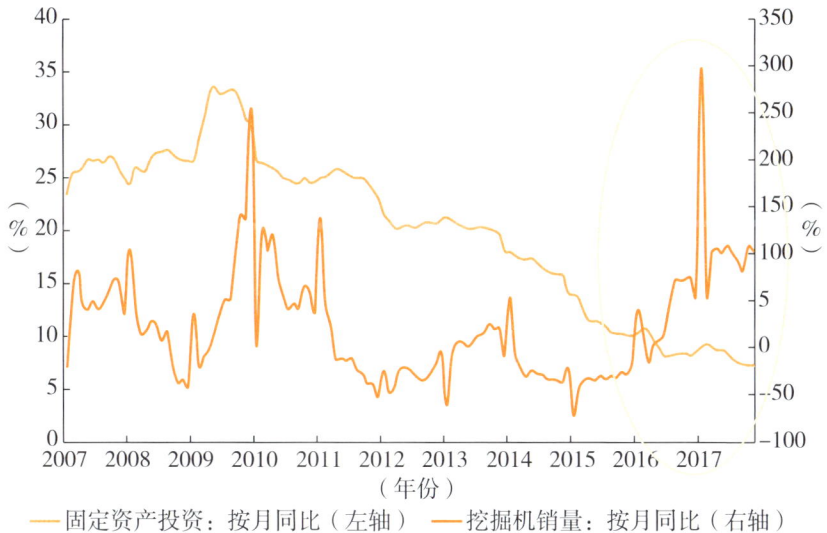

图3-97　2007—2017年中国挖掘机销量与固定资产投资同比增速

资料来源：Wind。

第二，2016年前后，中国人口红利拐点的迹象已经较为明显（见图3-98），机器对人工的替代效应越来越强。以挖掘机为代表的工程机械设备迎来了巨大需求。

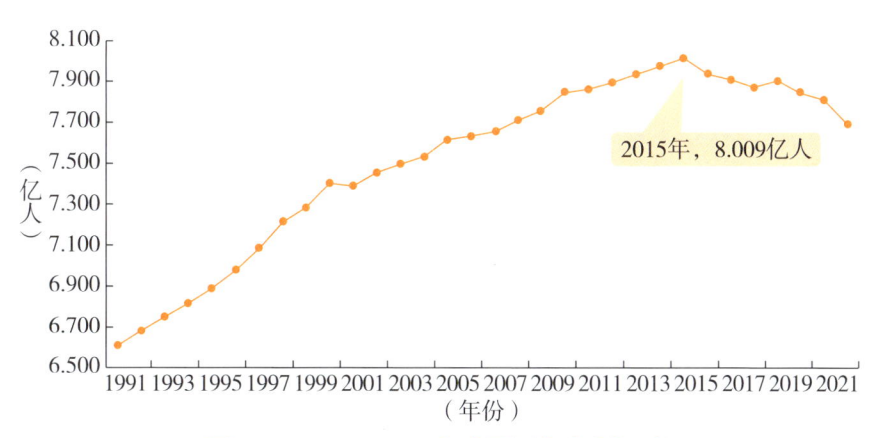

图3-98　1991—2021年中国经济活动人口数

数据来源：Wind。

迈向千亿之路

第三，2016年开始供给侧改革启动，对传统高能耗产能的出清，和对环保要求的日趋严格，触发了能源结构调整的浪潮，历史上以柴油为主要燃料的重型机械行业迎来了一波技术迭代周期。

第四，以印度、东南亚为代表的新兴海外经济体高速增长，海外业务的需求成为驱动行业成长的一个重要因素。

以上因素，都使新一轮产业周期和上一轮周期呈现明显的差别，即新一轮产业周期与国内宏观经济走势的相关性更弱，甚至呈现互相背离的特点。行业逻辑也从全行业总量增长，变为存量结构优化。正是这样的特点，使驱动行业内企业成长的核心动力从大干快上的产能投放，变为技术创新和海外渠道建设。

"全球化"+"数智化"+"低碳化"，成为三一重工的新一轮增长引擎。

2018年，三一重工以"要么翻身，要么翻船"的决心，坚定不移地开始了数智化转型。彼时三一重工的数智化转型，可谓大象转身。

其实早在2016年，一家以工业互联网为主营业务的公司已低调成立，创始人为梁稳根之子梁在中。这就是后来工业互联网行业炙手可热的独角兽——树根互联。其主要业务就是智能制造和产品智能化，一直以来的主要客户正是三一重工。创立后的树根互联招兵买马，为之后三一重工的数智化转型立下了汗马功劳。

三一重工的数智化转型战略可以分为智能制造、智能产品、智慧运营。作为一家资产数百亿规模的重型装备生产者，三一重工的数智化转型自然以智能制造为主。

从2020年开始，三一重工便大力推进"灯塔工厂"建设。这一项目由达沃斯世界经济论坛与管理咨询公司麦肯锡合作开展遴选，被誉为"世界上最先进的工厂"，具有榜样意义的"数智化制造"和"全球化4.0"示范者，代表全球制造业领域智能制造和数智化的最高水平。

截至2021年，三一重工已投资超过120亿元，在长沙、昆山、重庆等产业园先后启动46个智能制造"灯塔工厂"及智能生产线项目，实现近万台生产设备、十几万种物料的实时互联，各关键生产环节无人化、智能化水平大幅提升。到了2022年底，全球共有"灯塔工厂"132家，其中中国的"灯塔工厂"有50家，全球第一。其中，三一重工有2家工厂入选，同时，三一重工还在继续推进31家"灯塔工厂"的建设。

2022年10月，三一重工入选"灯塔工厂"的长沙18号工厂，产能扩大了123%，生产率提高98%，单位制造成本降低29%。在18号工厂，每台泵车从原材料起就有一张专属"身份证"，由"工厂大脑"全程智能调度，实现"一张钢板进，一台泵车出"的智能制造全要素落地。基于树根互联工业互联网平台，18号工厂全部9大工艺、32个典型场景都已实现"聪明"作业。遍布工厂的1540个传感器和200台全联网机器人，每天能产生超过30TB的大数据，相当于一座20万人口的县城一天产生的手机网络流量。2021年，该工厂实现人均产值1471.13万元，每平方米效益15.4万元，领先全球。

除了在制造方面下功夫，三一重工数智化转型的重要抓手树根互联还开发了以自主可控的工业互联网操作系统为核心的工业互联网平台——根云平台，给每一台外出作业的挖掘机安装上机载控制器、传感器和无线通信模块，设计出了全球首台5G遥控挖掘机、无人起重机、无人压路机等智能设备，进而实现了产品智能化。

在智能产品的基础上，借助大数据和物联网技术，挖掘机每挥动一铲、行动一步，都会形成一条数据。当大量的基础数据汇总起来，就形成了反映国民经济的一个重要指标——"挖掘机指数"，公司也因创立该指数收到国务院的致谢信。

彼时的三一重工，内部不同业务系统之间相互独立、各自为政，再加上生产设备繁多、缺乏统一的App对生产流程进行管理，导致生产效率较为低下。因此三一重工分别对研发、制造、营销三大核心业务进行智能化升级，自主开发了多款软件优化业务流程。尤其是在研发方面，在建立了高水平的人才团队的同时，开发了高效的研发设计平台。除了主要的业务流程，人力资源、财务等行政工作也进行了全面的信息化。

与数智化同步推进的，是全球化战略。2015年，公司海外销售收入突破100亿元，在公司整体收入中的占比达到44.2%，在国内业务周期性衰退的背景下，海外业务起到了重要的支撑作用。随着"一带一路"倡议的逐步推行和实施，工程机械行业作为中国对外投资最重要的载体取得了快速发展。

在低碳化方面，三一重工从2018年开始启动电动化的全面研发。2021年，三一重工成立新能源技术委员会，同时在各事业部成立专门的电动化科研团队与子公司。截至2022年，公司在电动化方向的研发人员已达1600人（技术人员总共7466人）。

"三化"驱动下的三一重工，在从2016年开始的新一轮产业周期内取得了高速增长，2020年营收突破1000亿元，净利润约160亿元，如图3-99所示。

随着收入规模的快速放量，公司团队规模却没有较大变化，员工人数和10年前相比大幅减少，生产人员占比明显下降，而技术人员占比明显提升，如图3-100与图3-101所示。数智化给人效带来的提升显而易见。

也正是在这一轮新周期中，三一重工以其在挖掘机领域一枝独秀的优势，以及在数字化方面的卓越成果，与其长期竞争的两大友商拉开了差距。2021年，三一重工以1069亿元的营收和123亿元

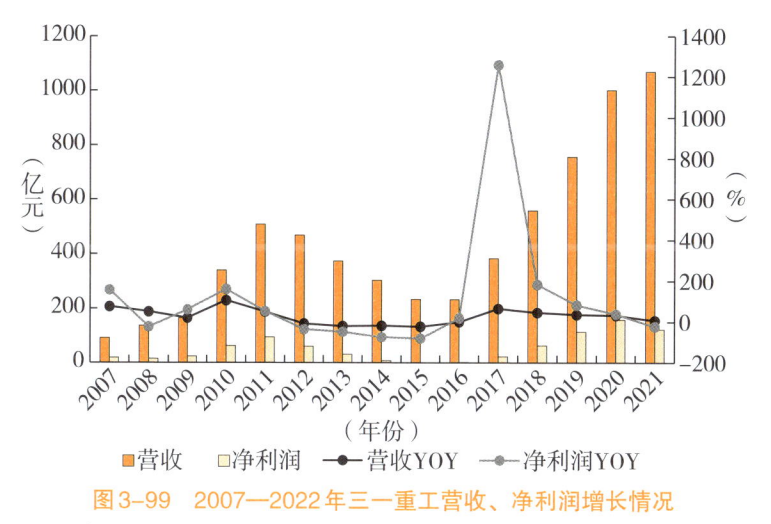

图3-99 2007—2022年三一重工营收、净利润增长情况

数据来源：Wind。

图3-100 2011—2022年三一重工员工规模

数据来源：Wind。

的净利润傲视群雄，成为中国工程机械行业无可争议的龙头，如图3-102所示。

从2017年开始，A股启动了一轮蓝筹行情，尤其是随着越来越多的外资涌入A股，三一重工作为工程机械行业的龙头股票，毫无

图3-101　2011—2022年三一重工员工结构

数据来源：Wind。

图3-102　1993—2021年三家企业营收对比

数据来源：Wind。

疑问地受到资本的热烈追捧。

从2016年到2021年，在这5年的新周期中，三一重工录得营收增长3.6倍、净利润增长74倍的佳绩。而市值更是在全球流动性充沛的2020年、2021年取得了超过10倍的超级涨幅，2021年2月，公司市值达到历史性高点：4066亿元，如图3-103所示。

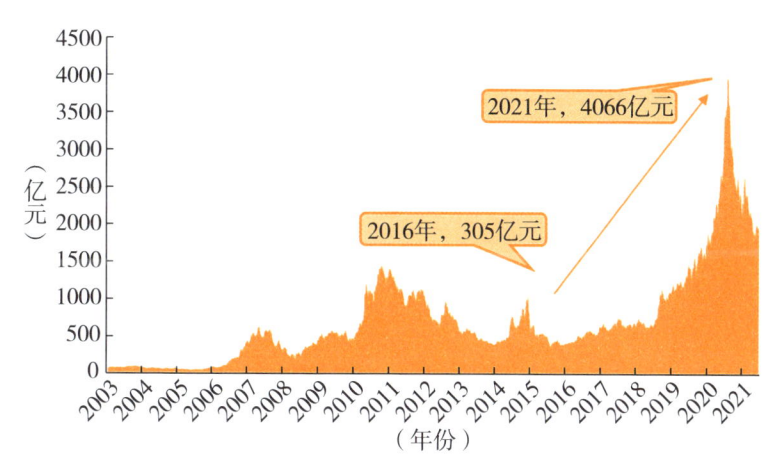

图3-103　2003—2021年三一重工市值走势

数据来源：Wind。

2022年，新一轮周期的拐点出现，叠加国内疫情和宏观经济不景气，三一重工的国内业务在2022年遭遇断崖式下滑，营收从787亿元跌至415亿元（见图3-104）。然而，公司的国际业务逆势取得了大幅增长，2022年录得366亿元的收入，同比增长超47%。这个业绩，足以证明三一重工在国际化战略上的巨大成功。

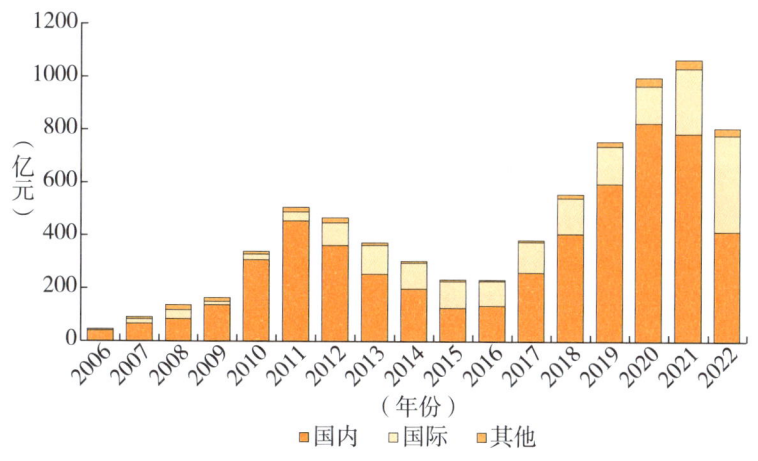

图3-104　2006—2022年三一重工收入构成情况

数据来源：Wind。

迈向千亿之路

同时，在美元加息，全球资金退潮的背景下，三一重工的市值从峰值迅速回落，截至2022年底，收盘于1342亿元，如图3-105所示。

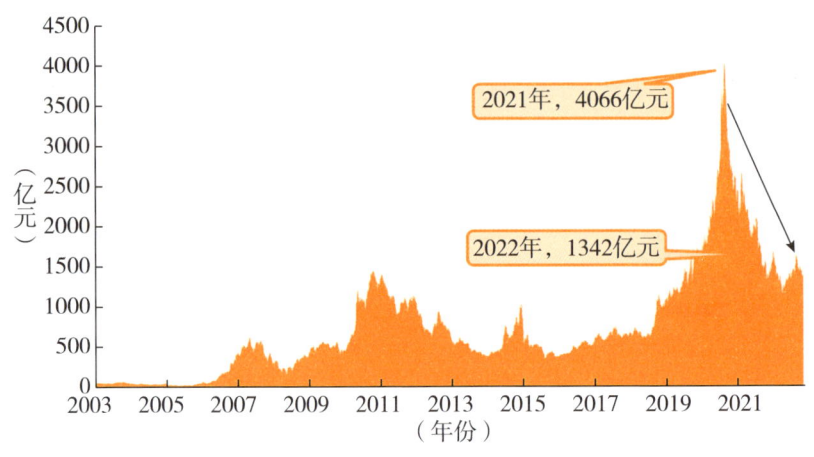

图3-105 2003—2022年三一重工市值走势

数据来源：Wind。

如果我们完整复盘三一重工的估值，可以发现，2022年PS、PB基本回到了历史最低点，如图3-106所示。

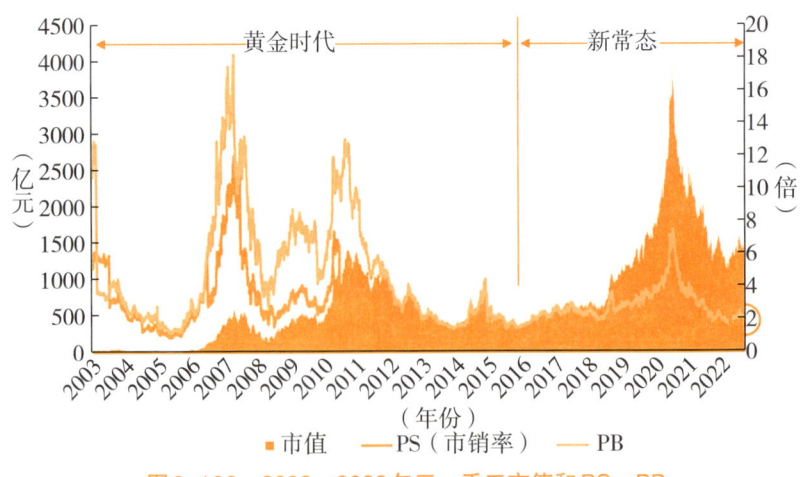

图3-106 2003—2022年三一重工市值和PS、PB

数据来源：Wind。

这种估值水平的回归，同样发生在钢铁、煤炭、有色、水泥等行业，这是不可避免的宏观周期，三一已经不是第一次经历。

6.企业的时代与时代的企业

毫无疑问，工程机械行业的成长，与我国基础设施建设的宏观周期密不可分。在过去30多年的时间中，中国完成了人类历史上规模最大的城市化进程，基础设施建设投资以接近年化20%的速度在高速增长。这意味着行业中的企业只要跟上行业的发展就能取得高速成长，行业龙头的增速会更高。加上工程机械行业具备明显的行业周期，这就使得在周期性景气阶段，行业中的龙头企业将一飞冲天，从而快速建立起竞争优势和壁垒。从三一重工历次周期性景气阶段的表现，都可以明显地看到这样的趋势。1995—2019年我国基础设施建设投资完成额及同比增速如图3-107所示。

图3-107　1995—2019年我国基础设施建设投资完成额及同比增速

数据来源：Wind。

因为有中国经济高速发展的大盘，才有了以三一重工为代表的这波工程机械龙头企业的快速崛起。截至2022年底，全球前10大工程机械企业，中国占三席，如图3-108所示。要知道，卡特彼勒

迈向千亿之路

成立于1925年,小松成立于1921年,三一重工成立于1994年,中联重科成立于1999年,徐工机械成立于1993年,中国企业用了30年时间,走完了国外企业100年的路,其背后,自然是强大的中国动力。中国龙头VS全球龙头的营收情况如图3-109所示。

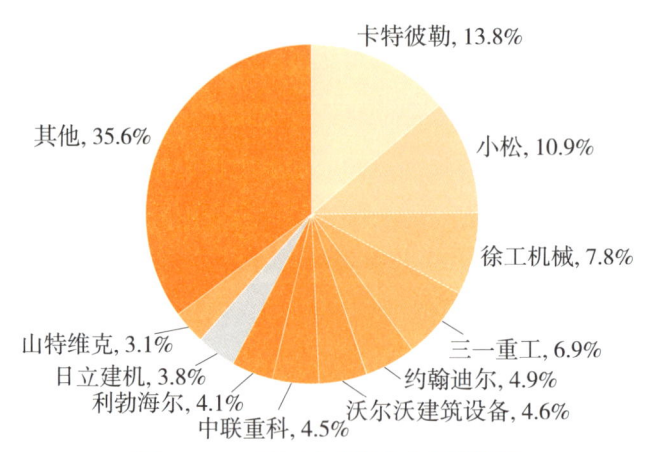

图3-108 2022全球前十大公司份额

数据来源：Wind。

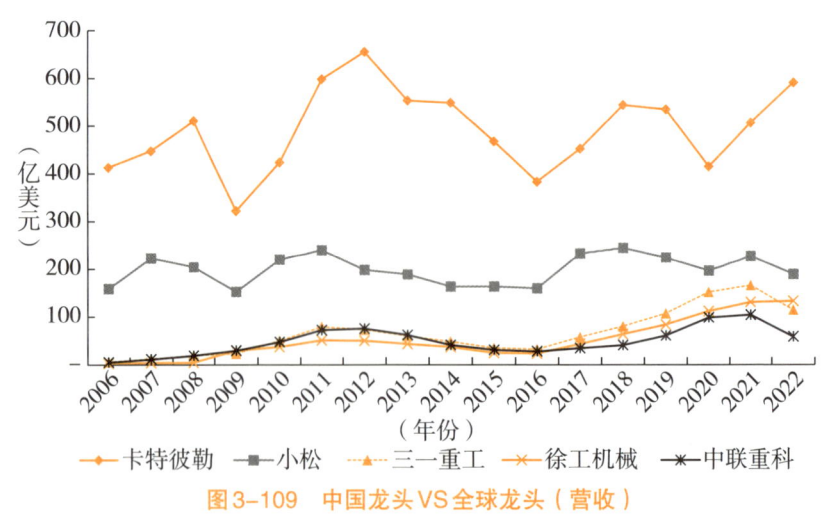

图3-109 中国龙头VS全球龙头（营收）

数据来源：Wind。

第三章 迈向千亿之路

从三一重工所经历的两波大的产业周期来看，其背后分别是两波大的商业浪潮：中国投资驱动的内需增长和以"一带一路"为代表的全球动力。

在内需增长阶段，中国企业完成了技术、人才、资本的积累，实现了体量和吨位上同国际企业一较高下的可能。在产业起步阶段拥有中国的人口红利，在产业升级阶段拥有工程师红利，正是在这样的红利加持下，三一重工等中国企业才能在全球市场攻城略地，所向披靡。

2003—2020年5家企业的挖掘机市占率如图3-110所示。

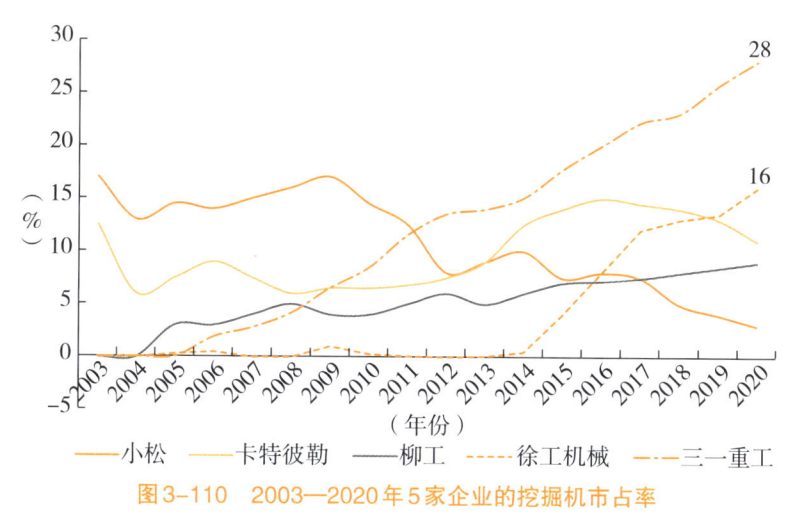

图3-110 2003—2020年5家企业的挖掘机市占率

资料来源：CCMA挖掘机械分会。

市占率的不断上升，让三一重工的国际业务营收占比从2020年起持续上升，2020年三一重工国际业务占比还是14.1%，到了2023年上半年，三一重工的国际业务收入占比已经突破50%达到了56.3%，并且国际业务毛利率也达到31%，同比提升了4.66%，实现了历史性的跨越，三一重工正在朝着全球龙头的目标进军。

回顾过去激动人心的30年，无数英雄人物曾在某个阶段独领风骚，海尔、联想、美的、娃哈哈、农夫山泉、阿里、华为……这些企业都曾是一个时代的天之骄子，甚至可说引领了那个时代。

可是，把企业的成长命运和时代的发展轨迹叠加在一起看，才发现哪里有什么企业的时代，无非都是时代的企业。

7.回顾千亿之路

三一重工的千亿之路，可谓是一波三折，可以用图3-111来回顾。

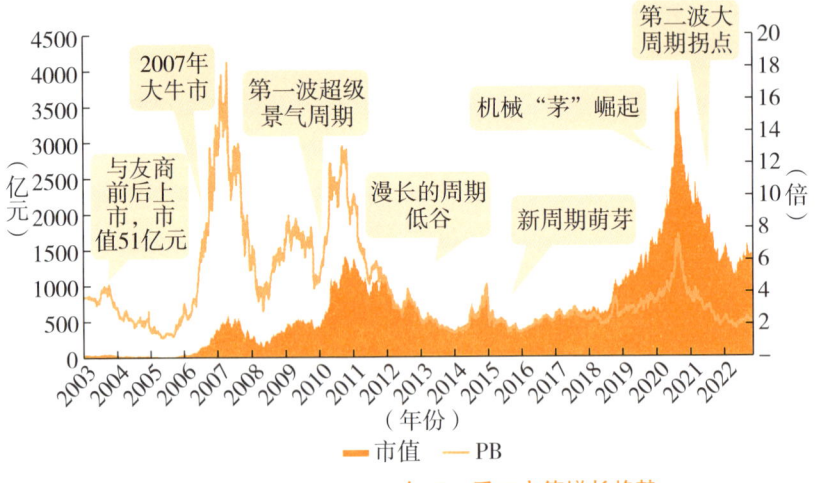

图3-111　2003—2022年三一重工市值增长趋势

三一重工的成长道路，多少显得有些曲折。在其身上我们可以看到深深的时代印记。从上图中曲折的估值曲线可以很明显地看出，属于工程机械行业的黄金时代已经过去了，在2007年至2011年那个资本市场刚刚经历了股权分置改革，企业轻装上阵全力奔跑的时代，中国经济狂飙突进，三一重工是被那个时代选中的企业。

随着中国经济进入新常态，资本市场也越来越成熟，TMT（技术、媒体和通信）、新能源、医药等越来越多的行业明星悉数登场，工程机械作为行业焦点的时代逐步过去，市场估值逐渐归于平淡。可是，在新的周期中，三一重工凭借全球化、数智化、低碳化方向的卓越成绩，证明了自己的地位，资本市场也给予机械"茅"应有的光荣。

从业绩表现来看，三一重工的成长之路呈现出了明显的周期特性，如图3-112所示。

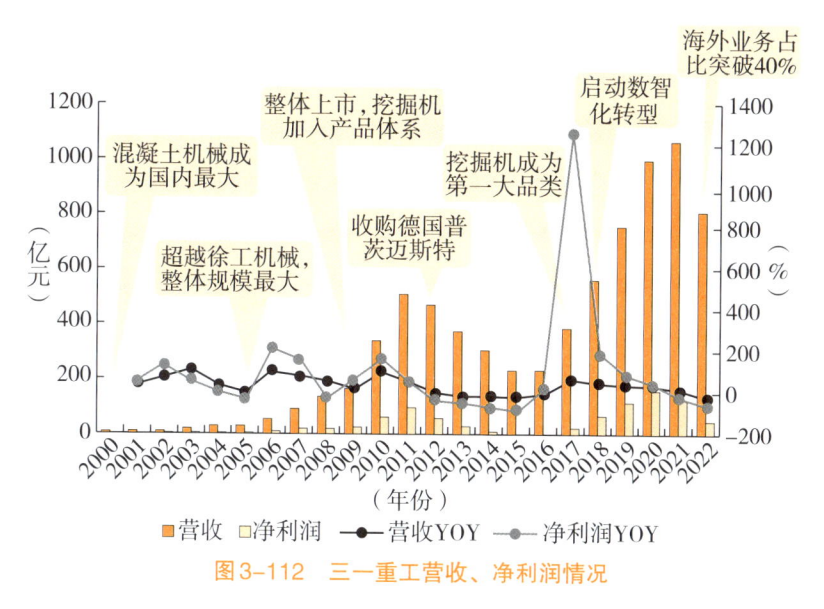

图3-112 三一重工营收、净利润情况

很多行业都有周期性的特点，可是在周期中实现跨越式的成长并不容易。无论处于行业的何种阶段，都应该保持长远的战略眼光，做难而正确的事情。周期性的下滑并不可怕，重要的是，当机遇重新来临的时候，以最好的姿态做好准备。三一重工在反复的周期穿越中，已经数次证明过自己，无论行业周期如何起伏波动，它永远是优秀的那个。

从现金流情况来看，三一重工有几次大的筹资行为，但是实际拆开来看，2011年和2022年这两次大的筹资行为均为债务融资。公司来自资本市场的股权融资非常少，仅有2003年IPO和2007年增发有两笔较大的股权融资，支撑了公司早期的发展，但随着经济增速放缓，三一重工的现金流也逐年萎缩，好在随后发行的45亿元可转

迈向千亿之路

债有效地补充了流动资金,推动了三一重工接下来一段时间的增长,如图3-113所示。

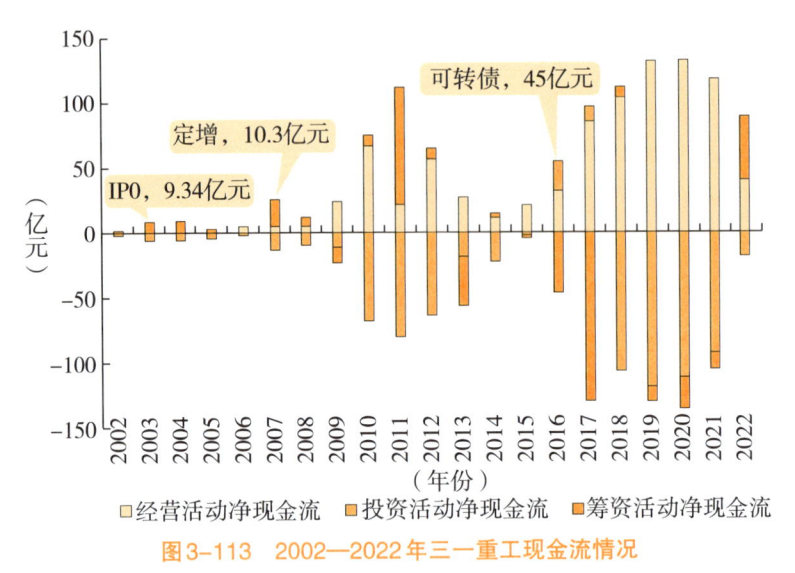

图3-113　2002—2022年三一重工现金流情况

数据来源：Wind。

2023年是三一重工成立30年,在A股30年的企业已经算是资历很深了。在今天群星璀璨的千亿企业中,三一重工不是最耀眼的,新能源、高端制造、医药……有更多年轻的企业已经走到了舞台的中央。和其他企业相比,它仿佛从更远的过去穿越而来,可是,经过两轮大的产业周期,它至今依然屹立于产业之巅,足以证明"国之重器"的分量。三一重工,依然年轻。

1995年,在长沙产业园投产的前一天晚上,梁稳根对209名员工说:"这是一个重要的战略节点,这是应该记住的美好一天。"他本来想给大家发一块牌子,但时间仓促,就安排人制作了一批白条"兑奖券",并郑重承诺:三一每取得一个重大的发展里程碑,就对持有"兑奖券"的员工予以重奖。

1996年,白条"兑奖券"被换成了铜牌。

第三章
迈向千亿之路

2003年，三一重工上市，每块铜牌成功兑现1万元现金，并更换为24K黄金打造的"金牌"，这些员工因此被称作"金牌员工"。

2007年，三一集团突破100亿元大关，销售额达到135亿元。2008年2月29日的三一节晚会上，梁稳根再度兑现承诺，给在职的金牌员工每人"兑奖"10万元。同时，梁稳根许诺，当集团销售额突破1000亿元时，金牌员工将获得每人100万元的奖金。

2008年，三一重能成立并于2022年上市，主营风力发电机组制造，成为三一集团旗下第二家上市公司，上市不到一个月市值便突破600亿元。

2009年，三一国际成立并在港股上市，主营矿山设备和物流设备制造业务，上市首日市值达到了148亿港币，截至2023年8月31日，市值已经达到了390.24亿港币，折合人民币361.23亿元。

相比三一重工，三一重能和三一国际的市值要小很多，但截至2023年8月31日，两个上市公司的总市值也达到了724亿元人民币，加上三一重工的1314.57亿元，三一集团旗下三家上市公司的市值总规模达到了2038.57亿元。

2019年，三一集团销售额突破1000亿元。2020年，整体销售额继续增长至1368亿元。

2021年2月28日举办的三一节表彰晚会上，三一集团向一路陪伴公司成长的33名金牌员工派发了每人100万元的巨额奖励，总金额3300万元。同时，梁稳根做出了新的承诺："当三一旗下上市公司市值总值达到万亿时，为每位金牌员工发放500万奖金！"

现在这个时点看三一重工的市值，4000亿元像是一座孤独的山峰，可是山峰，迟早会被再次征服。历史上，三一重工所有的承诺都兑现了，这次想必也不会例外。

迈向千亿之路

（五）三花智控——双轮驱动，超级成长

在消费市场上，哪个行业的中国品牌最具全球影响力？

今天可能大家会说手机、新能源车，这都没错。不过这是在中国已经构建出完整工业门类的今天，在中国刚刚开始走向全球的2000年前后，最早让中国品牌建立全球自信的，必然是这个行业——家电。

从老三大件到新三大件，家电对中国人来说是太深的时代记忆。海尔张瑞敏、格力董明珠、美的何享健，这些人是比马云、马化腾、任正非更早的中国第一代创业偶像。然而，大家可能只记住了终端品牌的名字，却很少有人关注到，支撑中国家电产业蓬勃发展的，除了终端品牌，更在于无数产业链企业的持续创新。

三花智控，这家今天全球最大的制冷控制元器件和全球领先的汽车空调及热管理系统控制部件制造商，正是众多产业链企业中的佼佼者。

自20世纪90年代空调逐步进入中国普通百姓家庭以来，消费者对空调产品的认知不断深入，品质需求不断提升。早期的空调只能满足降温的需求，而此后空调产品在噪声、省电、防直吹、语音控制、健康灭菌等方面一直在进行持续升级，这背后正是产业链企业的持续创新和不懈努力。

今天的三花智控不仅是家用空调行业最具影响力的元器件供应商，也是众多车企空调和热管理的战略合作伙伴，沿着"热管理"的战略路径，在新能源时代取得了不俗的进展。公司的核心产品电子膨胀阀、四通换向阀、电磁阀、微通道换热器、Omega泵等产品市场占有率常年位居全球第一，截止阀、车用热力膨胀阀、贮液器

等的市场份额居全球前列。

2022年，三花智控营收213.5亿元，净利润26.1亿元，当年8月，市值最高达到1177亿元。

从2005年上市市值不到10亿元，这100多倍的涨幅三花智控走了17年。没有那么多的时代眷顾，没有那么多的模式创新，父子两代人共同掌舵的三花智控，一路走来，靠的只有实实在在的技术创新和用心经营。2005—2023年三花智控市值走势如图3-114所示。

图3-114　2005—2023年三花智控市值走势

1.上阵父子兵，三花萌芽

张道才，1950年出生于浙江绍兴新昌县的一个农村家庭，1969年高中毕业后回村做了小学老师。由于学历高，1974年，24岁的张道才在当时公社农机厂厂长的邀请下，从小学教员变成了农机厂的一名业务员。

当时，公社农机厂是个烂摊子，连年亏损。为了给厂子带来生意，他经常出差，并在和客户打交道的过程中，发现客户有五金件的需求，于是回村后与村大队以及20多个农民一起，创办了名为"红星农机厂"的小五金加工厂。五金加工厂按照客户要求加工螺丝螺帽，短短几年时间，小五金加工厂的年利润做到了6000元左右，解决了厂子的生存问题。

1979年，29岁的张道才被新昌县西郊公社农机厂聘为供销科科长，不久后，西郊公社农机厂更名为"新昌县西郊制冷配件厂"，1982年，32岁的张道才被任命为新昌县西郊制冷配件厂副厂长，负责经营工作。2年后，又被任命为新昌县西郊制冷配件厂厂长。当上厂长后，张道才不甘心做简单的金属加工，他瞄上了冰箱制冷系统的核心零部件电磁阀，四处寻求技术人才。

1984年，改革开放春潮涌动，上海交通大学（简称交大）支持地方发展，陈芝久教授等一批教师应新昌县委、县政府邀请，到新昌考察指导。当时，配件厂还是一家很落后的制冷配件小厂，并没有引起交大教授们的关注。但张道才用一腔诚心和对技术的渴望，打动了交大教授们。陈芝久教授到工厂了解情况后，与配件厂建立技术协作关系，并组成"星火联合体"，热情帮助张道才，从培训员工、引进人才开始，到指导技术攻关，支持配件厂的发展。

有了联合体的技术加持，制冷配件厂从原始的铰链生产开始新型热力膨胀阀、截止阀的生产，产值从1984年的46万元/年起步迅速突破千万。1986年，由联合体研究组研制成功的二位三通电磁阀是国内大容积电冰箱急需解决的关键部件，通过了海尔冰箱测试，填补了国内空白，也打破了国外的技术垄断，企业利润大幅度上升。1987年，企业产值超过了5000万元；1989年，企业产值超过了9000万元。

1994年8月，制冷配件厂以其从事截止阀产品生产的下属的第四分厂的厂房、设备等资产出资，成立三花不二工机有限公司，这正是后来的上市公司三花智控的前身。1994年10月，以制冷配件总厂为核心企业，组建了浙江三花集团公司（简称三花集团）。

第三章
迈向千亿之路

与深受时代局限、错失良好教育机会的张道才不同，其长子张亚波，是妥妥的名校精英。生于1974年的张亚波，毕业于上海交通大学。或许是早有子承父业的打算，张亚波在上海交大选择的是机械制造工艺与设备专业，4年本科期间，还同时修读了低温技术专业，拿了双学士学位。

1996年，22岁的张亚波毕业后留在了上海，应聘到日本东方贸易株式会社，成为该公司驻上海办事处的销售人员，主要负责公司的主营产品机械设备的销售工作。1997年，三花在上海设立"上海三花电气有限公司"（简称上海三花），23岁的张亚波在父亲的安排下任上海三花总经理助理，主管市场销售和新产品开发。

2000年，张亚波回到了三花集团，历任公司各级主要经营管理岗位，在不同的业务线上，竭尽所能地了解公司、熟悉业务。次年，张亚波担任当时的三花不二工机有限公司董事长，全面管理公司的运营和发展。同年，三花集团通过股权转让成为三花不二工机有限公司的第一大股东，三花不二工机有限公司改名为浙江三花股份有限公司（简称三花股份），这一主体正是我们本节的主角——后来的千亿市值上市公司三花智控，而这一名称的修改，也宣告了三花上市征程的正式启动。

彼时的张亚波——这艘即将驶向星辰大海的小船的掌舵人，才27岁。这对父子兵，将在未来的几十年间，分别执掌集团和上市公司两艘大船，打造一个教科书一般的集团+上市公司治理体系。

彼时的三花股份，已经从1994年成立以来的传统主营产品截止阀，向附加值更高的电磁阀、电子膨胀阀等多样化发展，主营业务包括截止阀、单向阀、电磁阀、排水泵、球阀、方体阀等家用和商用制冷空调系列配件产品。三花股份的商用空调产品示意如图3-115所示。

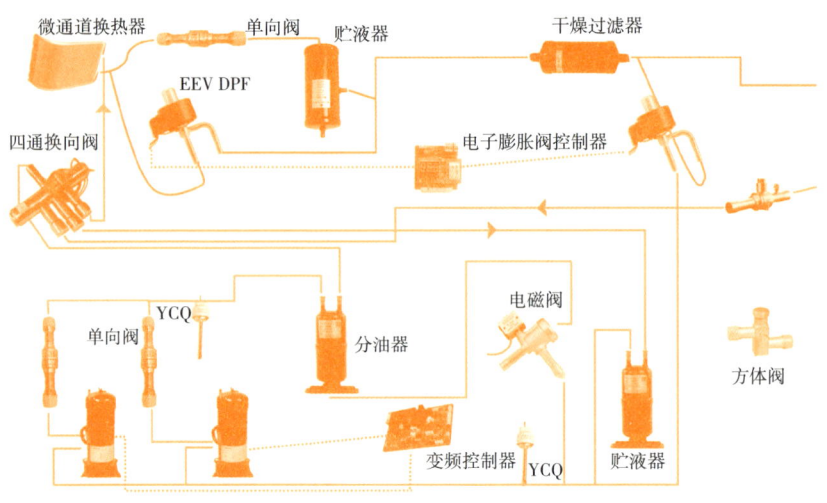

图3-115　商用空调产品示意

资料来源：公司官网。

阀门，可以简单理解为控制气体或液体流动的开关。其中，传统的截止阀是最普通的，可以理解为是一个机械开关，需要手动操作或电动传动轴来控制阀门的开闭。而电磁阀、电子膨胀阀等其他产品则涉及通过电磁信号的感应，来控制管道中气体或液体的开闭、流量与流向等。

当时的电磁阀还是有一定的技术门槛的，一般的企业还没有能力批量生产。比如四通换向阀（电磁阀的一种），20世纪中后期以来，美国的兰柯公司就一直垄断着这一产品。20世纪90年代，三花向四通换向阀发起了挑战，前后投入了3000万元研发、试制和生产，可以想象这在90年代是一笔怎样的巨款。1995年，三花的第一条四通换向阀（见图3-116）产线投产，产能30万套，依靠价格优势和本地化服务，获得了海尔、格力、美的、夏普的订单，成为兰柯公司的竞争对手。

这是当时中国制造业崛起和国产替代的常见剧本。中国有便宜

第三章
迈向千亿之路

图3-116 四通换向阀

资料来源：公司官网

的人工，有逐步松绑的改革红利，民营经济如雨后春笋般在各行各业发展起来，家电行业自然是其中最重要的一个组成部分。进口的四通电磁阀180元/个，三花的150元/个，这是中国家电行业的一个小小缩影，也是中国制造即将快速崛起、雄踞全球的序章。

1996年，兰柯公司发现其在中国的市场份额被挤占了，总裁亲自上门，想要以3亿元收购三花。张道才礼貌地接待了兰柯团队，还领着他们游览了当地的大佛寺。但最终他拒绝了收购。张道才知道，找个好产品并不容易，随着空调市场的逐渐成长，四通换向阀将会成为三花的核心产品。对于三花来说，必须有支撑性的产品才能支持企业的长远发展。

事后看来，这种眼光毫无疑问是对的，不过在1996年，面对3亿元而不动心，足见企业家的雄心。

三花凭借成本优势在全球市场步步紧逼，而兰柯公司则节节败退。2004年，兰柯关闭了在美国的工厂，2006年，又关闭了在日本的生产基地。而此时的三花，已经占据了全球四通换向阀市场的50%，销量连续3年全球第一。2007年，三花开始进军兰柯公司的大本营——北美市场,兰柯早已无力回击。同年,三花集团斥资1600万美元,收购了兰柯公司四通换向阀全球业务。

这个价格,居然还不到10年前兰柯欲收购三花价格的1/3。原来商业世界,货币并不是唯一通行的语言,产业实力才是。

当电磁阀在全球披荆斩棘的时候,2004年,三花股份把重心转向了技术难度更高的电子膨胀阀。顾名思义,电子膨胀阀可以根据不断变化的电信号更精准地控制气体流量,是变频空调的核心零部件之一。但与传统的热力膨胀阀相比,电子膨胀阀的调节精度更高、反应更灵敏,因此工序繁多、结构精密,工艺精度要求也更高。

投入重金的自主研发是一种倔强,是要争一口气,也是雕刻在优秀企业基因中的精神气质。2004年,三花股份成功研制出第一代电子膨胀阀,并具备量产能力,随即开始第二代、第三代电子膨胀阀的研制,持续打破国外技术垄断,支撑了企业的长久发展。

2005年6月,深交所的钟声响起,三花股份成功登陆资本市场,股票代码:002050.SZ。此时三花股份的成绩单是:2002年,主导产品截止阀已经实现了国内市场占有率32.1%,居国内第一名,国际市场占有率13.6%;2003年和2004年截止阀销量继续保持67%和74%的高速增长;附加值更高的电磁阀、电子膨胀阀均已批量供货。截至2004年12月31日,三花股份主营业务收入3.6亿元,净利润4207万元。

首发募集资金2.21亿元,上市首日市值9.49亿元。和本书中其余动辄超募数十亿元,市值几十亿元的公司相比,这个体量起点可谓最低,但三花股份的千亿之路,正是从这不到10亿元的起点正式启程的。

2.整体上市,全新起点

上市之后,年仅31岁的张亚波任三花股份的董事长、法定代表人，张道才则任三花集团的董事长。

在大家的眼中，张亚波被视为三花集团的接班人，但是对张亚波而言，他从来没将自己定位为接班人，而是将自己定义为三花事业的看护者。他一直跟父亲讲，这家企业就是你儿子，是我的兄弟，我会把"他"看好了，照顾好"他"。在张亚波眼里，在整个三花，在张道才整个家族当中，张道才是老爷子，是三花的"总设计师"，而自己是长兄，是守护者。

在生活中，张道才是张亚波的人生和事业导师；在市场中，三花集团扶持三花股份不断壮大。这种集团和上市公司的成功互动，将成为中国资本市场教科书式的成长模式。在三花股份的成长历程中，至少经历了三次集团对自己的资产注入，扶持三花股份坐上了千亿宝座。

上市之初，三花股份面临单一产品的风险，其产品截止阀、单向阀、电子膨胀阀、电磁阀、排水泵、球阀和北美截止阀（方体阀）等七大类产品均为制冷空调器的零部件。其中，主导产品截止阀在2003年至2007年的销售收入在主业收入中的占比一直维持在60%左右。与高技术壁垒的电磁阀和电子膨胀阀相比，占公司营收一大半的截止阀成本较低，生产难度不高，产业的升级是当时的上市公司面临的最重要课题。2003—2007年三花股份营收构成如图3-117所示。

21世纪的第一个10年，正是中国加入WTO之后，全球制造业产业链向中国快速迁移的阶段。在制冷行业，当时众多跨国公司相继把制冷产业的生产基地转移到中国，这给国内制冷零部件企业的发展提供了庞大的空间，中国逐渐成为全球制冷基地。

在上市公司三花股份如火如荼扩大电磁阀与电子膨胀阀产能的同时，三花集团基于空调制冷业务完成了制冷全产业链的业务布局。

迈向千亿之路

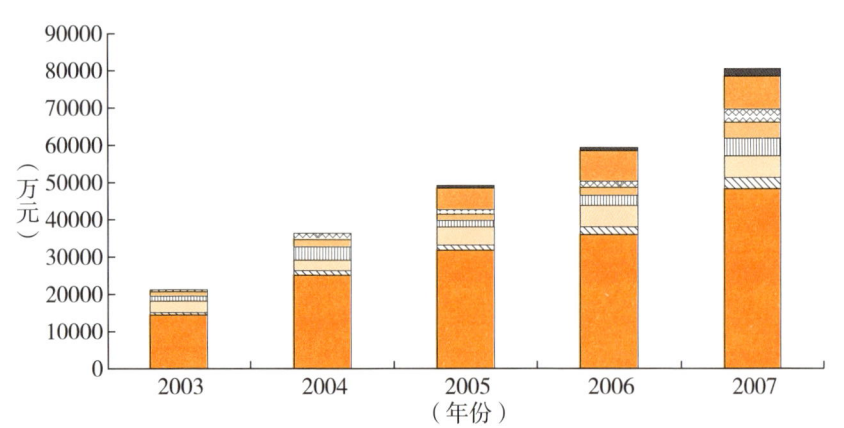

■截止阀 ▨单向阀 □电磁阀 ▥电子膨胀阀 ▤排水泵 ▨球阀 □方体阀 ■其他

图3-117　2003—2007年三花股份营收构成

数据来源：公司公告。

2008年，三花股份为了避免与三花集团之间的同业竞争，收购了三花集团所持有的三花制冷集团、新昌县四通机电、新昌县三元机械、三花国际（美国）和日本三花等5家标的公司的股权，实现了"三花"制冷产业的整体上市，如表3-22所示。

表3-22　5家标的公司情况汇总

公司名	交易比例（%）	总资产（亿元）	净资产（亿元）	营收（亿元）	净利润（亿元）	主营业务
三花制冷集团	74	10.40	4.16	14.42	1.26	制冷设备、自动控制元件、机械设备、家用电器、检测设备、仪器仪表制造与销售
新昌县三元机械	100	0.43	0.39	0.64	0.10	生产销售制冷机械配件、电器配件
新昌县四通机电	100	1.20	0.61	1.52	0.11	生产销售铜管、铜棒、电器元件、机械配件、制冷配件

续表

公司名	交易比例（%）	总资产（亿元）	净资产（亿元）	营收（亿元）	净利润（亿元）	主营业务
三花国际（美国）	100	1.81	1.16	4.40	0.46	制冷空调设备和部件、自动控制元件的销售
日本三花	100	0.78	0.46	1.38	0.03	制冷空调设备、自动控制元器件的销售

数据来源：公司公告。

此次收购完成之后，三花集团持有的上市公司（三花控股）股份占比由32.6%上升至71.15%。

在三花股份的发展历程中，这是三花集团与上市公司第一次大规模的产融互动，即三花集团先完成对资产的收购，待经营成熟之后，将核心业务置入上市公司，实现上市公司的业绩和市值增长。

2008年的年报显示，本次重组实现了上市公司规模至少一倍的扩张，关键指标的增长情况如图3-118所示。

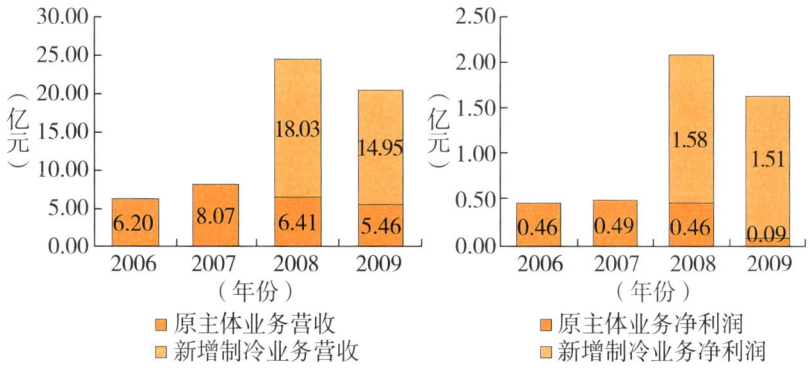

图3-118 新增制冷业务给上市公司营收与净利润带来的显著影响

数据来源：公司公告。

迈向千亿之路

受益于三花集团将制冷产业链整体注入上市公司，三花股份整装待发。2008年成为三花股份制冷业务的一个新起点。发布重组公告之后，三花股份连续5个涨停，市值达到28.8亿元。这个数字算是三花股份真正的起点。

但是天不遂人愿，首战出师不利。2008年，公司的一体化布局刚刚完成，全球金融危机爆发。

三花股份前身是中日合资的企业，加上收购兰柯公司积累的全球化经验，公司一直具有较强的全球化基因。伴随着中国加入世贸组织，更多的中国商品走向世界，三花股份也一直在积极拓展国际市场，与国际著名品牌建立了良好的协作关系，外贸出口增势强劲，国外业务在公司业务的占比有约一半的权重，如图3-119所示。

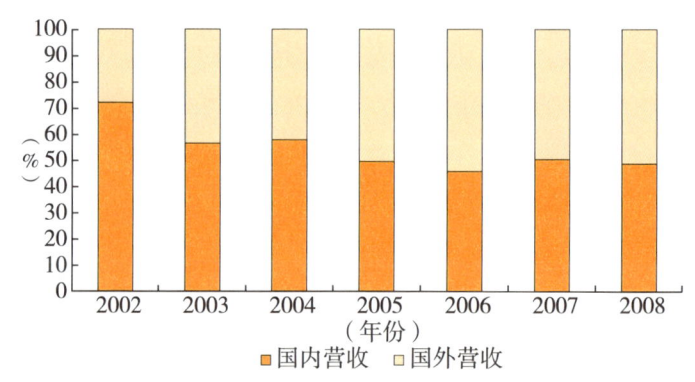

图3-119　2002—2008年三花股份国内与国外业务营收占比情况
数据来源：公司公告。

全球化程度越高的企业，面临的国际风险扰动就越大。这种冲击既包括直接的国外业务收入，也包括全球金融危机背景下国内业务的收缩。2009年，公司的国外业务受到严重影响，国外业务营收9.1亿元，同比下降20.21%；国内业务营收10.6亿元，同比下降9.62%。整装待发的三花股份刚起步就遭遇行业困局。

第三章 迈向千亿之路

幸运的是，国家的需求刺激政策推向了市场，"家电下乡"成为扩大内需最重要的一个政策抓手。

2007年11月15日，财政部发布了《财政部关于开展家电下乡试点工作的通知》，首批家电下乡的产品是彩电、冰箱（包括冰柜）和手机。2009年2月26日，财政部、商务部、工业和信息化部联合发文，加大家电下乡政策的实施力度，将空调、电脑、热水器、微波炉和电磁炉等列为家电下乡产品。至此，家电下乡活动全面展开，空调行业迎来了一波短暂的高速增长期，如图3-120所示。

图3-120　2009—2018年我国空调产量走势

数据来源：Wind。

2010年、2011年国内空调销量同比大幅增加，全行业平均增速达到了近30%。作为空调制冷元器件龙头企业，三花股份的营收大幅增加。2011年，公司实现营收41.9亿元，净利润4.4亿元，如图3-121所示。与刚刚完成重组的2008年相比，营收实现了约71%的增长；与2005年IPO时的体量相比，成长了7.6倍。

2011年2月10日，三花股份市值悄然突破100亿元，如图3-122所示。

223

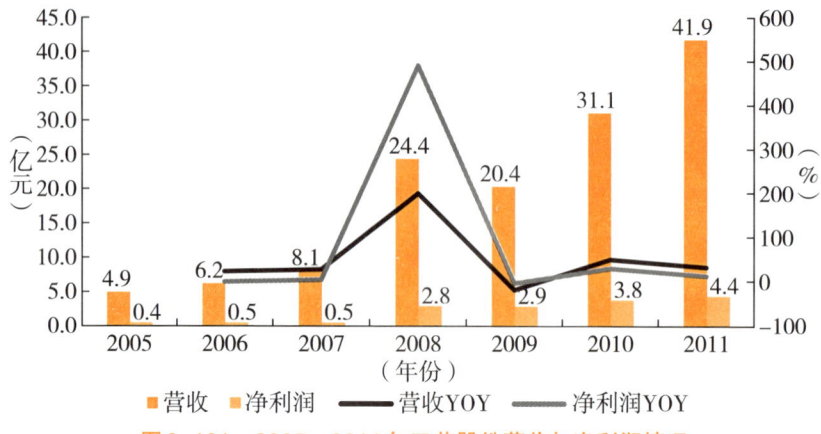

图3-121　2005—2011年三花股份营收与净利润情况

数据来源：Wind。

图3-122　2005—2012年三花股份市值走势

数据来源：Wind。

100亿元，是汇川技术上市第一天的市值，是立讯精密上市不到3个月就实现的目标，而三花股份走了6年。2011年，三一重工已经达到了它的第一个高峰1458亿元，梁稳根还据此成了当年的中国首富。

三花股份，还在默默努力，稳步前行。

3. 并购渡过行业低谷期

如空调产量走势图所示，2012年是整个空调行业的阶段性拐点，其核心逻辑正在于当年取消的家电下乡补贴政策。政策的取消，带来的是整个家电行业的失速，需求的提前透支使行业短期内难以恢复元气，整个空调行业连续多年停滞不前。

而当时三花股份的两大传统业务是四通换向阀和截止阀，全球市场份额分别为57%和35%，分别位列全球第一和第二。但2012年，截止阀内销下滑6.3%，四通换向阀内销下滑15.7%，足见国内需求萎缩之甚。当年公司净利润下降26%。在此背景下，公司迎来了首次戴维斯双杀行情，刚站上100亿元的市值，用了不到一年时间跌回到50亿元。

成长之路就是这么坎坷，上市七八年了，市值还在50亿元，你相信这是一家未来会到千亿市值的公司吗？

困境中，悲观者会找到一万个看空的理由，只有企业家会排除万难，勇往直前。三花股份打出了两张牌。

2012年开始，一波并购浪潮在中国资本市场酝酿。一方面，国内IPO停滞，客观上催生了A股市场的并购需求；另一方面，2010年至2014年是人民币的持续升值周期，大量投资者将并购目标投向了海外。

一开始就具有较好的全球化基础的三花股份，没有错过这次机会。

2013年，三花股份以不超过5000万欧元增资境外子公司，现金收购德国亚威科公司。后者是一家白色家电核心系统部件研发、生产、经营的公司，主要从事洗碗机、洗衣机、咖啡机等家电系统零部件的研发、制造和销售。

2013年，亚威科营收6.7亿元。在被收购前，亚威科已有超过

迈向千亿之路

50年的经营历史，在洗碗机、洗衣机和咖啡机的水加热器领域一直处于行业领先地位，并长期被家电客户视为洗碗机系统部件开发的第一供应商。亚威科的热泵在全球市场占有率排名靠前，其中的某些换热技术增强了三花股份在换热元器件的市场竞争力。亚威科的主要产品如图3-123所示。

掌柜	进水系统	带/不带集成加热器的循环泵
油底壳单元	水软化系统	压力开关
加热泵壳	流量计	管状加热元件

图3-123　亚威科的主要产品

资料来源：公司官网。

这一宗跨境并购成为三花股份渡过行业下滑危机的第一张牌，而第二张关键的牌，则来自三花集团。

空调制冷主要有四个核心部件：压缩机、冷凝器、节流元件、蒸发器。空调的主要工作原理如图3-124所示。

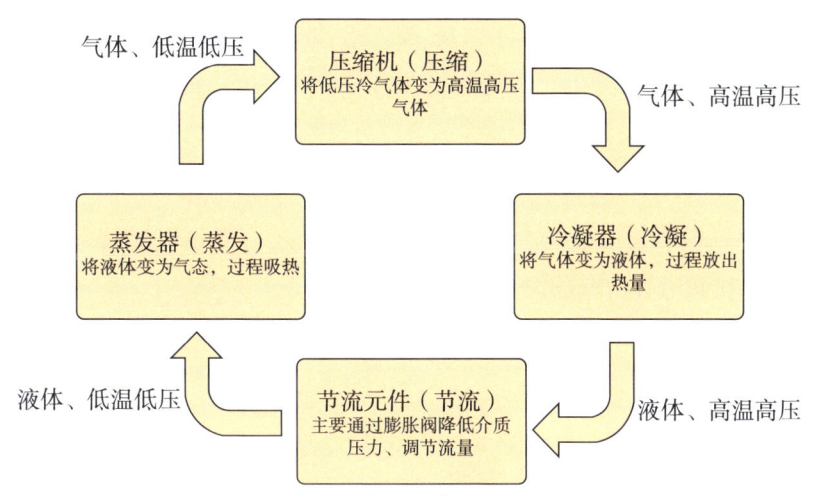

图3-124 空调的主要工作原理

数据来源：Wind。

三花股份的产品（各类阀门）主要集中在节流元件板块，对其余板块涉足较少。三花集团则在换热器和冷凝器板块进行了提前布局，于2006年成立杭州三花微通道换热器有限公司（简称三花微通道），一直从事制冷空调系统微通道换热器的设计、制造与销售，产品包括微通道冷凝器、微通道蒸发器、微通道热泵换热器、微通道水箱换热器等，广泛应用于商用空调、冷链运输及热泵系统等。2014年，三花微通道在国内微通道换热器市场的市占率达到46%，在全球市场的市占率达到31%，稳居第一。

为了完善上市公司制冷业务，为客户提供完整而严格的质保体系，增强公司市场竞争力，2015年，三花股份通过定增从三花集团收购了三花微通道。

收购三花微通道之后，三花股份覆盖了除压缩机以外的主要制冷、空调控制元器件产品，公司的电子膨胀阀、四通换向阀、微通道换热器等主要产品的市场占有率位居全球第一，在行业内占有绝对的规模优势。

迈向千亿之路

受制于前期政策扶持力度太大，空调行业整体趋于饱和。2013—2016年，三花股份的制冷业务几乎0增长，正是亚威科和微通道两张牌，顶住了传统制冷业务行业不景气的压力。2013—2016年，公司实现了营收和净利润年化8.7%和39.0%的正增长。2013—2016年三花股份制冷部分营收如图3-125所示。2013—2016年三花股份净利润增长情况如图3-126所示。

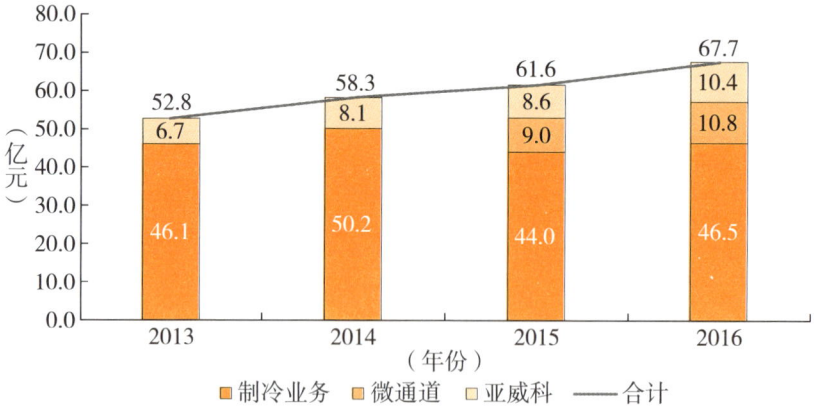

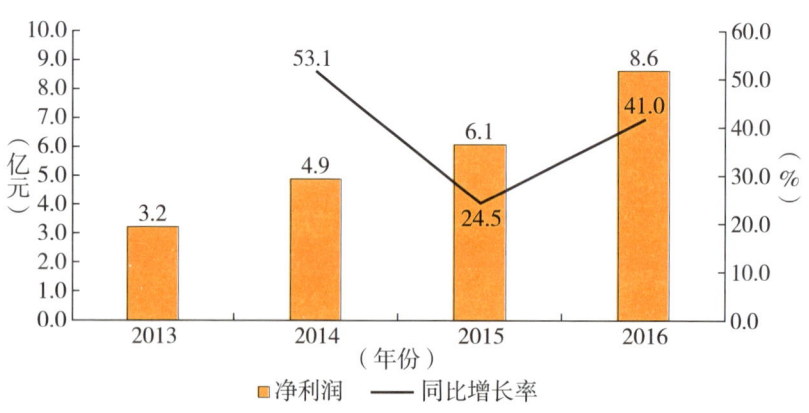

图3-125　2013—2016年三花股份制冷部分营收

数据来源：Wind。

图3-126　2013—2016年三花股份净利润增长情况

数据来源：Wind。

这两宗并购对三花股份的意义远不止财务业绩的提升那么简单，对亚威科的并购使三花股份的产业链从阀门类产品延伸到家电控制部件行业，并直接进入美诺、博世、伊莱克斯等全球家电一线品牌的供应链序列。此外，亚威科与三花微通道在热交换领域的技术积累，完善了三花股份在热管理领域的业务布局。两宗并购坚定了三花股份的战略定位，即以节能减排、绿色环保和智能化控制为前提，专注于冷热转换、温度控制的热泵技术和产品，不断优化升级，拓展和延伸产品应用领域。

众所周知，2015年是全面大牛市，得益于多项主营产品市占率全球第一，在空调行业整体下滑、公司营收没有出现大幅增长的前提下，三花股份市值强劲增长到250亿元。虽然市值随着牛市结束迅速退潮，但2015年，终于可以说三花股份是一家略有规模的企业了。

2016年，三花股份改名为三花智控，宣告了公司进一步的战略雄心——公司将致力于为全球顾客提供富有竞争优势的绿色环境智能控制解决方案，成为智能控制领域的全球领军企业。

与此同时，持续了4年的产业周期低迷终于迎来了转机。2016年，房地产涨价去库存带动了房地产行业的景气。2017年，商品房销售面积16.9亿平方米，比上年增长7.7%；商品房销售额达13.4万亿，增长13.7%。作为房地产下游的家电行业自然享受到了去库存的红利。2017年，全国空调销量同比增长约30%，在此带动下，三花股份的业绩终于迎来了难得的增长，如图3-127所示。

2017年，业绩好转的三花智控迎来了难得的戴维斯双击，市值于2017年底站上了400亿元，如图3-128所示。

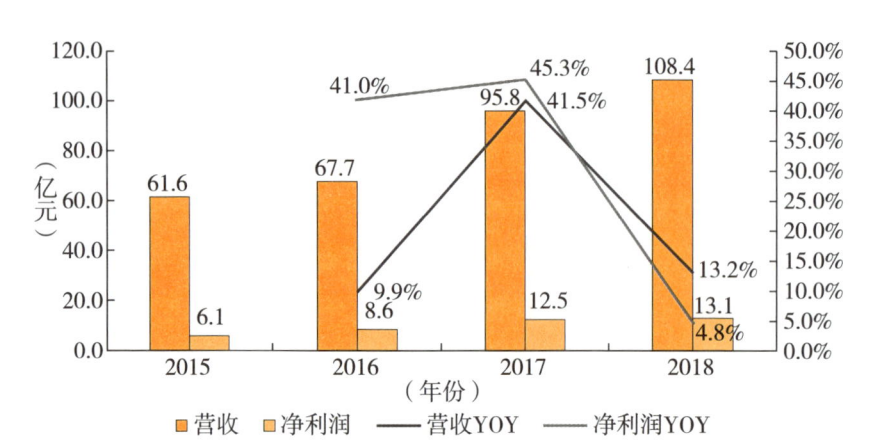

图3-127　2015—2018年三花股份营收与净利润增长情况

数据来源：Wind。

图3-128　2013—2018年三花[①]市值走势

数据来源：Wind。

然而，这次的400亿元，并不只是由传统的家电业务贡献的，三花集团为上市公司孵化的第三个重要资产隆重登场，并且在未来一举将公司带上千亿王座。

---

① 2016年11月三花股份改名为三花智控，为方便叙述，简称三花。

4. 从家电到汽车，新引擎启动

在张亚波带领上市公司凭借电子膨胀阀继续深耕家电领域的同时，其父亲张道才一直带领三花集团在汽车零部件等领域开疆拓土。

三花汽零成立于2004年，主要业务是汽车空调板块业务，初期产品主要为传统汽车核心零部件热力膨胀阀和贮液器等。

2009年，三花的空调电子膨胀阀受益于变频空调受大众喜爱，逐步取代传统热力膨胀阀，市占率达到18.2%。张道才受此启发，思考：电子膨胀阀能否迭代升级，取代车用的热力膨胀阀？于是，三花集团在2009年率先开启了车用电子膨胀阀的研发，经过5年的不断打磨，于2014年实现量产。相比之下，同行业的竞争对手盾安环境在2015年才开始涉足汽车热管理业务，足见张道才的战略眼光。

张道才对汽车热管理的战略判断并非从天而降，这要从2008年的一件小事说起。

2008年，张道才在杭州拜访老友、万向集团的鲁冠球时，发现彼此关注到了同一个领域——电动汽车。在鲁冠球的汽车梦中，电动汽车的核心就是"三电"——电机、电控和电池，万向首先关注的是电池领域。而三花集团由于擅长的是"冷和热的交换"，看上去更适合围绕汽车的热管理做文章。张道才发现，新能源汽车的热管理要求远高于传统汽车，而且，无论是电动、混动还是氢燃料电池，总少不了空调和热管理，这将会是一门好生意。

2010年1月，张道才到以色列访问。他在被访问公司看到了一辆漂亮的电动跑车，询问之后，他知道了那辆车名为Roadster，出自美国公司特斯拉之手。这是张道才第一次听说特斯拉，也是他第一次见到一辆续航里程可以达到300公里的电动汽车。

特斯拉让张道才再一次确认了未来的发展方向：在家电和汽车行业，向智能化控制方向发展，为客户提供完整的技术解决方案。

2017年，三花汽零业务获得汽车行业"奥斯卡金奖"PACE大奖，成为第一个获得此奖的中国供应商，闻名于世界，收入奔驰、宝马、大众等车企订单。

张道才觉得时机成熟了，三花集团孵化的汽零业务算是已经小有成就，注入上市公司时机已经成熟。2017年，上市公司三花智控通过发行股份购买资产，以21.5亿元收购三花汽零，后者当年营收12.1亿元，在三花智控总营收的占比为12.6%。这个占比并不算高，但是在新能源汽车的产业趋势已经逐渐明朗的2017年，资本市场开始看到了三花智控的发展潜力。毕竟家电行业已经是一个增速较为平缓的成熟行业，而新能源汽车行业可是有可能彻底替代燃油车行业的产业蓝海，其规模和爆发力都不是家电可比的。

另一个重要的逻辑是新能源汽车的热管理系统比传统汽车的热管理系统更为复杂，如图3-129与图3-130所示。由于新能源汽车环保要求的升级以及冬季续航里程的要求提升，对汽车热管理系统的技术和性能要求也发生了改变，热管理系统变得更为复杂，由此带来的热管理系统单车配套价值迅速提升。

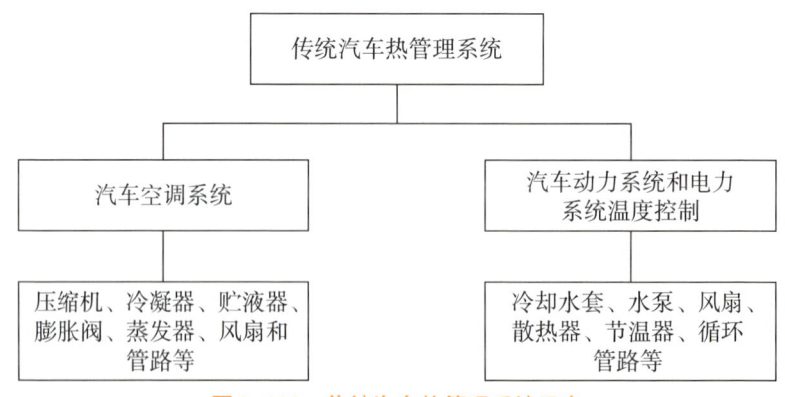

图3-129　传统汽车热管理系统示意

第三章 迈向千亿之路

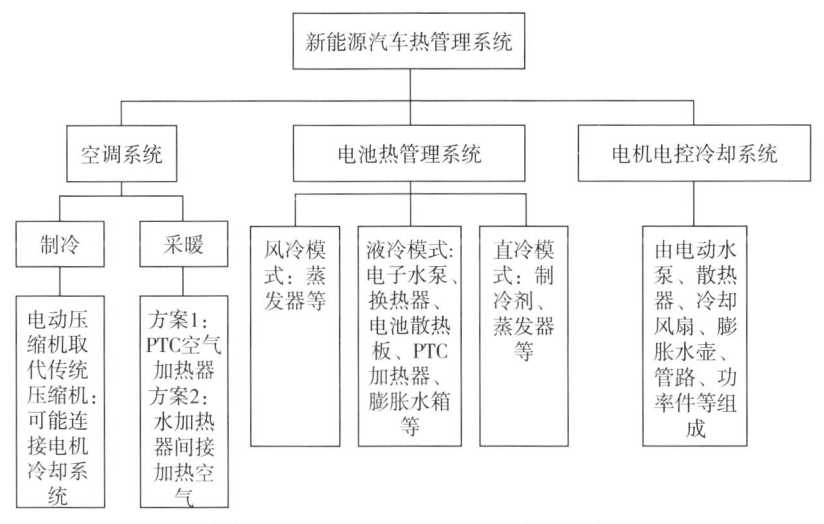

图3-130 新能源汽车热管理系统示意

传统汽车热管理系统单车价值量为2000~3000元，新能源汽车热管理系统的单车价值量能够达到6000~8000元。以2021年为例，三花智控新能源热管理产品的平均单价为213元/只，而传统燃油车热管理产品的平均单价只有6.5元/只。新能源汽车对三花智控来说，毫无疑问打开了新世界的大门。

面向新能源汽车的蓝海，张道才提出，要在新能源汽车热泵空调和热管理系统领域内争取做到世界前三位，为全球著名汽车制造商提供从部件、组件到系统的热管理系列产品，使"百亿三花"向"千亿三花"奋斗和升级。

2017年开始布局的新能源业务在一段时间之内维持着还不错的增速，但也谈不上爆发。而引爆这个行业的，毫无疑问就是2020年国家"双碳"战略的提出。熟悉新能源汽车行业的读者都不会陌生，2020年开始，新能源被提上了全新的战略高度，甚至有"新10年双碳周期取代旧10年房地产周期"的说法，可见市场的火热。不出意外，新能源汽车从2020年开始销量呈爆发式增长，2021年全球新能源汽车销量增速甚至达到了惊人的116%。这可不是一般行业,而是制造业皇冠上的明珠。

不出意外,三花智控的业绩迎来了爆发期。自2017年以来,传统制冷业务一直维持相对平稳的低增速,而5年前占比仅有10.8%的汽零业务则已长成了参天大树。2017—2022年三花智控营收结构拆分如图3-131所示。

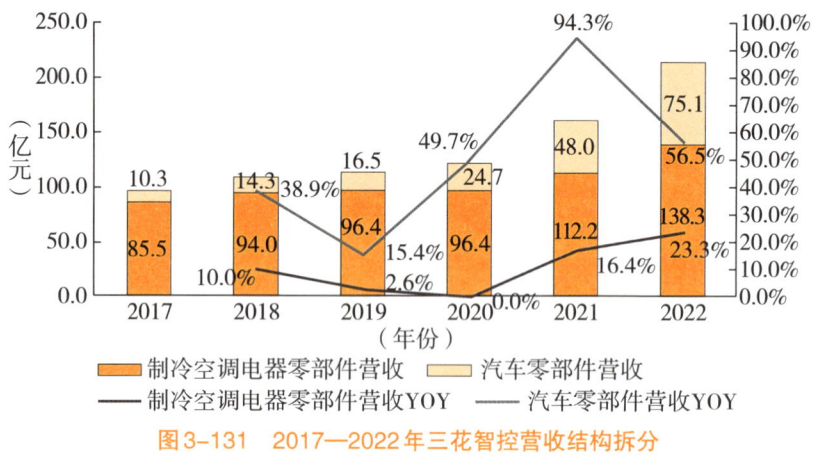

图3-131 2017—2022年三花智控营收结构拆分

数据来源:Wind。

三花智控在新能源汽车热管理系统的布局除电动压缩机与PTC(一种用于新能源汽车制热的半导体元器件)之外,几乎覆盖了阀类、换热器类、泵类及热泵系统的所有零件(见图3-132)。

与一路上扬的业绩同步的,是一路上行的市值。自2017年底首次突破400亿元以来,经过短暂的盘整,2019年开始的新能源行情将公司市值送上了新的高峰。伴随估值的一路上涨,2020年7月,公司市值达到800亿元,如图3-133所示。

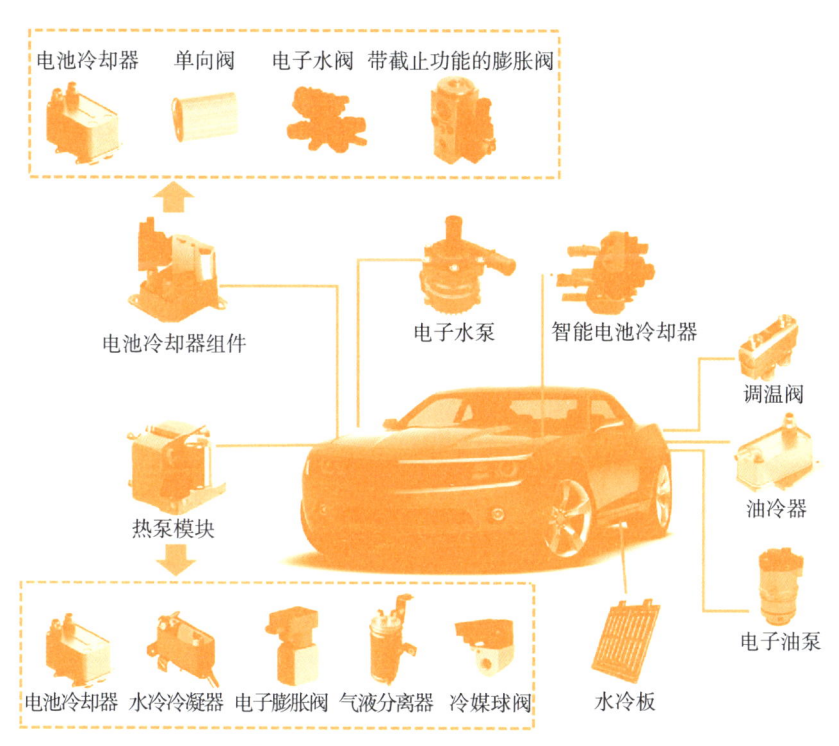

图3-132 三花智控布局新能源汽车热管理系统的产品示意图
资料来源：公司官网。

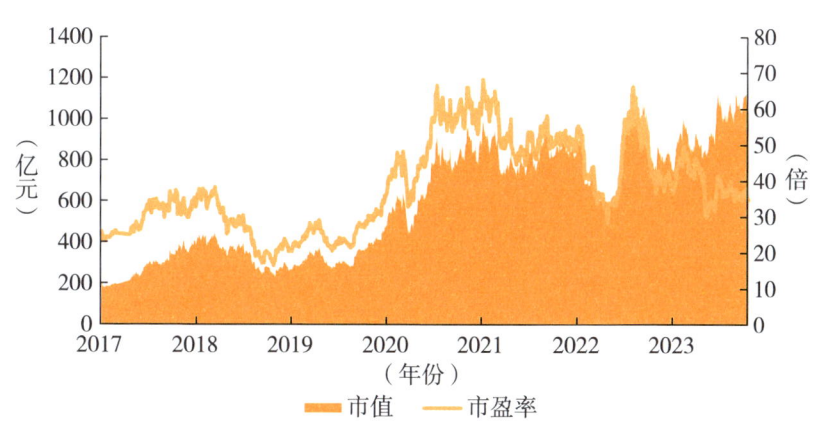

图3-133 2017—2023年三花智控市值走势
数据来源：Wind。

回看，公司从不足10亿元起步，到依靠资产重组达到28.8亿元，到依靠政策红利好不容易触摸到100亿元，又遭遇行业低谷跌回50亿元，公司在100亿元以内这个区间来回纠结了整整10年。而此刻，从400亿元到800亿元仅仅花了2年多的时间。

千亿三花近在咫尺，轻舟已过万重山。

2022年初，因为疫情的原因，公司股价经历了短暂的下滑。2022年4月26日，三花智控发布一季度财务报告，强劲的增长打消了市场的顾虑。2022年一季度，公司营收48亿元，同比增长40.94%，归母扣非净利润4.53亿元，同比增长25.29%。

随后，公司股价迅速反弹。2个月后的2022年6月，三花智控市值正式突破1000亿元。

5.三花的成长密码

三花智控是一家比较典型的供应链公司，这其实是一个比较拥挤的赛道，和很多商业模式有天然优势的企业相比，三花智控的出身只能说一般。

但毫无疑问，站上千亿市值的三花智控已经从众多竞争对手中脱颖而出，从1984年创业时算，三花智控已经即将40岁。经历了一路坎坷，其成功不是没有理由的。而在其诸多成功因素中排首位的，无疑是优秀的企业家对战略方向的前瞻性把握。

三花智控的产品选择逻辑非常清晰，即"小商品、大市场、高科技、专业化"，从其早期切入的电磁阀、电磁膨胀阀等产品就可以看出其战略逻辑，在一个足够广阔的细分市场，靠技术研发建立核心竞争优势，打造单品的绝对龙头地位，并逐步实现品类扩张。之后，公司从阀门类产品切入热交换系统，完善热管理综合解决方案，进而延伸到汽车产业链的发展历程，基本上是上述战略逻辑的忠实演绎。

第三章
迈向千亿之路

本书中最想探讨的核心逻辑是三花智控别具特色的集团公司和上市公司的互动体系。在 A 股的民营上市企业中，集团化的企业不是没有，但是很少像三花智控这样把集团公司和上市公司的互动演绎得如此完美的。从三花智控的发展历程来看，它的几次关键的跨越来自集团的资产注入，分别是：

2008 年，上市后集团公司制冷业务注入，完善了制冷业务布局；

2015 年，三花微通道业务注入，实现了从制冷向热交换业务的扩张，渡过了家电行业低谷期；

2017 年，三花汽零业务注入，新能源汽车业务为公司提供了新的增长引擎。

客观上是这样一个模式：集团公司作为总体方向的掌舵者，负责全产业链布局和新业务孵化，而上市公司作为最成熟的核心业务主体，登陆资本市场负责产融循环。这样，集团公司在上市公司体外孵化新业务，客观上屏蔽了业务不成功的风险，在业务相对成熟之后注入上市公司，并由上市公司负责融资，实现产能和规模扩张，股价上涨之后，集团公司再减持上市公司的股权，回收现金。

这个循环的逻辑如图 3-134 所示。

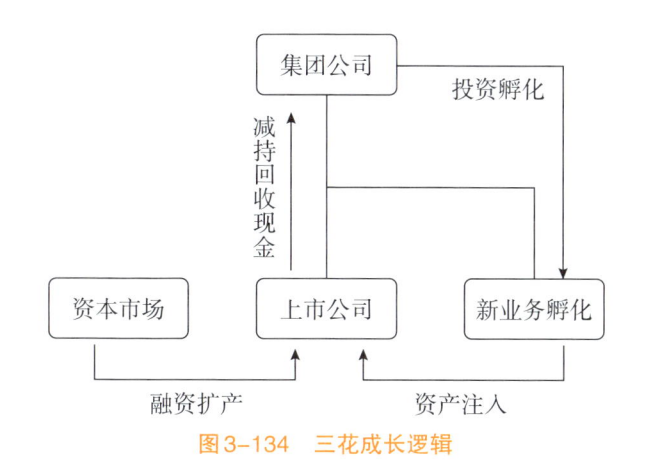

图 3-134　三花成长逻辑

实际上,三花智控的产融循环逻辑,确实是这样演绎的。如表3-23所示,除了IPO和2020年的一次可转债,三花智控面向资本市场的全部融资即为三次资产注入,且每次资产注入都有一定金额的配套融资,用于产能扩张。

表3-23　　　　　　　　　三花智控融资情况

	公告年份	募资总额（亿元）	说明	投资项目
	2005	2.2	市场公开发行	新增500万只截止阀、150万只球阀项目
第一次资产注入	2007	20.1	发行股份购买资产	三花制冷集团、三花国际（美国）等5家公司的控股权
	2010	10	定向增发	新增年产1500万只商用空调元器件、350万只商用空调净化装置、1000万只家用空调元器件、800万只冰箱元器件项目
第二次资产注入	2015	12.8	发行股份购买资产	三花微通道100%的股权
	2015	4	配套融资	用于墨西哥建设微通道换热器项目、新增年产80万台换热器技术改造项目
第三次资产注入	2017	21.5	发行股份购买资产	三花汽零100%的股权
	2017	13.2	配套融资	新增年产730万套新能源热管理系统改造、1270万套汽车空调改造、1150万套新能源汽车零部件建设项目
	2020	30	可转债	年产6500万套商用空调元器件、5050万套节能空调元器件项目
合计		113.8		

数据来源：公司公告。

注：表中数据有修约。

上市以来，三花智控累计向资本市场融资113.8亿元（包括发行股份购买资产），其中，发行股份购买资产共计54.4亿元，可以认为这部分资金是集团前期孵化投入最终的价值呈现。上市以来，集团公司累计减持66.2亿元，如表3-24所示。不仅回收了全部的前期投入，还从股价的上涨中获得了不小的收益。

表3-24　　　　　　　　　集团公司减持情况

公告日期	减持方式	实施年度	减持股数（万股）	减持金额（亿元）
2012-01-18	大宗交易	2012年	1350	2.88
2013-05-21	大宗交易	2013年	2680	2.92
2014-03-05	大宗交易	2014年	2213	2.41
2017-09-15	可交换债券	2017年	25500	28.00
2020-07-18	可交换债券	2020年	21000	30.00
合计				66.21

集团公司在上市公司的持股比例，也在反复的"资产注入—减持—资产注入—减持"的循环中，实现了动态平衡，如图3-135所示。

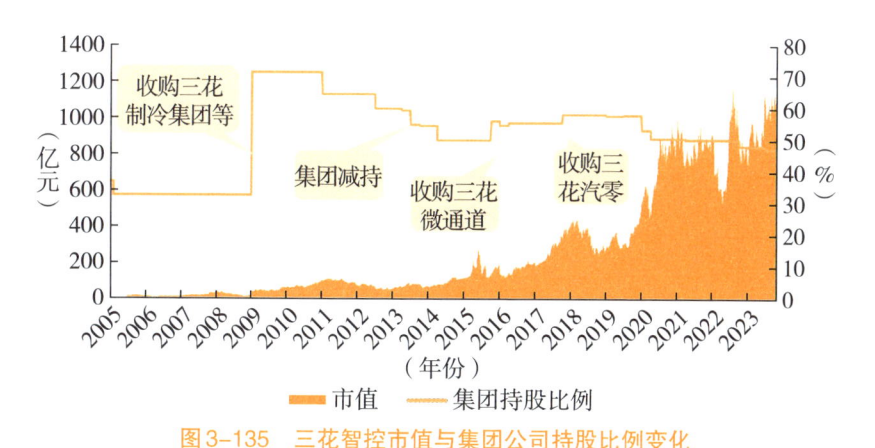

图3-135　三花智控市值与集团公司持股比例变化

数据来源：Wind。

迈向千亿之路

对于很多企业来说，永恒的命题是产业空间的突破，以及产业第二、第三曲线的持续打造。本书中的很多公司，都是单一业务的持续成长，以爱尔眼科最为典型。但天选之子总是少数，绝大部分企业是出生于一个拥挤的赛道，需要持续地打造新的增长极。从这个角度来看，爱尔眼科、东方财富都是天才，而三花智控则是个普通人，但普通人的故事才更值得玩味，不是吗？

6. 回顾千亿之路

回顾三花智控的千亿之路，可以用图3-136来描述。

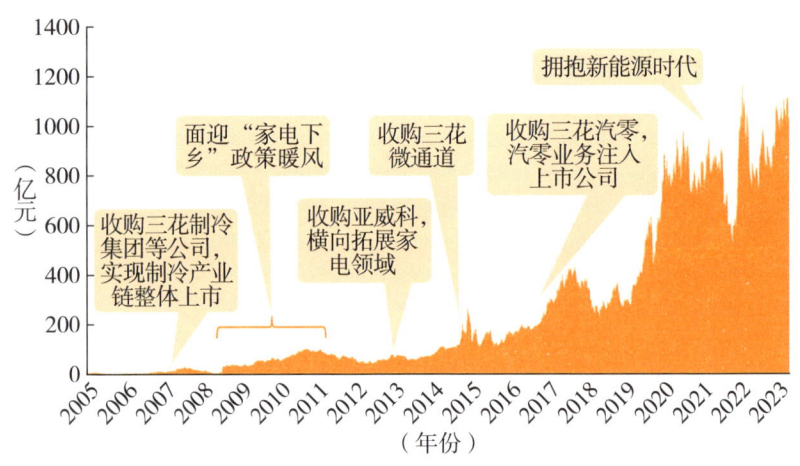

图3-136 三花智控市值增长走势

数据来源：Wind。

三花智控的成长并不是一帆风顺的，相反，一路尽是崎岖坎坷。2008年，制冷产业链整体上市，正准备大干一场，却遭遇了全球金融危机；2010年，借助"家电下乡"的政策红利，险过难关，又遭遇了2012年的行业下滑，关键时刻通过海外并购和集团资产注入渡过了难关；面向新能源的产业机遇，表面上看一帆风顺，其实也是来自从2004年就开始的超前布局。

第三章 迈向千亿之路

没有随随便便的成功，回过头看，确实轻舟已过万重山，但是在每一个悲观的路口，谁又知道需要多么强大的意志力，才能支撑领导者带领团队保持乐观。

从营收与净利润角度来看，三花智控的财务数据也具有特定的时代性，如图3-137所示。

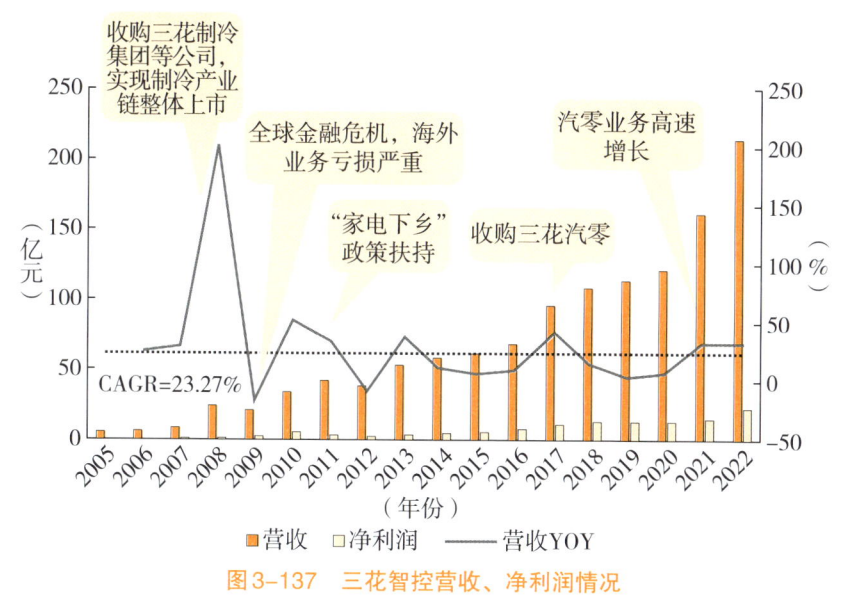

图3-137 三花智控营收、净利润情况

数据来源：Wind。

2008年，制冷产业链整体上市，营收同比增长了203%。把2008年作为新的出发点，除去2009年，公司海外业务受金融危机的不利影响，其余年份，公司的营收均稳步增长。特别是2017年收购的三花汽零业务，在2021年和2022年给公司带来了非常显著的增长动力。

最后是现金流量视角。三花智控有5次明显的融资行为，分别是2005年的IPO、2010年定增10亿元、2015年定增4亿元、2017年定增13.0亿元、2021年发行可转债30亿元，如图3-138所示。几次

241

主要的融资行为，都和集团资产注入相配合，同步进行产能扩张。这种互动模式值得写入教科书。

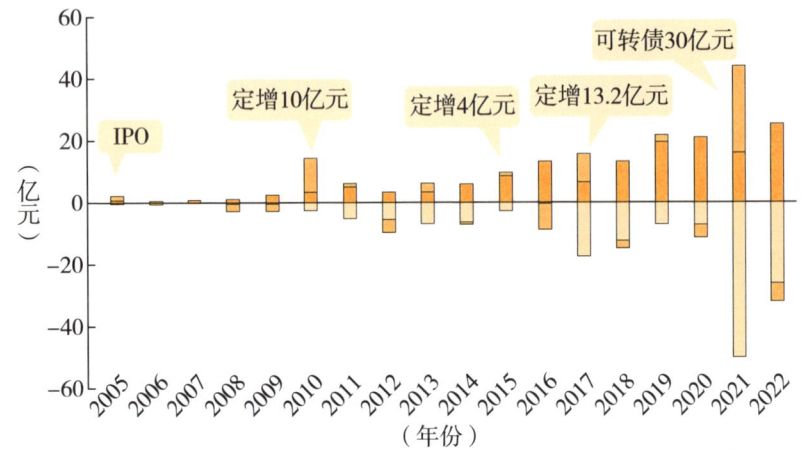

图3-138　三花智控现金流情况

数据来源：Wind。

从不足9亿元，到1000亿元，三花智控用了不到20年的时间。20年说长不长，说短也不短。其中的行业风云起伏，三花智控并不是唯一的行业经历者，但它确是为数不多的行业"剩者"。

三花智控的成功并不是上市公司自身的成功，而是三花集团整体的成功，作为一个商业案例，我认为三花给我们最大的启示，是要跳出上市公司来思考上市公司，回归产业本质来思考整体战略。

这是个朴素的道理，但是，要理解其中的深意又谈何容易。

第三章 迈向千亿之路

（六）立讯精密——精益无尽，创新不止

如果30年后，我们要给2000—2020年这20年的中国经济做产业史，我们会怎么描述这个时代？我想，最准确的描述一定是"中国融入世界"。

2001年中国加入WTO（世界贸易组织）后，快速融入全球化，凭借廉价的劳动力优势和逐步成熟的产业链，迅速成长为世界工厂。在全球分工体系中，从微不足道，到举足轻重，再到今天工业增加值全球第一，工业门类完整度全球第一。

可以说，制造业就是过去20余年中国经济最具代表性的形态，也是中国产业崛起之路上最亮眼的注脚。如果要在中国这个"世界工厂"寻找一个最有代表性的成长范例，那么立讯精密再合适不过了。

作为全球精密元器件制造的龙头，它覆盖了消费电子、通信、汽车等多个领域，也是21世纪成功企业"苹果"的核心供应商。立讯精密身上凝聚了所有电子制造业企业最核心的成功密码。

截至2022年12月31日，立讯精密市值2259亿元，全A排名第43位。和榜单上的其他企业相比，立讯精密多少显得有点另类：既不是高大上的银行金融企业，如招商银行、平安银行；也不是百年积淀的白酒企业，如贵州茅台、五粮液；即便是在为数不多的年轻企业中，立讯精密也不是那种很酷的科技型企业，如宁德时代、海康威视。2010—2022年立讯精密市值成长情况如图3-139所示。

1. 复刻富士康，从连接器开始

1967年，创始人王来春出生于广东汕头澄海的一个小山村。童年生活拮据，每年最开心的事情就是在深圳打工的哥哥能在春节带回来一些城里的新奇玩意。和哥哥一道外出打工成为她童年的期待。

迈向千亿之路

高考那年,王来春以13分的差距错失了上大学的机会。她曾想过考警校、上夜校,但家境贫寒的她最终只能选择和同学到深圳打工。彼时的王来春进入的第一家工厂是日本三洋,作为一个出身农村的姑娘,三洋的现代化程度让她十分兴奋。

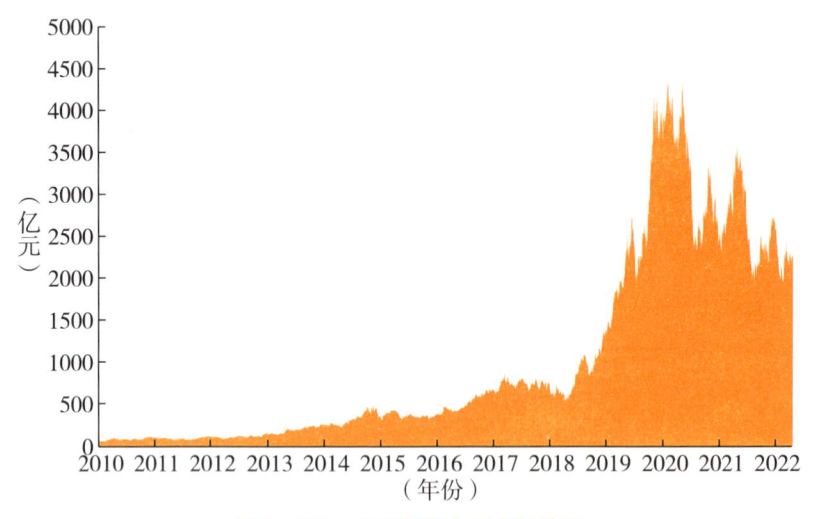

图3-139 立讯精密市值成长情况

数据来源:Wind。

到了1988年,富士康在深圳设立第一家工厂,王来春成了其最早的149名工人之一。过了没多久她便被分配到了郭台铭二弟郭台强管理的部门加工连接线,这个部门正是如今正崴精密的前身。

20世纪80年代的工厂条件,现在的人可能难以想象。每天十几个小时的重复劳动,加上大通铺的住宿条件,对人性是极大的考验。能坚持下来的人不多,王来春是少数的人之一。而彼时的郭台强也正处于创业期,经常在一线指导工作。这个充满韧劲的女工很快得到了老板的欣赏,从组长、线长,很快升为课长。

1998年,已经成为课长的王来春管理着几千名员工,作为一个打工者,已经算小有成就了。而好胜心强的王来春意识到,自己的

第三章
迈向千亿之路

人生才刚刚开始。在师傅郭台强的鼓励和帮助下,王来春、王来胜兄妹创立了加工厂,其核心业务是依附于富士康,接富士康的外包单。2004年,王来春在深圳创办了立讯精密。

一开始,王来春选择了她最为熟悉的产品进行代工,也就是老东家生产的主要产品——线束,随后开始了连接器业务。连接器在电子产品中的作用,类似于神经在人体中的作用。虽然看上去只是普通的连接线,但和外用的普通连接线不同,这个领域对产品的精准度、可靠性、稳定性等指标,都有较严格的要求。

在这个领域站稳脚跟,说明立讯精密在代工领域具备了一定的技术实力。但要论行业的竞争位势,彼时的立讯精密还远远上不了牌桌。和其他供应链类的企业一样,该领域的行业集中度,与下游的行业集中度高度相关,即下游的品牌方越集中,上游的供应链企业份额就越大。这样一来,就很容易形成强者恒强的局面。众所周知,2008年前后,PC(个人计算机)和笔记本电脑行业正在快速向HP(惠普)、Dell(戴尔)、联想等几大头部品牌集中。在此影响下,连接器行业也快速向头部集中,2007年,全球前10大连接器厂商占有全球56%的市场份额。立讯精密不在其中。

到了2008年,立讯精密的总营收已经突破了6亿元,国内营收规模同比增长了233.82%,但当年的金融危机让立讯精密对富士康的代工业务量大大降低,相比国内营收规模的大幅增长,立讯精密的外销营收增速却只有11.42%,海外业务扩张遇到了困难。

立讯精密的创始人王来春非常中意一句话,"与凤同飞,必出俊鸟",也就是与优秀者一起成长。在传统代工业务发展受挫后,立讯精密决定放弃低利润的简单代工生产业务,开始集中精力发展主力产品。过了半年,虽然营收大幅降低,但毛利水平大幅提高,并且成功开发了大客户。自此,立讯精密开始了高端制造之路。

但是，相比于更多的利润，发展较为成熟的企业同样关注其供应商相比同行能否做到更安全、更高性价比、更快速的响应能力、更大的发展潜力，也就是能否和自己共同成长。彼时的立讯精密，尽管已经有了一定的技术实力，也不缺钱，但在海外的上市公司客户看来，还没上市的立讯精密还是不够格，自然不能作为稳定的供应商进行培养。2010年，为开拓更为广阔的发展空间，立讯精密启动了上市流程，披露了A股上市的招股说明书，并以非常快的速度顺利挂牌上市，首发募集资金12.6亿元。当时的立讯精密是一家员工规模6942人，收入5.85亿元，净利润8560万元的企业。9月15日，上市首日收盘市值69.5亿元。

上市后的第一年，立讯精密的海外业务收入立马翻了三倍，占据了当年总营收的87%，立讯精密拿到了和优秀客户共同成长的第一张门票。

2.无边界扩张的成长怪兽

根据2010年公司披露的招股说明书，公司的连接器领域的产品主要应用于台式电脑、笔记本电脑、汽车、通信等方向。其中汽车和通信的业务收入占比并不高。2008年至2010年公司业务构成如表3-25所示。

表3-25　　　　　　　2008—2010年公司业务构成

产品名称	2010年度 金额（亿元）	2010年度 比例（%）	2009年度 金额（亿元）	2009年度 比例（%）	2008年度 金额（亿元）	2008年度 比例（%）
电脑连接器[①]	6.48	64	4.14	71	5.04	80
其他连接器和其他收入	3.63	36	1.7	29	1.26	20
合计	10.11	100	5.84	100	6.3	100

数据来源：Wind。

注：①电脑连接器含台式电脑连接器和笔记本电脑连接器。

第三章 迈向千亿之路

2010年，公司刚刚脱离对富士康的依赖。2008年和2009年，富士康作为公司的第一大客户，在公司收入中的占比分别为56.46%和45.38%。到2010年，富士康已降为第二大客户，占比仅有18.27%（见表3-26）。

表3-26　　　　　　　2010年度公司前5大客户

年度	序号	客户名称	销售额（亿元）	占当期营收比例（%）
2010年度	1	正崴集团	2.69	26
	2	富士康	1.85	18
	3	联想集团	0.88	9
	4	联硕精密	0.67	7
	5	LAXUS	0.59	6
		合计	6.68	66

数据来源：Wind。

2010年可以算是公司的起步之年。单就收入规模、业务结构、客户构成而言，立讯精密还只能算是一家普通的制造企业。毕竟笔记本电脑业务已经接近饱和，而核心客户中也没有足够耀眼的企业，这样的业务结构，似乎并不值得对公司未来的高速成长有所期待。

2011年是公司的转折年，因为这一年，公司推开了未来最重要的成长之路的大门。

2011年4月19日，手握12亿元募集资金的立讯精密以5.8亿元收购昆山联滔电子有限公司（简称昆山联滔）60%的股权，成为昆山联滔的控股股东，并在2014年3月5日完成收购剩余40%少数股权，昆山联滔成为立讯精密的全资子公司。

昆山联滔成立于2004年，主要从事各种精密连接器、高频信号连接线、新一代天线及机电整合的模组件等产品的研发、制造及销售。最重要的是，昆山联滔服务于苹果，收购昆山联滔，就获得了进入苹果产业链的门票。

昆山联滔2010年收入1.2亿元，亏损1330万元，净资产3.1亿元，总计9.67亿元的收购估值，即3.1倍的PB，在制造业是相当高的。这个价格毫无疑问是值得的，因为进入苹果产业链的一张门票，远不止这个价格。

收购完成后，公司的"内部连接器组件生产项目"实施主体变更为昆山联滔，进入苹果MacBoook内部连接器供应链序列。2011年当年，昆山联滔收入约为收购时的10倍，达到11.5亿元，同时大幅扭亏为盈，实现净利润2.07亿元。此后的数年，昆山联滔的业绩实现了稳定且快速的增长。2010—2022年昆山联滔的营收和净利润增长情况如图3-140所示。

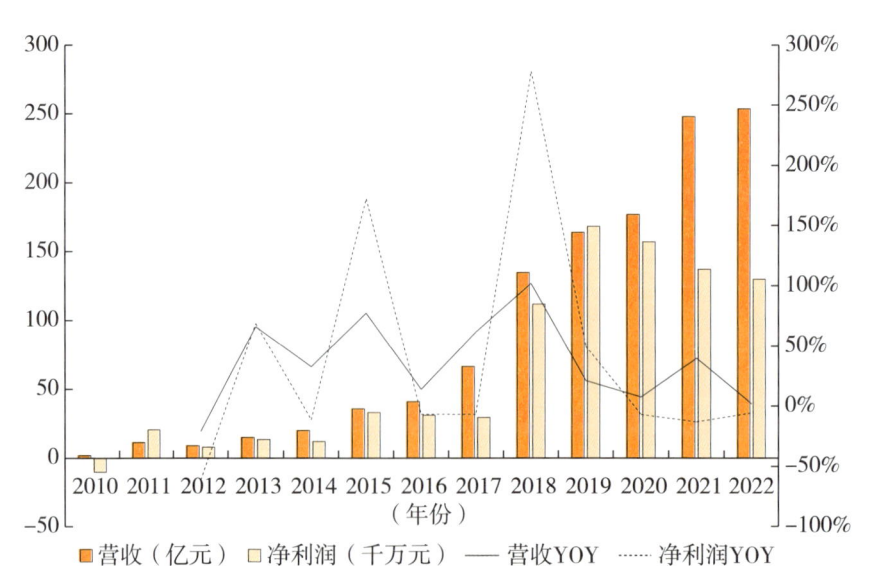

图3-140 2010—2022年昆山联滔的营收和净利润增长情况

数据来源：Wind。

第三章 迈向千亿之路

凭借扎实的基础能力，立讯精密不断拓展苹果的连接器产品。2011年，公司获得MacBook内部线份额；2012年，公司获得iPad内部线份额；2013年，公司获得MacBook电源线和iPhone/iPad Lightning线份额。

A股的并购很多，但是真正做到化腐朽为神奇的并不多。表面上看是资本运作，本质上是产业能力的导入。这种"收购牌照+能力导入"的模式在立讯精密后续的成长过程中反复出现。其核心是极强的管理能力和品控能力，这使立讯精密得以在一个又一个产品线上持续开疆拓土。

- 2011年8月，立讯精密以7500万元的价格收购深圳市科尔通实业有限公司75%的股权，进入通信领域，切入了华为、艾默生、中兴等通信市场。

- 2012年5月，立讯精密以9751万元的价格收购福建源光电装有限公司（简称福建源光）55%的股权。福建源光主营汽车电子装置制造（汽车发动机控制系统、车身电子控制系统等系列）及汽车组合线束等，其唯一客户是日本住友电装，而后者是世界500强，也是世界第二大汽车线束生产商。通过本次收购，立讯精密切入汽车电子领域。2013年10月，立讯精密再次以2172万元的价格收购德国Suk公司（简称Suk）100%的股权。Suk主营汽车零配件业务，通过本次收购，立讯精密进入宝马和奔驰的供应链。

- 2012年9月，立讯精密以1.18亿元收购珠海双赢柔软电路有限公司（简称珠海双赢）100%的股权。珠海双赢主营FPC（柔性电路板），是国内众多手机厂商的主要FPC供应商之一。本次并购后，立讯精密切入了FPC这一具有较高技术壁垒的行业。

一系列并购整合之后，立讯精密持续稳固自己的业务结构。截至2014年底，电脑连接器业务占比首次跌破50%（见图3-141），公

249

迈向千亿之路

司进入多元化发展阶段，成为综合性精密器件生产企业，并形成了稳定的四大主业结构。

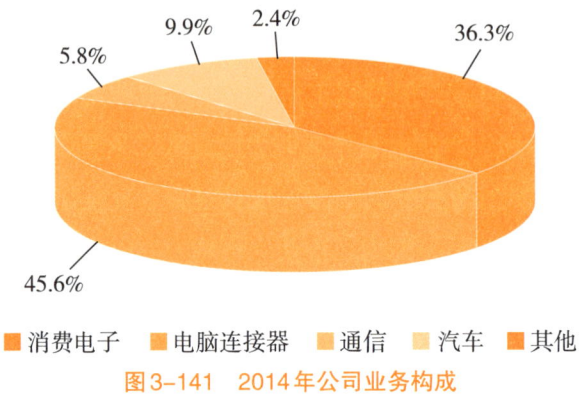

- 消费电子 45.6%
- 电脑连接器 36.3%
- 通信 9.9%
- 汽车 2.4%
- 其他 5.8%

图3-141 2014年公司业务构成

数据来源：Wind。

2014年，公司的第一大客户占比仅为11.91%，这与2008年富士康一家占56.46%的情况相比发生了本质性的变化（见图3-142）。

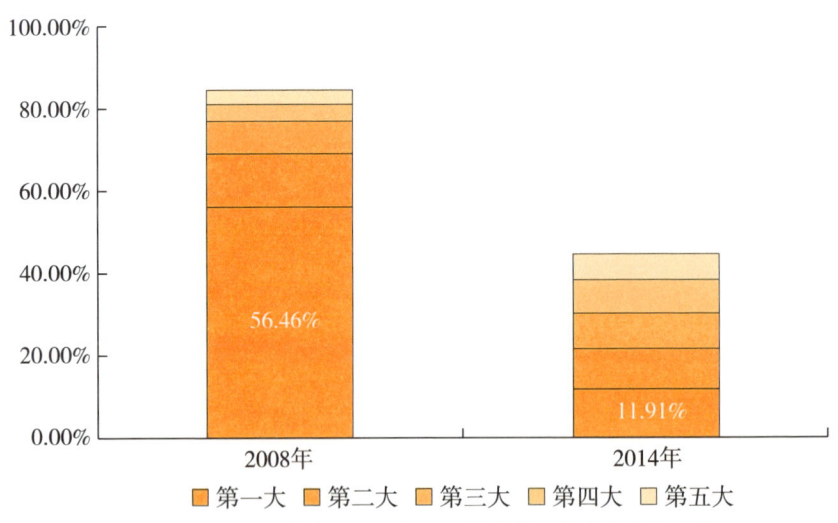

图3-142 2008年与2014年立讯精密前5大客户占比变化

数据来源：Wind。

不过很快，这个看似均衡的结构再次发生了变化。

在一系列并购及极高的整合能力被市场认可之后，资本市场对立讯精密的能力给出了积极的反馈，2014年1月，公司市值首次突破200亿元。随着业绩的持续验证，以及2014年至2015年的牛市行情，公司在2015年7月23日收盘于496亿元市值，首次触达500亿元关口。2010—2015年立讯精密总市值与市盈率增长情况如图3-143所示。

图3-143　2010—2015年立讯精密市值与市盈率增长情况

数据来源：Wind。

这个时间点很有意思。众所周知，2015年牛市达到顶峰后的崩溃是从6月15日开始的，此后是一路恐慌性的股灾。而在一片哀鸿遍野的市场环境中，7月23日公司却创下了历史新高，足见资本对这家企业的十足信心。

而这种信心一半是因为立讯精密本身，另一半，则是因为苹果。

3.苹果，苹果！

对任何一家企业而言，绑定单一客户都是一件危险的事情，因为这意味着受制于人。但是如果这个第一大客户是苹果，则情况有所不同。按理说，下游的品牌企业对上游供应商都是强势的，而且如果品牌企业在供应商的占比极大，则必然有冲动将毛利压得足够低。但是，成熟的品牌企业不会这么想，成熟的品牌企业致力于与上游供应链企业构建稳定的共生关系，而不是以榨取掉所有的利润为首要目标。

苹果看上去就是这样的企业。当然，除了务虚的企业价值观，更重要的是，苹果有足够大的利润空间。

根据光大证券的研究，在iPhone的利润中，中国大陆的劳工成本，在整个iPhone的价值链分布中，占比只有微不足道的2%（见图3-144），这个比例已经足够低。构建长期稳健的供应链关系，对苹果和供应链企业都是占优策略。

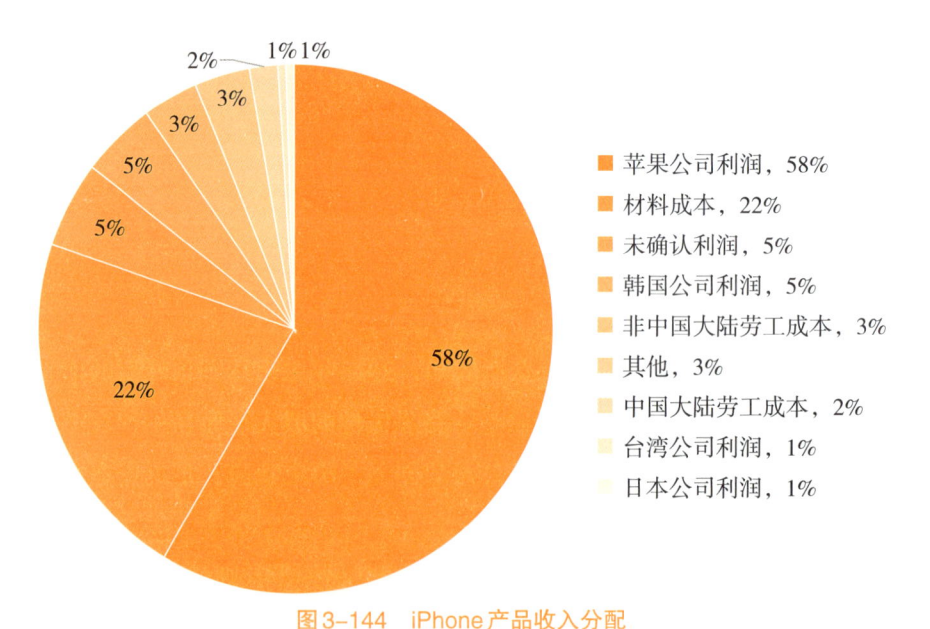

图3-144 iPhone产品收入分配

- 苹果公司利润，58%
- 材料成本，22%
- 未确认利润，5%
- 韩国公司利润，5%
- 非中国大陆劳工成本，3%
- 其他，3%
- 中国大陆劳工成本，2%
- 台湾公司利润，1%
- 日本公司利润，1%

数据来源：Asian tech catalog 2016，光大证券。

第三章 迈向千亿之路

2014年开始，立讯精密启动了加速融入"果链"的过程。2014年公司获得Apple Watch无线充电/表带份额，2015年获得MacBook Type-C份额，2016年获得iPhone转接头份额。

苹果带来的订单成了公司最核心的增长引擎，2015年，苹果贡献了公司新增收入的48.4%，2016年，苹果贡献了公司新增收入的64.2%。2016年，从苹果获得的收入在公司总收入的占比突破30%（见图3-145）。从业务结构的角度来看，立讯精密也从一家综合性的精密制造企业正式贴上了"果链"的标签。

图3-145 苹果收入对立讯精密的贡献

数据来源：Wind。

如果扣除苹果带来的增量订单，立讯精密的其他业务也取得了不俗的增长。但是如果只考虑其他业务的话，立讯精密顶多算是一家普通的优秀企业。但是加上苹果的"翅膀"，立讯精密就是一只"成长怪兽"。

面对这样的超优质客户，立讯精密不会甘心于只做基础零配件，持续提升产品的ASP（Average Selling Price，平均销售价格）是公司发展的明确目标和方向。基于优秀的管理能力，公司在模具开发、快速响应、成本控制等领域取得了客户的高度认可，再叠加外延并购的工具和手段，公司在品类扩张和升级上的脚步从未停止。

- 在模组方面，公司持续通过内生和外延的方式快速扩张，在短时期内实现了多种模组产品的客户导入。
- 在天线方面，公司从2015年前后组建团队，短时间内突破LDS天线的各项难点，并于2017年进入Mac和iPad的LDS天线供应序列。随后在2018年，公司成功获得LCP天线的后道制造份额，成为iPhone的主天线供应商。
- 在声学器件方面，公司于2016年收购台湾美律的子公司苏州美特51%的股权，进入声学器件行业。苏州美特多年来致力于音频领域的持续投入，也是苹果在该领域的供应商。通过收购苏州美特，公司于2017年进入iPhone的声学器件供应序列，此后份额不断提升。
- 在无线充电方面，公司早在2014年就已进入Apple Watch的无线充电供应链，并在2018年再次进入iPhone的无线充电接收端供应序列，并成了iPhone、AirPods、Apple Watch等产品的无线充电主力供应商。
- 在线性马达方面，公司也已于2018年进入iPhone的线性马达供应链。
- 在各项能力完成充分储备的基础上，公司于2017年进入AirPods组装供应链，成为公司业绩持续增长的主力产品。

AirPods原来的独家供应商是英业达，但由于英业达的整机制造良率始终不尽如人意，成为制约AirPods供应的瓶颈，苹果因此在2017年7月引入立讯精密作为AirPods的第二家整机制造商。凭借强大的精密制造能力，立讯精密的AirPods良率迅速达到较高水平，并快速成长为第一大供应商。

至此，立讯精密正式完成了从生产连接线到整机组装的跨越，这是标志性的一步。从一个不起眼的零配件，到风靡全球的苹果 AirPods 的整机组装，立讯用了 10 余年的时间，用高效的管理，一流的品控和马不停蹄的资本整合，不断完善自身的业务拼图，并最终向这个时代产业之巅的公司证明了——我可以。

2017 年 12 月初，苹果 CEO 库克参观立讯精密的昆山工厂，看完 AirPods 生产线后，感到惊喜和意外，称赞立讯精密是超一流的工厂，将了不起的精良工艺和细思融入 AirPods 的制造，并称很高兴跟立讯精密合作。

库克的到访让市场上有关苹果砍单的传闻不攻自破。2017 年 11 月 21 日，有所预期的资本市场将立讯精密的总市值推上了 879 亿元。2010—2018 年立讯精密的总市值与市盈率增长情况如图 3-146 所示。

图 3-146　2010—2018 年立讯精密的总市值与市盈率增长情况
数据来源：Wind。

立讯精密用实力证明了自己是值得信赖的合作伙伴，AirPods 成为全球爆款产品（见图 3-147）。

图3-147　苹果AirPods销量

数据来源：IDC，光大证券研究所。

2017年，公司营业收入大涨66%，达到228亿元，利润上涨48%，达到17.5亿元。立讯证明了，即使距离千亿市值仅有一步之遥，成长的速度依然惊人。公司像一匹奔驰的骏马，不知疲惫。

公司在拥抱苹果的道路上没有止步。2020年，立讯精密成功切入Apple Watch的组装业务。同年7月，立讯精密与母公司立讯有限共同出资收购江苏纬创100%的股权，进入iPhone整机组装业务，进一步绑定了苹果。至此，立讯精密手握AirPods、Apple Watch及iPhone等多个重磅产品的整机组装业务，成为A股名副其实的"果链一哥"。

立讯精密之所以在苹果产业链所向披靡，一定程度上与其出身有关。立讯精密所在的连接器领域，是相对利润率较低的领域，所以在被苹果引进更高毛利率的消费电子模组和整机组装领域时，立讯精密对毛利率的要求比竞争对手更低。对立讯精密而言是毛利率提升，但对竞争对手而言是毛利率下降，这就导致立讯精密可以作为价格的主导者，与竞争对手相比有巨大的优势。

与苹果的深度绑定使苹果在立讯精密的业务占比，以肉眼可见的速度快速飙升，截至2020年，苹果收入占立讯精密总收入的比例达到惊人的69.0%，如图3-148所示。

图3-148　2013—2020年苹果收入占总收入的比重

数据来源：Wind。

苹果在可穿戴领域的成功，让立讯精密的业务一飞冲天。2018—2020年，公司分别实现了57.1%、74.4%、48.0%的收入增速（见图3-149），而苹果对增量收入的贡献分别为59.4%、69.6%和97.4%（见图3-150）。2020年底，公司收入925亿元，约为2017年的4倍。

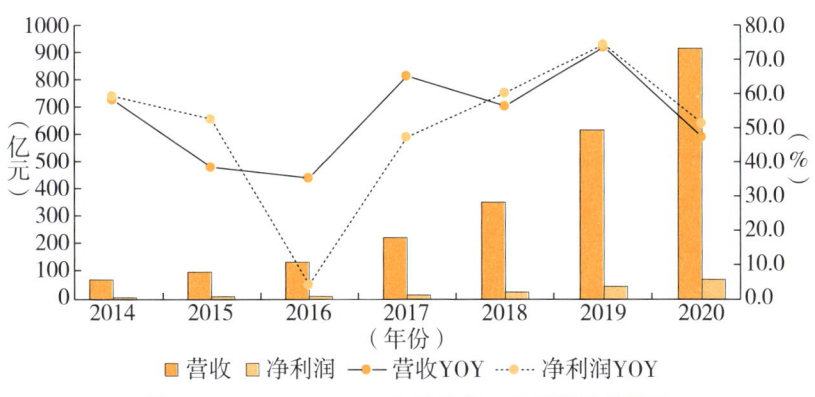

图3-149　2014—2020年的营收、净利润增长情况

数据来源：Wind。

图3-150 2014—2020年收入增量和苹果贡献占比

数据来源：Wind。

"果链一哥"的超级成长能力直接引爆了资本市场，从2018年下半年开始，立讯精密的超级成长性得到确认，而2019年下半年开始，市场开始酝酿抱团股行情并于2020年正式爆发，在"茅指数"组合中，立讯精密荣获"果茅"之称。在一片抱团狂欢中，公司市值被送到了4000亿元之上。甚至都没有在1000亿元市值的关口多做停留，一路向上不回头（见图3-151）。

这又是一次典型的戴维斯双击。当风口来的时候，优秀的企业从来不会让你失望。

然而另一方面，对苹果的极度依赖，也使任何宏观的波动对公司而言都是巨大的风险。在日趋紧张的国际局势下，全球产业链转移。据媒体报道，截至2019年的5年间，苹果供应商的主要生产基地有44%~47%位于中国大陆，但到了2021年已经下降至36%。另外，由于近年来疫情等综合因素的影响，消费需求萎缩，即使是苹果也不得不面临成本控制和产能缩减的问题。市场每年都有大量苹果"砍单"的传言，同为"果链"企业的欧菲光和歌尔声学就先后遭遇苹果"砍单"，在这样的背景下，立讯精密不可能独善其身。

图3-151 2010—2020年市值、市盈率增长情况

数据来源：Wind。

2021年，公司毛利率降至历史最低值12.28%（见图3-152），主要原因即是公司部分产品结构发生转变。

图3-152 2007—2021年立讯精密整体及消费电子业务毛利率变化情况

数据来源：Wind。

迈向千亿之路

截至2022年12月31日，在2021年抱团股瓦解，2022年总体环境不好的宏观背景下，立讯精密市值再次回落至2259亿元（见图3-153）。

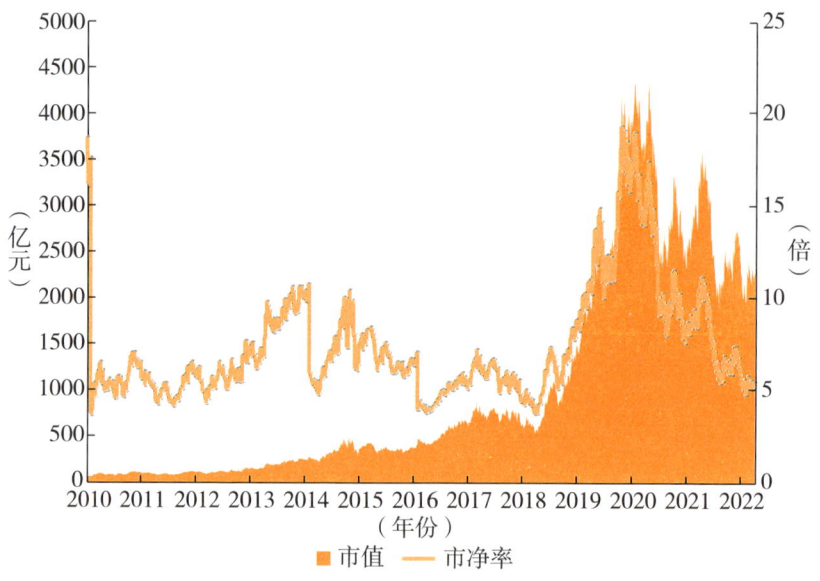

图3-153　2010—2022年立讯精密市值与市净率

数据来源：Wind。

成长之路总是坎坷的。从市净率来看，属于回落至正常区间。但显然，过度依赖苹果所带来的负面影响将始终是围绕公司的长期问题。市场对公司后续的业绩增长，必然也需要新的期待。

4. 不止苹果

客观评估立讯精密截至目前的成功，与中国过去10余年智能设备终端的超高速渗透是有密切关系的。第一，消费电子的终端在快速增加，从过去一家人拥有一台台式电脑，到现在一个人可以拥有多台电子设备。第二，电子设备本身的复杂性在快速增长，非常典型的比如手机摄像头，从单摄，到双摄，再到前后双摄，有的一台手机五六个摄像头。第三，在消费电子产品快速渗透的同时，品牌企业快速向头部集中，苹果更是长时间掌握了行业的话语权。第四，国际消费电子生产基地在向中国转移，一旦成为消费电子产业链中的合格供应商，优势企业会在市场集中过程中快速成长。

立讯精密恰好就站在了这样的时代风口上。使立讯精密高速成长的是上述四要素（见图3-154）的叠加。

超级成长 = 行业渗透率提升 × 头部客户份额提升 × 产品复杂度提升 × 产业链向中国转移

图3-154 立讯精密成长四要素

然而现在，上述四要素的最佳红利期已过去。首先，智能终端的渗透率已经几近饱和，虽然接下来还有VR/AR等设备值得期待，但是与智能手机不可同日而语；其次，苹果作为头部品牌，其市场号召力仍在，但在三星及几大中国手机品牌的挑战下，其产业链势必遭受巨大压力；最后，在中国人口红利逐渐消退、中美竞争愈发激烈的背景下，消费电子产业链从中国向印度、东南亚转移已经是大势所趋。

立讯精密当然不可能没有看到这样的趋势，虽然苹果给予的动能已经足够立讯精密快速成长，但是成长的引擎从来不可能只有一个。

将2014年有披露数据以来的四大业务至今的成长性做比对，可以看到，消费电子业务的成长过于亮眼，以至于其他业务的高速成长几乎被掩盖了。除了电脑互联业务增速平缓，通信和汽车两大业务的CAGR超过或接近30%（见图3-155），其中，汽车业务在近年来呈现加速的趋势。这个速度放在任何一家别的普通公司，无疑都已经是很好的成绩了。

在2022年的公司年报中写道：

"未来，公司将继续围绕主业持续探索，夯实既定商业计划，在追随消费电子智能移动、智能可穿戴等IoT市场零组件、模组与系

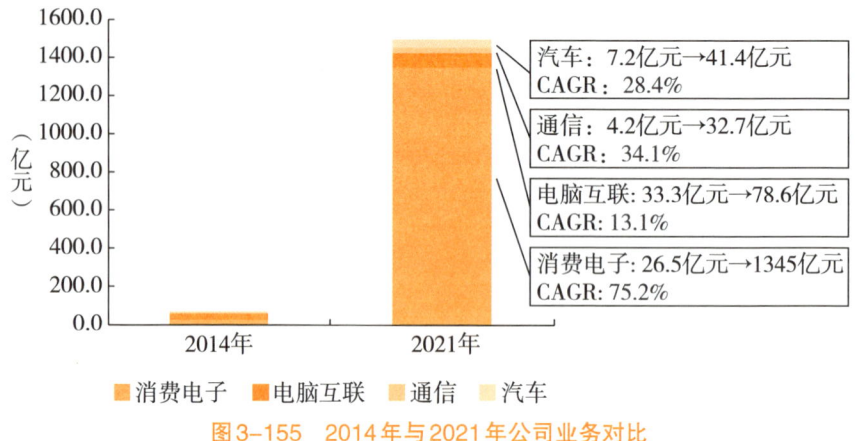

图3-155　2014年与2021年公司业务对比

注：CAGR为复合年均增长率，书中都是据原始数据来计算该指标。

图中数据：
- 汽车：7.2亿元→41.4亿元　CAGR：28.4%
- 通信：4.2亿元→32.7亿元　CAGR：34.1%
- 电脑互联：33.3亿元→78.6亿元　CAGR：13.1%
- 消费电子：26.5亿元→1345亿元　CAGR：75.2%

统的解决方案等新机会外，公司同步加强在汽车、通信、工业、能源、医疗等新市场及新材料、新工艺、新应用等技术方面的大力建设。"

毫无疑问，通信、汽车已是公司下一阶段的核心赛道。

在通信领域，随着5G网络的大规模铺设，人工智能技术的逐渐普及，以及物联网、自动驾驶等应用场景的逐渐渗透，庞大的数据洪流将越来越依赖于高性能计算能力和数据中心的高速网络，这也为高速互联技术的发展提供了新的机遇，对未来通信市场是极大的推动。

与消费电子领域一样，公司在通信领域的布局也从未停止。截至2022年，公司的通信业务已经在原有电连接（高速电连接器及线缆）、光连接（AOC[①]和光模块）、散热温控设备（Eagle Stream 冷板）和射频通信（基站天线、基站滤波器、塔顶放大器、双工器、合路器、RRU[②]、小基站）等传统产品基础上，增加了热管理（热管、

---

① AOC指有源光缆。

② RRU指射频拉远单元。

VC[①]、轴流风扇、冷板、液冷散热）和工业连接等产品系列，并进一步进行了服务器等整机组装业务的布局，围绕整机加核心零部件的双线发展战略，目标是逐步成为数据与通信的多品类综合解决方案供应商（见图3-156）。在未来，立讯精密计划持续加强在网络通信、基站射频等领域相关核心技术的研发与创新，通过精准把握电连接、光连接、风冷/液冷散热部件等数据/超算中心核心零组件相关新兴技术的变革趋势，着力锻造为全球领先客户提供高附加值产品及服务的能力，开辟更多的增长曲线。

图3-156 立讯精密业务布局

资料来源：公司官网。

在汽车领域，国际主流车企向"电动化、智能化、网联化、共享化"方向转型已是行业共识，发动机、变速箱等内燃机动力系统逐步被取代，传统机械部件价值大幅缩水，而电气化部件则将迎来跨越式发展，成为整车价值中最主要的提升环节。同时，作为继电视、电脑、手机之后的"第四块屏"，新能源车在未来必将成为超越

---

① VC是真空腔均热板散热技术。

迈向千亿之路

智能手机的超级智能终端，由此带来的汽车电子的机会和想象空间，比起智能手机和消费电子时代，只多不少。

在汽车"四化"的背景下，立讯精密预测全球汽车连接器市场到2030年会达到330亿美元的规模，中国汽车连接器市场将达到1000亿元，立讯精密在汽车、通信市场的利润很可能会和消费电子持平。2019—2020年新能源汽车渗透率变化情况如图3-157所示。

国家/地区	2019年	2020年
全球	2.5%	4.2%
中国	4.8%	5.6%
美国	1.8%	2.2%
欧洲	2.9%	8.5%
日本	0.7%	0.9%
韩国	0.7%	1.1%
意大利	0.9%	4.0%
英国	2.9%	9.4%
法国	2.5%	9.4%
德国	2.9%	12.5%

图3-157　2019—2020年新能源汽车渗透率变化情况

数据来源：Wind。

智能手机如果从2007年发布初代iPhone算起，用了大约10年时间完成了从0到全民的渗透。如果以此为类比，那么当前新能源车对传统汽车的渗透和替代，大约还相当于2008年前后的智能手机。不过因为车的生命周期比手机更长，这个渗透的过程也势必更长。站在此刻来看，新能源车还有30年的景气周期。这个赛道的空间、复杂度、成长性，更令人兴奋。

立讯精密从2012年收购福建源光即开始布局汽车电子业务，除了前文已提到的收购Suk公司，2017年，立讯精密的控股股东香港立讯收购了德国采埃孚的全球车身控制业务。2022年2月11日，立讯精密与奇瑞控股集团有限公司、奇瑞汽车股份有限公司、奇瑞新能源汽车股份有限公司共同签署了《战略合作框架协议》，同时，立讯精密控股股东立讯有限以100.54亿元投资于奇瑞关联公司的股权。与奇瑞的合作志在借助奇瑞的整体研发、渠道资源，为立讯精密汽车核心零部件业务提供前沿的研发设计、量产平台及出海口。

受制于汽车行业的特性，供应链企业认证时间较长，因此该业务的特点是初期营收较低，随着后期的深度积累，有厚积薄发的可能。

目前立讯精密已经获得了全球Tier1（一级供应商）所有客户的认证。从长期来看，随着智能电动车的发展，公司针对汽车板块进行了具体的长期规划，产品布局为线束、连接器、新能源、智能网联、智能驾舱以及智能驾驶等（见图3-158）。

图3-158　立讯产品布局

资料来源：公司官网。

从上述布局可以看出，立讯精密在汽车领域的战略构想依然足够庞大，能否在新领域复制消费电子的成长奇迹，值得期待。

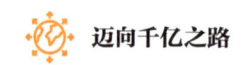

5. 最难的生意，最强的成长

如果你看过电影《奇迹，笨小孩》，一定会为这个发生在深圳的创业故事所感动。电影中，易烊千玺饰演的景浩通过拆手机零件获得了第一桶金，但是他接到的第一单是没有预付款的，以至于整个团队随时处于崩溃的边缘。这个戏剧化的情节揭示了制造行业的一个重要特点，那就是产能和资本开支的扩张，是企业成长最为关键的要素。没有产能，不给你订单；但投建了产能，并不代表100%能获得订单。资本开支是前置的，因此往往伴随巨大的风险。从这个角度看，消费品企业要好太多，一旦建立起品牌优势，几乎不太需要过大的资本开支，典型的如贵州茅台。

正因为如此，在制造业，很难真正地拥有赚到的钱。因为一旦形成正向的收入和现金流，很快就会被资本开支给吞噬，只要企业想成长，就不得不持续投入。那么不成长行吗？也不可以，因为这个行业技术迭代很快，守着现有的产能吃一辈子的可能性是不存在的。所以，制造业的现金流都很差，企业很难获得较大的自由现金流。

立讯精密正是如此，从有追溯财务报表的2007年开始至2022年，累计实现净利润365亿元，其中经营净现金流409.7亿元，投资于固定资产的就有538.8亿元，投资于子公司（收购）的27.1亿元（见图3-159）。

我们常用利润现金含量来形容企业的经营现金情况，立讯精密在这方面的表现是很好的，原因正是其客户始终有良好的付款节奏，也侧面反映了作为一家供应链企业，其与客户之间构建了良好的共生共荣关系。不要小看这一点，对供应链企业来说，进入优质客户的供应链序列拿到Vendor Code（供应商代码），是一件极其不容易的事情。

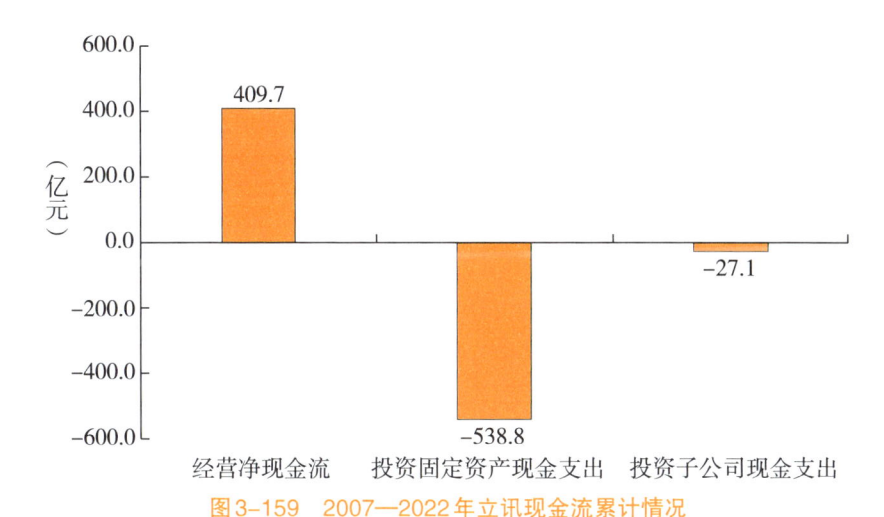

图3-159　2007—2022年立讯现金流累计情况

数据来源：Wind。

巨大的资本开支也让人对这个行业的不易有非常直观的感受。从2007年到2022年，公司累计自由现金流，即完全受自己控制的自由现金流，大约为141亿元。形象地表述就是干得越大，投得越多。如果把上面的累计数用横向展开的方式呈现，就会有非常明显的感受（见图3-160）。

图3-160　2007—2022年现金流情况

数据来源：Wind。

迈向千亿之路

按照经典的估值模型，即DCF模型，公司的估值是未来现金流的折现，如果表面上看公司一直在赚钱，但是自由现金流一直为负，这样的公司理论上应该一文不值，至少估值不会特别高。

而实际情况恰恰相反，如果以市盈率指标计算，过去10余年立讯精密的平均市盈率区间是30~70倍，上市后最高峰曾超过100倍；如果以市净率指标计算，立讯精密的市净率常年在5~8倍，2020年最高峰曾接近20倍（见图3-161）。

图3-161　2010—2022年立讯精密市盈率、市净率变化情况

数据来源：Wind。

这种反常的估值体现了过去10多年市场对立讯精密，甚至对整个消费电子行业超级成长的认可。虽然在可预期的商业模式中，其现金流不太好，但是它的成长速度太快了，这种速度让人们相信天花板还很遥远，既然还在成长，就应该为成长买单。

回顾立讯精密过去多年的成长趋势，就会看到公司惊人的成长速度（见图3-162）。

在长达15年的时间维度中，公司实现了收入年化53.3%，净利润年化46.3%的复合增长。即使在已经达到1000亿元的收入体量下，

图3-162　2007—2022年立讯精密营收、净利润增长情况

数据来源：Wind。

2021年公司仍然实现了66.4%的收入增速。

放眼中国所有行业、所有公司，能达到这种增速的企业不是新能源企业，就是互联网企业。但立讯精密在代工制造这样的行业实现这样的增长，可以说是一个奇迹。

与主要可对标企业放在一起比较，立讯精密的营收曲线足够傲视群雄（见图3-163）。15年不回调的超级成长，当然有行业红利的因素存在，但是立讯精密自身必然做对了很多事情，这些更值得关注。

6. 立讯精密的成长密码

如果用一句话来描述立讯精密的成长密码，那就是"内生+外延的无边界扩张"。在其扩张过程中，从最初的电脑连接线业务，到后期三大领域的全业务矩阵布局，从元器件到模组，从模组到整机，立讯精密始终在打破既有的产业边界，往产业链更高的位置攀行。

其中，最值得关注的是立讯精密持续的并购历程，虽在前文有所描述，但是因为数量实在太多，无法一一展开，姑且用表3-27做个统一展示。

立讯精密：1539.46亿元

图3-163 主要可对标企业营收曲线（歌尔股份、蓝思科技、欧菲光、环旭电子、立讯精密）

数据来源：Wind。

表3-27 立讯精密的并购历程

公司名称	收购时间	收购比例	业务和产品	意义
博硕科技（江西）有限公司	2010年12月	75%	线缆加工、内部连接器和AC电源线	上游垂直整合
	2013年12月	25%		
昆山联滔电子有限公司	2011年4月	60%	精密连接器、高频信号连接线、天线及机电整合的模组件	切入苹果产业链
	2014年3月	40%		
深圳市科尔通实业有限公司	2011年8月	75%	通信连接器	切入"华为-艾默生"等通信市场
	2013年5月	25%		
福建源光电装有限公司	2012年5月	55%	汽车电子装置制造及汽车组合线束、塑胶配件等零部件制造	切入汽车组合线束领域

第三章 迈向千亿之路

续 表

公司名称	收购时间	收购比例	业务和产品	意义
珠海双赢柔软电路有限公司	2012年9月	100%	FPC（柔性电路板）	切入手机FPC
台湾宣德科技股份有限公司	2013年、2014年、2015年三次	31.74%	电脑连接器、按键，高频铜轴线组、射频测试座、RJ网络连接等	强化板端连接器和RF射频连接器产品，提高立讯精密自动化生产水平
德国Suk公司	2013年10月	100%	掌握领先的汽车精密塑胶件软硬复合材料2K技术、蜂窝射出成型MuCell及混合动力等技术，是宝马、奔驰的门锁等塑胶件核心供应商	切入宝马和奔驰优质德国客户的核心供应链
苏州丰岛电子	2014年3月	100%	复合制程的外观机构件及机电模组	切入可穿戴设备、智能家电市场
美特科技（苏州）有限公司	2016年8月	51%	声学元器件	切入苹果客户声学供应链
美律电子（惠州）有限公司	2017年2月	44.95%		
美律电子（上海）有限公司	2017年2月	51%		

271

续表

公司名称	收购时间	收购比例	业务和产品	意义
日凯电脑配件有限公司	2021年1月	50%	结构件和Mini LED显示模组	切入苹果Top Module代工业务及苹果和其他客户的金属结构件业务
汇聚科技有限公司	2022年2月	74.67%	高端连接线缆	完善通信、医疗产品战略布局

资料来源：公司公告整理。

对以并购作为成长方式的A股企业来说，商誉问题是困扰企业的一个长期问题，而立讯精密似乎并没有为此感到困扰。2011—2022年立讯精密的商誉及其占比变化情况如图3-164所示。

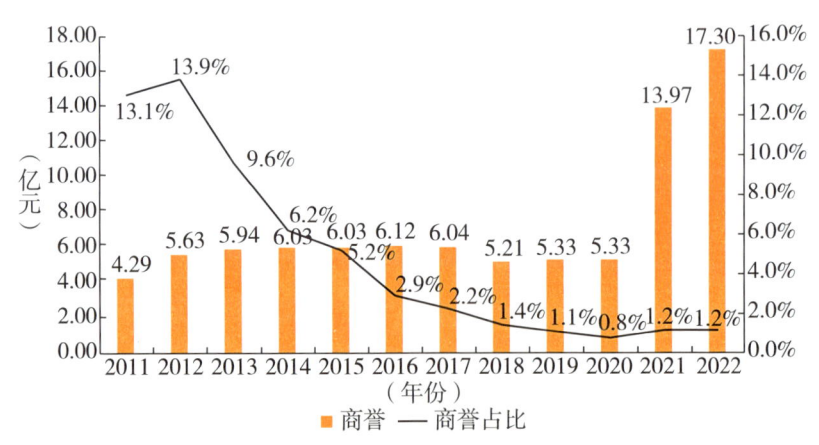

图3-164　2011—2022年立讯精密的商誉及其占比变化情况

数据来源：Wind。

逐渐摊薄的商誉至少说明了两个问题：一个是并购本身的高质量，因为高质量的并购本身并不直接累积商誉；另一个是强大的整合能力，高度协同的业务整合和拼图式的并购本质上不是同一件事情。立讯精密通过并购不断扩大自身的业务矩阵，进入新的客户体系，而这种逐渐强大的综合实力反过来又强化了并购过程中的议价能力。随着公司规模的快速扩张，这种相互作用逐渐形成了正向循环。

即便有持续不断的并购扩张，和产能扩张的资本开支比起来，也就显得可以忽略不计了。自上市以来，公司累计投资于子公司的现金开支仅有27.1亿元，而用于投资固定资产的开支则高达538.8亿元。考虑到仅有409.7亿元的经营性现金流，资本市场的重要性也就不言而喻了。正是背靠资本市场坐享的无限融资能力，才支撑起持续不断的"无边界扩张"。

上市以来，公司累计直接融资金额达237.9亿元，详情如表3-28所示。

表3-28　　　　　　　　　　融资金额表

融资形式	融资金额（单位：亿元）
IPO	12.6
增发	66.3
可转债	30.0
发行债券	129.0
合计	237.9

数据来源：Wind。

其中，IPO和增发类的纯股权融资累计78.9亿元。股权融资夯实的资产结构，为公司的债务扩张奠定了基础，创造了条件。如果单纯从融资现金流入来看，截至2022年底，公司上市以来累计债务融资的现金流入高达2585.6亿元。而不断的"融资—扩产"势必拉高

迈向千亿之路

公司的资产负债率。从图3-165可以看到，2010年是IPO之年，资产负债率为历史最低；之后随着业务快速扩张，资产负债率陡然上升，于是2014年、2016年先后两次定增完成66.3亿元股权融资，资产负债率降至阶段性低点；此后在2017年之后又继续陡然上升。截至2023年6月，立讯精密尚有135亿元定增已获得批文暂未发行，如果顺利实施，预计资产负债率会降至60%左右。

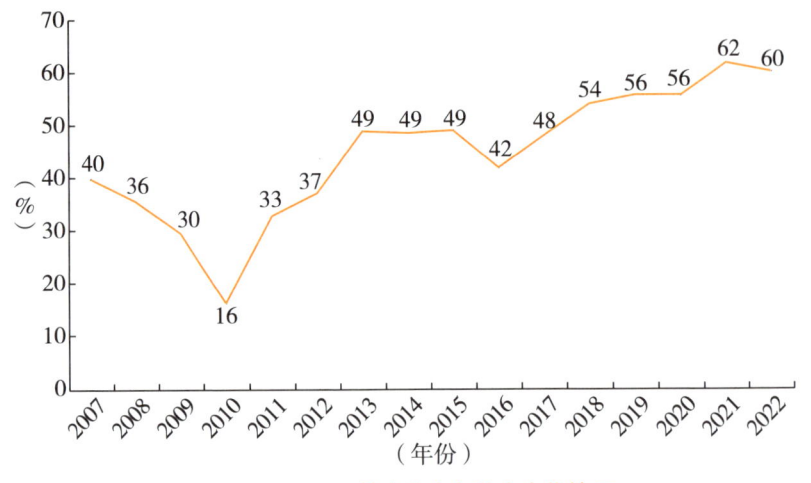

图3-165 立讯精密资产负债率变化情况

数据来源：Wind。

所以，"股权融资—债务扩张—投资扩产—股权融资"这样的循环，在立讯精密得到了极好的演绎。完整地看立讯精密的整个扩张历程，其实是两个循环的契合（见图3-166）。

不断通过并购提升能力，同时不断通过融资扩充产能，紧紧扣住关键客户扩大业务规模。立讯精密演绎了业务成长和资本工具的完美耦合。

但更深入地看，立讯精密的成长还离不开其对市场的前瞻性预判和超前布局。虽然立讯精密是一家靠代工发展起来的企业，但立讯精密的董事长王来春早在2004年就意识到只做代工并非长久之

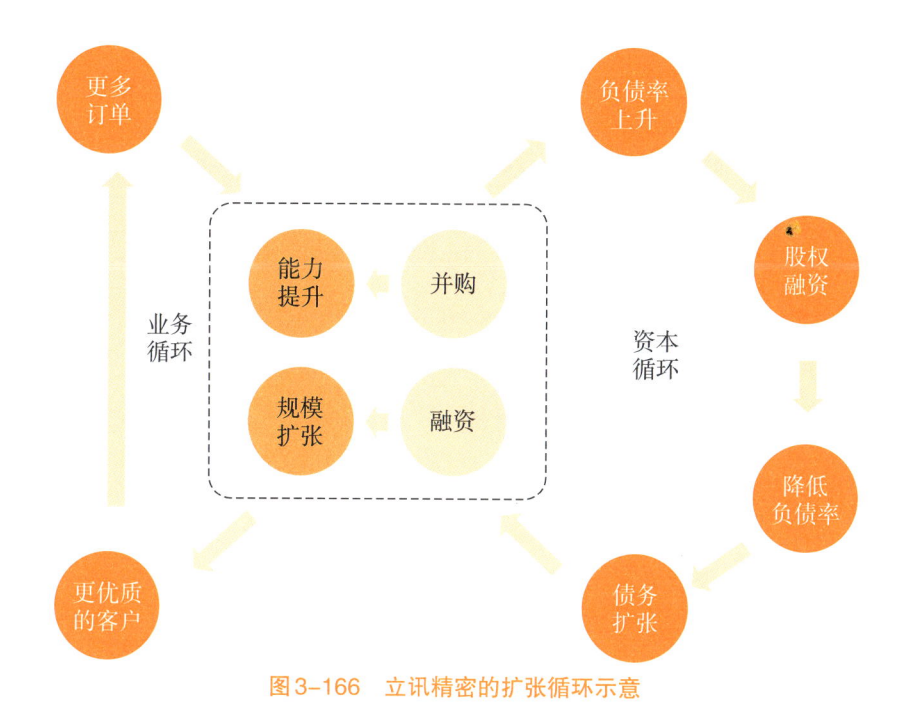

图3-166　立讯精密的扩张循环示意

计，必须拓宽自己的客户并研发自己的产品。

服务最有价值的客户，高效并前瞻性地解决客户问题，为产业链上的伙伴提供商业合作机会，这三点成了立讯精密董事长王来春的经营逻辑。

2013年至2014年，在发现原有的产品线布局不能满足未来发展需要时，立讯精密董事长王来春开始制定扩充产品线规划，足足花了5年时间完成了产品线开发、设计、团队建设，完成布局后业绩的高速增长也证实了王来春的经营策略是正确的。

此外，立讯精密董事长王来春还推出了立讯精密的三个五年计划，全方位发展消费电子、汽车、通信、工业、医疗等业务，尤其是其中的汽车领域，制定了Tier1（一级供应商）业务进入全球前十的战略目标。

虽然汽车和通信不像消费电子行业增长那么迅猛，但其约30%的复合年均增长率也验证了立讯精密此前做出了正确的战略决策。

例如，2023年年初生成式AI带火了算力网络，要应对生成式AI的需求，网络就需要具备高带宽、低时延、低功耗这些能力。网络正在迅速向更高的传输速率进行技术演进，而立讯精密早在2012年就开始起步，400G时代就预判了800G甚至是1.6T的传输速率，下属公司立讯技术研发出了兼具节能与高效的高质量通信技术——"轻有源"，实现了更低功耗、更低成本、更高质量，这或许是未来绿色数据中心发展的趋势所向。

而这一切的基础之一，则是立讯精密与研发人才的深度契合，立讯精密有足够坚定的决心和信心，与一代又一代的中国研发人员携手攀向更高的山峰。

"应用一代—开发一代—预研一代"，这样的经营战略，一方面让立讯精密有更强的竞争力，另一方面使立讯精密能够为客户创造更多价值，一定程度上推动了产业的进步。立讯精密的成长历程也是几十年来中国制造业发展的缩影，从依靠廉价劳动力赚取微薄的利润，到决心发展自己的核心技术，最终实现了低端制造向高端制造的华丽转身。

7.回顾千亿之路

回顾立讯精密的整个成长历程，首先以一张全图来描述其完整历程，如图3-167所示。

描述立讯精密，脱离苹果是不可能的；但是只描述苹果，则是极其片面的。立讯精密的崛起之路，见证了苹果在消费电子时代的奇迹。其在资本市场的表现，体现了投资者对立讯精密的认可和期待，它从最简单的线束加工出发，到最终以强大的研发和高质量的交付，在精密制造领域构筑了强大的护城河。以传统的DCF模型是

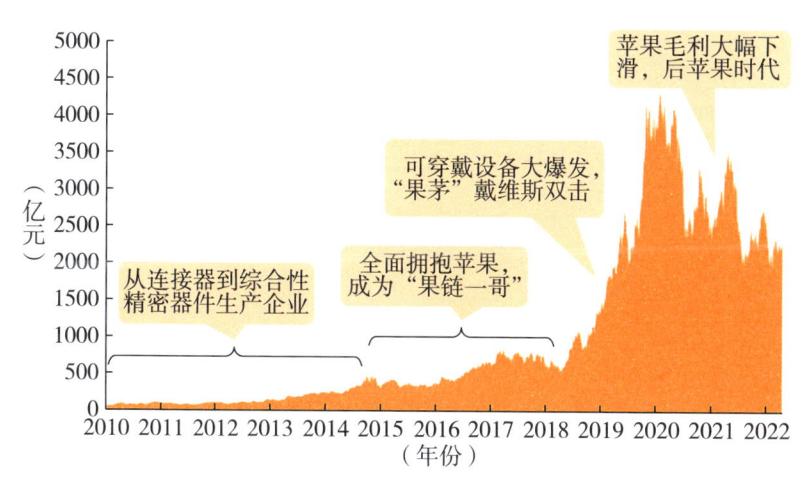

图3-167　2010—2022年立讯精密的市值变化

无法理解立讯精密的估值的,我们唯有通过超级成长来进行解释,即便存在单一客户占比过高的问题,但在这个行业的超级成长无论如何都值得敬佩。

其次是业绩视角(见图3-168),立讯精密的业绩几乎没有经历过任何波动和调整,这在行业中极其罕见。此外,其利润的现金含量极高,这在行业中也并不多见。A股"果链"的公司很多,但满足前面这两个条件的也只有立讯精密。并非苹果成就了立讯精密,而是立讯精密自己成就了自己。

最后是产融互动视角。和很多别的公司一样,在发展早期,筹资现金流都大于投资活动现金流。可以明显地看到,立讯精密在2010年开始启动第一轮大规模产能扩张,2016年之后是第二轮(见图3-169)。如果说苹果是立讯精密崛起过程中在前台看得见的手,那么资本市场就是在背后给予支持的另一只手。

即便历史光芒万丈,当前所处的时点,对于"果链"企业仍是困难时刻,前有欧菲光,后有歌尔股份,均遭受不同程度的影响。对立讯精密来讲,其与苹果的耦合深度是其他供应商难以比拟的。

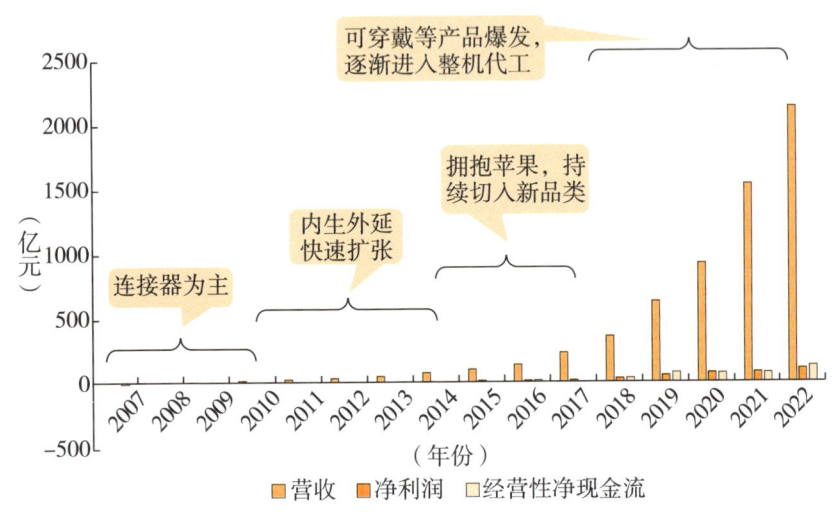

迈向千亿之路

图3-168　2007—2022年立讯精密的营收、净利润、经营性净现金流变化情况

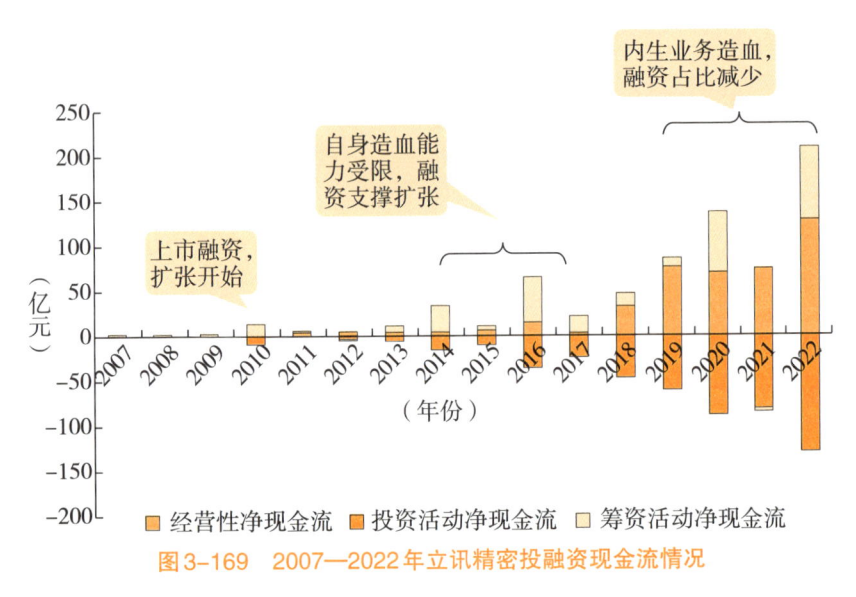

图3-169　2007—2022年立讯精密投融资现金流情况

但就像10年前的消费电子崛起狂潮一样，新能源车的崛起之势同样不可阻挡，只是程度更深，周期更长。在消费电子的红海中一路过关斩将的立讯精密，在后苹果时代同样值得期待。而时至今日，立讯精密的业务布局仍未停止拓展，立下了未来20年30%的产品进入

全球行业无人区的雄伟目标。

既没有技术创新的一夜暴富，也没有品牌资产的可靠护城河，在制造业实现10余年超50%的年化增长，说是奇迹也不为过。放眼全球，能实现类似业绩的制造业企业寥寥无几。其密码自然包括从基层创业的企业家所赋予企业的务实、耐劳、进取的企业精神和价值观。看一个企业虽然表面上看到的是数字，但透过数字一定可以看到企业的魂魄。立讯精密这样的企业是值得敬佩的，无论时代如何变迁，立讯永远值得期待。

（七）汇川技术——持续破圈，目标"双王"

众所周知，近年来中国经济内外部环境遇到了诸多重大变化，中国产业的基本格局将发生方向性的变化。

人口红利消退、逆全球化和科技封锁、蓄势待发的新一波能源革命，所有这些变化都指向一个结论，那就是基于资源的、确定性的、人口红利的、杠杆驱动的商业模式，都将逐渐成为过去式，未来的产业发展必定基于创新、2B、科技和数据驱动。轻松和容易的商业模式不再可行，我们需要准备好开启更艰难的产业长征。

这种产业发展趋势所指向的所有行业中的那皇冠上的明珠，就是高端制造。高端制造既是中国制造业升级的方向，也是众多其他产业，如新能源、航空航天等一众产业崛起的基础。可以说，高端制造和芯片、半导体等产业一起，承载了中国产业升级和突围的希望。

如果要在A股千亿市值企业中选一家企业为高端制造代言，那么汇川技术当之无愧。

2010年，汇川技术在创业板挂牌上市，其业务主要包括低压变频器和伺服系统等，其中低压变频器是主要产品，占比91.4%，基本可以认为是一家变频器生产企业。在其招股说明书中，公司这样描述自身的业务和市场地位：

● 在国内低压变频器市场的份额分别为1.1%、1.6%、1.8%，逐年稳步上升，在国产品牌厂商中排名第二。公司在低压变频器领域的竞争对手主要为国际品牌厂商，包括瑞士ABB、安川、三菱等。

- 伺服系统作为公司的新产品，目前处于小批量生产阶段，市场份额较小。但是，公司伺服系统产品具有良好的发展前景。公司在伺服系统领域的竞争对手主要为国际品牌厂商，包括松下、安川、三菱等。

而在2022年的公司年报中，公司这样描述自身的市场地位：

- 通用伺服系统在中国市场份额约为21.5%，位居第一名。
- 低压变频器产品（含电梯专用变频器）在中国市场的份额约为14.9%，位居第三名，位列内资品牌第一名。
- 小型PLC产品在中国市场的份额约11.9%，位居第二名，位列内资品牌第一名。
- 新能源乘用车电机控制器产品在中国市场的份额约为7%，排名第三（排名前两名为比亚迪和特斯拉），电机控制器产品份额在第三方供应商中排名第一。
- 新能源乘用车电驱总成在中国市场的份额约为3%，位列前十。
- 新能源乘用车电机产品在中国市场的份额约为3%，跻身TOP10供应商之列。
- 工业机器人在中国市场的份额为5.2%，排名第七；其中，SCARA机器人（装配作业机器人）在中国市场的份额为17%，排第二名，且为内资品牌第一名。

抛开外行不是很懂的专业产品和业务名词不谈，单是透过这种近似凡尔赛但是其实平和务实的年报披露语言，就可以看出公司这10余年取得的飞速发展。2022年，公司实现收入230.08亿元，净利润43.24亿元，2022年底公司市值1848亿元。汇川技术是当之无愧的工业自动化第一股。2010—2022年汇川技术市值增长情况如图3-170所示。

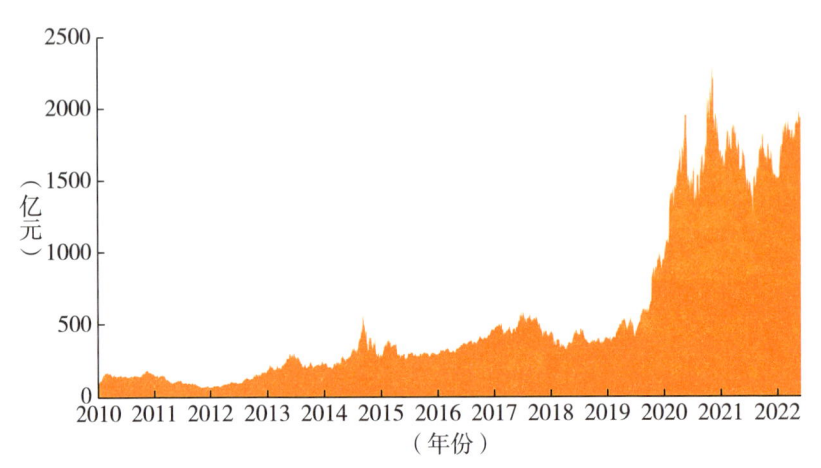

图3-170　2010—2022年汇川技术市值增长情况

数据来源：Wind。

展开汇川技术的成长故事，不仅对这家企业肃然起敬，也对中国工业自动化和高端制造的产业未来充满希望。

1. 生于"冬天"的"小华为"

2000年，IT泡沫破灭，人们从对科技股的狂热中清醒过来。作为IT行业的支撑性产业，通信行业遭受巨大冲击。当年如日中天的产业巨子，如朗讯、摩托罗拉等，进入了产业周期的拐点，刚刚在通信设备行业崭露头角的华为也遭受了巨大打击。屋漏偏遭连夜雨，2001年，华为在国内又遭遇了CDMA和小灵通的双重失利。

幸运的华为还有这样一件小棉衣。

就在通信设备业务屡遭重创的时候，作为通信业务配套产品的电源业务取得了不错的成绩。2000年，华为通信电源业务的市场占有率达到了30%，排名全国第一。在冬天到来之际，华为通信电源业务的主体公司华为电气更名为安圣电气，并以7.5亿美元出售给了美国的艾默生公司（Emerson），算是穿上了一件暖身小棉袄。此后，华为大跨步展开了在海外的开疆拓土，开始了艰苦卓绝的"远征"。

而原来华为电气的管理团队，瞬间转型成了外资企业的职业经理人，变频器产品线总监朱兴明也在此列。2003年，不甘于外企职业经理人生活的朱兴明离开安圣电气，与同为"华为–艾默生"背景的同事共16人一同创立了汇川技术，聚焦熟悉的变频器领域。2010年，汇川技术在A股挂牌上市，市值99亿元。

有着"华为–艾默生"背景出来创业的人不止朱兴明一个，在此前后，一大批相同背景的人，或作为发起人，或作为核心团队加入一个又一个创业公司中，这些公司先后在A股上市或即将上市。这就是资本市场鼎鼎大名的"华为–艾默生"系上市公司，如表3–29所示。

表3–29　　　　　　　　　"华为–艾默生"系上市公司

证券简称	证券代码	"华为–艾默生"背景
汇川技术	300124.SZ	董事长朱兴明，曾任华为电气产品线总监，核心团队成员均具有"华为–艾默生"背景
英维克	002837.SZ	董事长齐勇、董秘欧贤华等共10人，均具有"华为–艾默生"背景
千方科技	002373.SZ	曾任职华为无线的张鹏国成立宇视科技，后与千方科技合并
上能电气	300827.SZ	实控人吴强、吴超父子曾是艾默生的供应商，副总李建飞、陈敢峰为华为系
麦格米特	002851.SZ	董事长童永胜，曾任华为电气副总裁

续 表

证券简称	证券代码	"华为–艾默生"背景
禾望电气	603063.SH	董事长韩玉、财务总监盛小军、4位副总等,均具有"华为–艾默生"背景
盛弘股份	300693.SZ	副总经理盛剑明、肖学礼,具有"华为–艾默生"背景
欣锐科技	300745.SZ	董事长吴壬华,曾任华为电气副总裁
中恒电气	002364.SZ	总工程师等核心团队均具有"华为–艾默生"背景
鼎汉技术	300011.SZ	董事长顾庆伟,曾任华为山东和北方分公司财务总监
蓝海华腾	300484.SZ	董事长邱文渊,曾任职华为电气产品线

除了上述已上市公司,还有一大波华为系的创业企业在路上,如新三板企业爱科赛(832062)、科列技术(832432)等,正在发展或等候上市的华为系工控企业更多。

在这一系列企业中,汇川技术是毫无争议的"大哥"。按2022年底的市值来看,汇川技术以1848亿元傲视群雄,约为其余几家企业市值总和的两倍(见表3-30)。

表3-30 "华为–艾默生"系上市公司对比

证券简称	证券代码	上市日期	上市首日市值(亿元)	2022年底市值(亿元)
汇川技术	300124.SZ	2010-09-28	99	1848
英维克	002837.SZ	2016-12-29	21	145
千方科技	002373.SZ	2010-03-18	33	141
上能电气	300827.SZ	2020-04-10	23	140
麦格米特	002851.SZ	2017-03-06	31	129

续 表

证券简称	证券代码	上市日期	上市首日市值（亿元）	2022年底市值（亿元）
禾望电气	603063.SH	2017-07-28	81	123
盛弘股份	300693.SZ	2017-08-22	19	111
欣锐科技	300745.SZ	2018-05-23	19	48
中恒电气	002364.SZ	2010-03-05	32	39
鼎汉技术	300011.SZ	2009-10-30	35	30
蓝海华腾	300484.SZ	2016-03-22	14	22

数据来源：Wind。

上市以来，汇川技术市值增长约18倍，这种超级成长性让人惊叹。汇川技术在业内素有"小华为"之称。这不仅因为其具有华为系的背景，更主要是因为如果深入研究汇川技术的业务、财务和企业文化，会发现其与华为有太多相似之处。

第一，汇川技术的业务脱胎于华为电气业务线，延续了华为2B的业务打法，定制化、快速响应成为公司抢夺客户的撒手锏。而其常年高于9%的研发投入，也显示了公司硬核创新的企业基因。第二，从财务表现来看，自有记录以来，公司营业收入年化增速40.2%，历年营收从未经历过下滑，财务指标表现亮眼。第三，从企业文化来看，理工科出身的创始人朱兴明在团队文化打造上也体现了华为式的硬核作风，其经典管理语录体现了公司对管理在哲学层面的深入思考，如要将企业打造成一个永不衰竭的压力传导系统，人才不是核心竞争力，管理人才的能力才是核心竞争力等，无不透露出华为式的果敢、硬朗作风。

华为因为股权结构无法上市，在众人眼中始终保持着神秘色彩。

而"小华为"在资本市场的亮相,让我们得以一窥超级成长企业的传奇故事。

2. 从变频器,走向中国工业自动化的未来

2003年创业伊始,凭借团队在安圣电气的积累,汇川技术的初始产品聚焦于变频器。如字面意思,变频器即是通过改变电机工作电源频率的方式来调节电动机输出的控制设备,可以理解为控制电机输出的力量、速度等。在变频器出现之前,对设备的速度控制主要靠机械设备,如挡板、阀门等,耗能较高且效率低下。因此,变频器是工业自动化应用的核心组件之一,具有广阔的应用前景和发展空间。

当时,国内的工业自动化行业正处于比较典型的"两级格局":中低端市场的日系品牌历经十几年的沉淀,市场地位牢固;高端市场则被拥有先进技术的德国西门子牢牢把握。对处于后发位置的国产厂商来说,几乎没有立足之地。

汇川技术杀入的,正是这样一个难啃的市场。朱兴明知道,在对手擅长的领域作战无异于自杀,只有在那些外商尚未触及的"蛮荒之地"安营扎寨才可能有一番作为。他看准了更高端的矢量变频器在中国并不成熟,因此汇川技术选择了用矢量变频器打天下,并提出了"要让矢量变频器平民化、大众化"的口号。在行业选择上,当时正值中国房地产行业如火如荼的阶段,电梯是房地产行业的必备构件,也是变频器的主要应用场景之一。汇川技术在变频器的基础上,推出了电梯一体化控制器。2004年,汇川技术成功研发NICE3000电梯一体化控制器,一经推出便销售火爆,并成为公司创业初期的立足之本。

和许多依附于房地产产业链条的企业一样,在那个阶段,中国的城市化进程成了驱动各大行业的核心动力。依靠电梯业务,公司

的业务取得了快速成长。2007年，也就是公司成立的第5年，汇川技术已经实现了1.59亿元营收，5526万元净利润。其中低压变频器和一体化专机的收入占比为98.43%。这个业绩即使放在2022年的A股市场，大约也可以超越1000多家上市企业。

笔者在服务大量A股中小市值的上市企业的过程中发现，细分行业的龙头，将单一产品或业务做到极致，是很多中小市值上市企业的典型画像。大量企业凭借单一市场地位完成了上市进程，但是如何突破细分行业的天花板，从单一市场走向更大的产业蓝海，打造第二、第三增长曲线，是很多企业很难解决的命题。这也是当下A股2500多家市值50亿元以下企业所面临的通用难题。

对普通企业而言，达到数千万元的净利润已经不易，但是对于伟大企业来说，一切都只是开始。

2007年，朱兴明亲自撰文《中国自动化未来的发展之路》，文中他对中国自动化行业的未来进行了前瞻的观察，并且提出了两个观点：第一，未来只有能提供综合解决方案的自动化公司才有发展的机会；第二，伺服系统是未来自动化最核心的产品。

按照早期的层级分类，工业自动化可以分为控制层、驱动层、执行层三个层次，我们可以根据这个框架来理解汇川技术的业务结构。其中，汇川技术起家的业务变频器是驱动层的典型产品，和动力相关。其主打产品，应用于电梯行业的一体化专机本质上只应用于"驱动"。而执行层的典型产品就是伺服系统，如果说变频器是控制速度的，那么伺服系统就是精确的位置控制，只有和执行层相配合工业机器人才可能完成各种精准动作。可以将控制层理解为整个工作自动化的大脑，典型产品是PLC（可编程逻辑控制器）。

迈向千亿之路

随着物联网技术和企业IT平台的逐步完善，今天的工业自动化已经扩展为五个层次，新增信息层、传感层（见图3-171），但对于15年前的2007年，对三大核心层次产品的布局，已经体现了公司非凡的战略眼光和坚定的决心。这篇文章直接突破了公司业务的天花板，宣告了公司主营业务从变频器，正式走向工业自动化的综合解决方案。

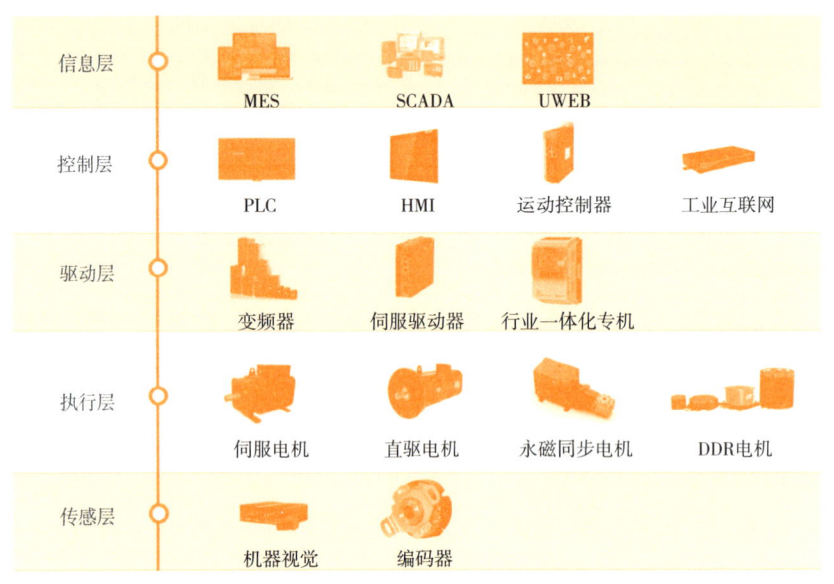

图3-171 汇川技术工业自动化整体解决方案
资料来源：公司公告。

2008年开始，公司开始耕耘伺服系统和PLC业务。截至2010年，公司收入中伺服系统和PLC占比累计已达到1.32亿元，占总收入的比重为20%。

同年9月，公司在创业板挂牌上市，上市首日市值约99亿元。

3. 智能制造+新能源车，目标"双王"

工业自动化，以及在此基础上升级的智能制造概念，看上去是个风光无限的高大上行业，但是从商业模式的角度来看，并不美好。如果把可口可乐所有的工厂和渠道都炸掉，只剩下可口可乐四个字,那么它一定可以东山再起。这个有意思的假设体现了2C类商业模式的几个巨大优势:首先是品牌护城河,只要占据了消费者认知就很难被打败;其次是标准品,消费者需求一模一样,生产1个产品和生产1亿个产品,只需要简单重复即可;最后是需求的持续性,一旦完成了渠道铺设,今天有需求,明天有需求,十年后还有需求。在部分2B类企业中,如立讯精密,其核心业务依托于下游的2C类企业的供应链,因此其业务特点带有一定的2C产品特性。

而像汇川技术这类带有明显定制化特色的2B类企业,业务开展则比较艰难。首先是需求的个性化,像消费品企业一样建立一个标准工厂生产同样产品的逻辑,在这里行不通;其次是竞争的白热化,虽然企业品牌有一定的作用,但显然不至于像苹果一样会让消费者"上头",2B类客户对性能、指标的挑剔使得要从2B类生意中获得超额毛利难上加难;最后是产品需要持续创新,指望像可口可乐一样一个产品卖100年是痴心妄想,而产业链的持续创新又无时无刻不将企业置于可能被颠覆的危险之中。

从公司招股说明书来看,公司的主要产品除一体化专机已在电梯领域建立起龙头优势以外,其余产品所面临的市场横跨众多行业,极其分散。这使其既不可能凭一个产品打天下,也不可能指望某一个超级客户给予持续的订单,甚至不能指望某一个行业的爆发式增长将自己带上风口。公司产品体系如图3-172所示。

因此,和华为一样,要在该领域生存并进步,自身持续的创新是唯一的出路。奔跑,持续地奔跑,跑得比别人快,这是胜利的唯一有效方法。

然而,成长的道路并不总是顺利的。顶着工业自动化龙头和对标ABB的标签,公司IPO伊始就成为创业板明星股,在新股炒作阶段更是获得了最高120倍市盈率的估值。但炒作之后的估值回归是大部

图3-172 公司产品体系

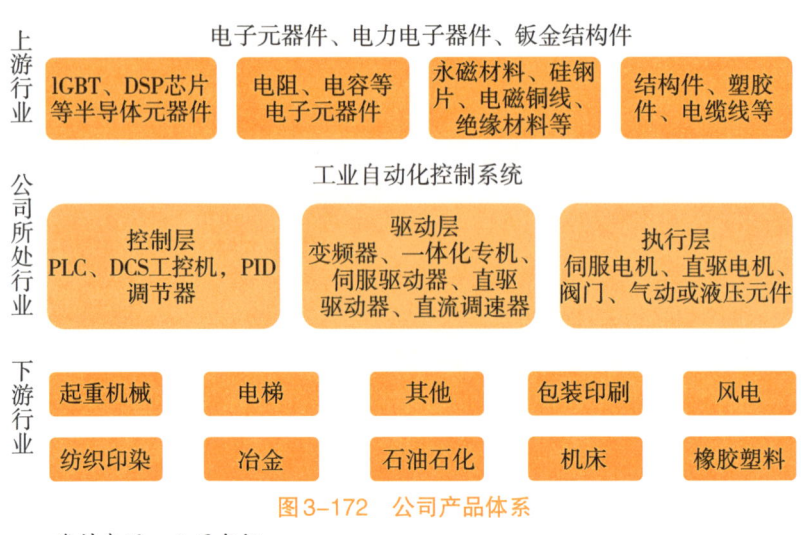

上游行业：电子元器件、电力电子器件、钣金结构件
- IGBT、DSP芯片等半导体元器件
- 电阻、电容等电子元器件
- 永磁材料、硅钢片、电磁铜线、绝缘材料等
- 结构件、塑胶件、电缆线等

公司所处行业：工业自动化控制系统
- 控制层：PLC、DCS工控机，PID调节器
- 驱动层：变频器、一体化专机、伺服驱动器、直驱驱动器、直流调速器
- 执行层：伺服电机、直驱电机、阀门、气动或液压元件

下游行业：起重机械、电梯、其他、包装印刷、风电、纺织印染、冶金、石油石化、机床、橡胶塑料

资料来源：公司年报。

分新股都要面对的宿命，汇川技术也没有幸免。自上市以后，虽然公司业绩在2011年取得了不错的增长，但估值一路下滑。此外，在欧债危机等外部因素的影响下，2012年国内工业控制市场整体低迷，公司自创业以来的高速增长在2012年戛然而止（见图3-173）。

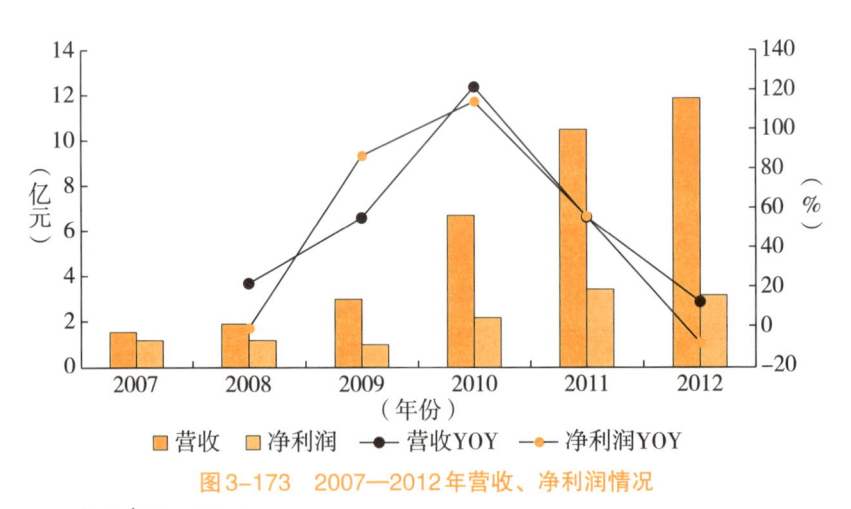

图3-173 2007—2012年营收、净利润情况

数据来源：Wind。

第三章 迈向千亿之路

在2012年全行业衰退10%~30%的情况下，汇川技术仍然取得了收入13.2%的正增长、净利润下滑7.5%的业绩。创新并不容易，担当增长主力的仍然是电梯一体化及专机业务，这个占比约5成的营收实现了34.4%的增长，奠定了业务大盘的基础。而其他业务则或体量太小，或陷入下滑。

如果以投资人视角带入此刻，2012年的汇川技术应该已经走下神坛，回归普通了，至少很难让人相信这个公司身上可能会发生千亿的故事。事实上资本市场也是这么反应的，公司市值于2012年8月迎来69.2亿元的市值最低点（见图3-174），对应估值约20倍市盈率。

一定程度上可以这样认为，在挤掉新股估值泡沫的时刻，才是汇川技术真正的起点。

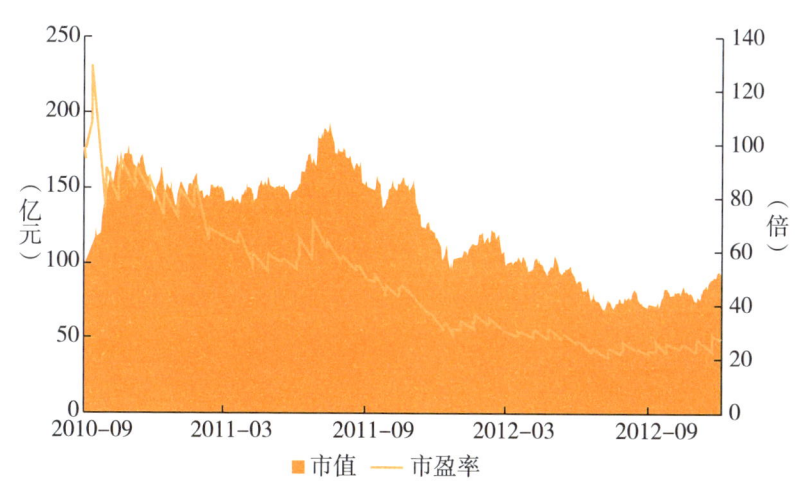

图3-174　2010—2012年市值、市盈率走势

数据来源：Wind。

如前所述，汇川技术的下游极其分散，这种结构使得汇川技术的业务成长与宏观经济高度相关。2013年开始宏观经济逐步向好，

房地产行业也迎来宽松，制造业PMI在2013年、2014两年持续位于荣枯线之上，这为汇川技术迎来了一个稳定的业务成长环境。

围绕着提供完整的工业自动化综合解决方案这一目标，汇川技术除了自身逐渐完善的伺服系统、PLC产品线，也不断通过外延式的并购整合完善能力拼图。

- 2013年8月，公司收购南京睿瞻科技60%的股权，并将之更名为南京汇川。南京睿瞻科技源自南京大学，是机器视觉领域的技术型公司。收购完成后，汇川技术在机器视觉、传感器等核心零部件领域的能力得到提升，为进军工业机器人领域新增一块能力拼图。
- 2013年9月，公司收购宁波伊士通40%的股权，成为其第一大股东。后者是国内注塑机控制器领域龙头企业之一，而注塑机是国内工业自动化最重要的细分市场之一。汇川技术的伺服系统产品与伊士通的控制器产品协同度极高，收购完成后，公司在注塑机细分市场的综合解决方案能力得到提升。
- 2015年6月，汇川技术收购江苏经纬50%的股权，并形成实际控制，后者在轨道交通行业的牵引与控制系统领域掌握核心技术与工艺，成为公司在轨道交通行业的核心业务平台。
- 2016年6月，公司收购上海莱恩60%的股权，后者具有成熟的高精度滚珠丝杠设计和工艺能力，以及相关人才队伍，而滚珠丝杠是工业自动化领域核心的机械传动部件。收购完成后，汇川技术在机械传动领域的产品能力得到提升。
- 2018年7月，公司收购德国PA公司100%的股权，后者的核心业务是CNC（数控机床），而CNC也正是我国的痛点和难点。收购完成后，汇川技术将完善CNC+伺服系统的整体解决方案。
- 2019年3月，公司收购上海贝思特公司100%的股权，总交易金额约24.9亿元，这是汇川技术历史上规模最大的一笔并购。后者是国内领先的电梯电气部件专业制造商，与全球头部电梯品牌企业均有长期稳定的合作关系。收购完成后，汇川技术将进一步夯实在电梯配套领域的龙头地位。

持续的并购，为汇川技术逐步完善了工业自动化的能力拼图，而这些标的都是在某些特定技术领域的行业龙头。汇川技术只做战略性并购，不做财务性并购。并购的目的是增强技术平台、市场平台的能力，缺了哪些"边角料"就赶紧把它补起来、并过来。并购以后，汇川技术会对并购的项目或企业进行干部输出和文化输出，然后是管理平台输出。并购以后，绝对不能实行放养式管理，否则那就谈不上任何管理了。

持续并购+深度整合，使汇川技术的核心能力持续提升。这体现了汇川技术不断向更高的技术高地发起冲锋，抢夺多年来由外资企业控制的市场份额的战略决心。包括汇川技术起家的变频器在内，国内工业自动化各个细分领域的企业大都比外资企业落后，ABB、西门子、施耐德、安川、三菱等国际巨头盘踞在各个中高端领域，掌握着核心技术和客户资源。

汇川技术要做的，就是把盘踞在各个赛道上的国际巨头挑落马下。以国产替代进口，汇川技术的武器是价格优势+定制化。

价格优势主要来自两个方面：一方面是国内的工程师红利，研发人员成本相对较低。另一方面来自国内日益完善的产业链，在上游的IGBT、DSP、ARM等国产产品的成本优势逐步体现。

如前所述，定制化生意从来都不是好的商业模式，但是在进口替代这件事情上，定制化成为汇川技术面向外资厂商的撒手锏。首先，外资厂商在国内设立的研发部门通常需要海外总部的授权，流程体系烦琐导致市场反应能力较低，而定制化本身需要贴合市场风口，内资品牌整体规模较小，机制灵活，反而具备竞争优势。其次，因为定制化业务不具备规模优势，最终商业效率变成了纯粹的人力成本比拼，在这个维度上国内企业毫无疑问占有优势。

虽然有这样的先天条件，但是定制化业务对快速反应和交付品质的要求，是最大的考验。这也是为什么大量的企业做定制化业务，但是鲜有企业做大。而汇川技术之所以在定制化这样的商业模式中走出了自己的路，其核心在于强大的组织能力。

也许是延续了华为的股权分置及以奋斗者为本的精神，汇川技术的股权结构极其分散。公司IPO之前，公司股份由创始19人持有，其中朱兴明个人的直接+间接持股比例累计只有21.73%。这种创始团队分散持股的结构在A股并不少见，但是分散持股且长期没有利益之争，企业良性发展的则不多。汇川技术的长期稳健发展，充分体现了公司领导层的管理智慧，按朱兴明的话说，"汇川就是一个财富分享的公司"。

在组织管理方面，公司几乎每5年左右会有一次大的变革，从以行业子公司为主的塔式结构，到以产品线为主的矩阵结构，再到以事业部为主的强矩阵结构，并先后引入了华为的LTC（Lead to Cash，线索到回款）流程和IPD（Integrated Product Development，集成产品开发）流程。公司的组织变革永无终点，市场有需要，组织结构就因时而变。

一系列华为风格的强力管理措施，让汇川技术在各个细分市场持续攻城略地。在业务方向的选择上，汇川技术始终瞄准产业变革的最前沿。2013年，公司意识到机电一体化会成为未来的主流，机器人会是未来智能制造的核心产品，所以2014年开始公司全力投入机器人领域。2015年，通过在商用车领域的成功实践，公司意识到乘用车市场的电动化是不可逆的大趋势，所以投入巨资，进入新能源乘用车领域。2017年，从收入体量来看，公司已经是国内工业自动化领域规模最大的企业了，但汇川技术这样的企业的成长永远没有天花板，2017年，汇川技术提出"双王"战略，要做"智能制造之王"和"新能源车"之王。

这个雄心勃勃的提法并不是一时兴起的，2008年，公司即成立新能源部门，同年开始为吉利熊猫提供电机控制器。2009年，公司正式开始组建新能源技术团队，将驱动技术、电机技术向新能源行业渗透。2010年，公司开始为江淮、海马等提供电机控制器。2012年，公司与宇通客车达成战略合作，共同开发五合一集成电控系统。2013年，公司开发出商用车压铸一体化控制器。2015年，公司开发出乘用车压铸一体化控制器。2016年，全资子公司苏州汇川联合动力系统有限公司成立。2017年，公司推出国产化HSM电机（混合式步进电机）。2018年，公司已成为主流乘用车企定点供应商。

公司的新能源车业务取得了飞速进展。2012—2018年，在总体营收年化增速为30%的情况下，新能源产品的年化增速达到了惊人的90.1%（见图3-175），截至2018年，新能源产品类业务在总体营收的占比达到18.5%。"双王"战略即将步入正轨。

2012年至2018年，公司经历了长时的稳定成长期。这个阶段，公司营收稳定在20%~30%的增速，净利润稳定在10%~20%的增长区间（见图3-176）。

这一阶段恰好是中国资本市场最为精彩的几年，汇川技术也从未错过。2013年，创业板牛市启动，汇川技术是创业板的代表性股票；2015年全面大牛市，汇川技术作为"小华为"自然不同凡响；到2017年的蓝筹股牛市，汇川技术已经初步具备"小蓝筹"体量，再次受到资本的追捧。

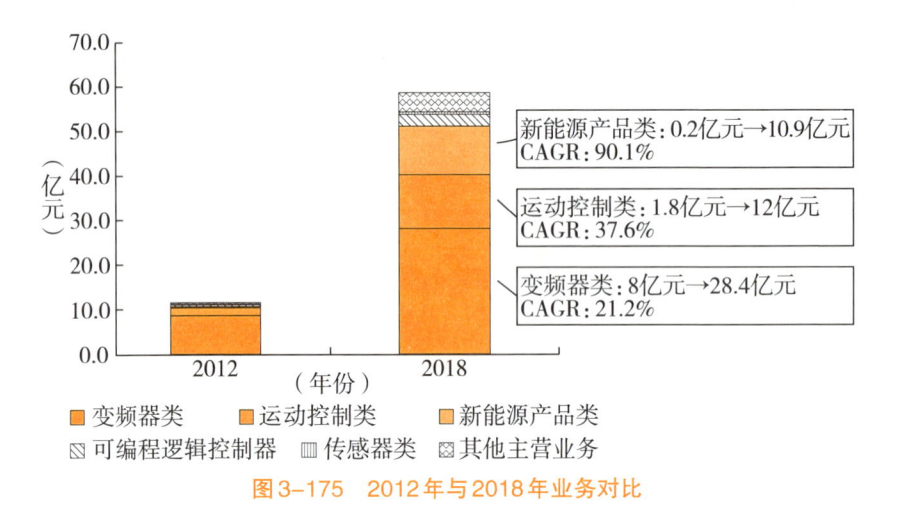

图3-175 2012年与2018年业务对比

图3-176 2012—2018年营收、净利润情况

数据来源：Wind。

从2012年的低谷出发之后，汇川技术的市盈率常年以40倍为中枢波动，在2015年全面牛市的顶峰，在全市场疯狂的投资热情中，汇川技术以85倍的市盈率首次突破500亿元市值（见图3-177）。

而从2012年到2018年，汇川技术的业绩翻了2.8倍，估值翻了1.3倍。2018年4月，汇川市值达到593亿元。这次没有疯狂炒作，只有十年一剑。

图3-177　2010—2018年市值、市盈率走势

数据来源：Wind。

4. "鉴史、问今、昭未来"，奔向千亿

2018年也是公司经营最艰难的一年，外部是贸易战，内部是去杠杆，这对与宏观经济趋势高度相关的工业自动化行业，形成了巨大的压力。从财报可以明显地看出，2019年，公司迎来了业绩低谷期，当年公司净利润下滑16.5%，是有可追踪财务记录以来的最大业绩回调。

面对复杂的形势和严峻的成长压力，朱兴明在2018年年会上做了主题为"鉴史、问今、昭未来"的演讲。在演讲中，他对汇川技术发展历史的底层规律做了系统回顾，在方向、组织、人才、产品、文化等各个维度全面总结的基础上，提出了明确的汇川技术发展计划：

- 汽车产品销售额将会占公司产品整体销售额的1/2。
- 控制加软件的销售额，将要占到工业自动化产品整体销售额的1/3。
- 海外客户的销售订单额要占到公司整体的1/4左右。

给企业规划出成长目标并不难，但是要让企业的所有人都形成一致预期，则是难上加难，他需要走到组织管理的底层哲学中，用无可辩驳的认知触动全体员工的内心。一流的企业家总是一流的哲学家，这个论断在朱兴明的身上得以很好的体现。在汇川技术的管理细节中，处处可见他对管理的深层次思考。比如，他说："我们不能按照教材花大量时间和精力来进行战略分解、描述等，因为世界变化太快。千万不要崇拜西方管理学的战略清晰，战略清晰是个伪命题，没有意义。我们要遵循重点的两个原则：一是看准方向，二是最近一年的工作必须丝丝入扣，一年的工作和方向要看清楚，这是汇川的经验。""方向大致正确，组织永葆活力，企业才能永续发展。"

企业是人的企业，只有企业中的每一个人都被充分激活，上下同欲，企业才有真正的不可阻挡的力量。这就是在这样一个竞争激烈，需要和对手近身肉搏的行业中，汇川技术能够把一个又一个国际品牌挑落马下，成就产业王者的原因。

2019年9月，汇川技术开启了公司的第三次重要的组织变革，时间周期为3年。其目的是把西方和华为等公司的优秀管理经验与汇川技术的实际相结合，形成有汇川技术特色的管理模式，通过搭建敏捷的流程型组织和行业领先的管理体系，"让客户更满意，运营更高效"，为公司未来高质量的可持续发展奠定坚实的基础。大家可能听过华为花重金向IBM顾问学习IPD的故事，汇川技术在组织变革上的决心一点不亚于华为，只是这次华为本身成了学习对象。关于LTC、IPD等管理体系的细节，并不是本书要讲的重点，有兴趣的读者可以自行研究。有团队管理经验的读者应该多少体会过，组织变革是企业成长过程中最痛苦的蜕变。有多少企业因为无法突破过往组织惯性的枷锁而无法长大，而汇川技术在组织革新的道路上，从未止步。

众所周知，2020年开始全球经济不太乐观，但是汇川技术出人意料地表现出了明显的增长态势。这使得相比外资企业，内资企业受冲击更小，客观上有抢夺市场的条件。更重要的是因为，汇川技术做好了在危机中随时出击的准备，快速反应，以"保供给"的策略大幅抢夺了市场份额。在2021年的年报中，公司罕见地在开篇刊登了董事长致辞，第一条就是"化危为机成本能"，对汇川技术来说，在危机中求升级，已经成为下意识的本能反应。

在2019年的低谷之后，2020年、2021年连续两年的营收增速都超过了50%，净利润增速更是达到了116%和68.7%（见图3-178）。看汇川技术的报表不由得让人想起周润发的一句经典台词："不是想证明我了不起，我只是要告诉人家，我失去的东西一定要拿回来！"每一次业绩的低谷之后，都是势不可当的"报复性"反弹，2012年之后如此，2019年之后亦如此。

财务报表仿佛在传递这样一种无声的力量，这种力量背后就是

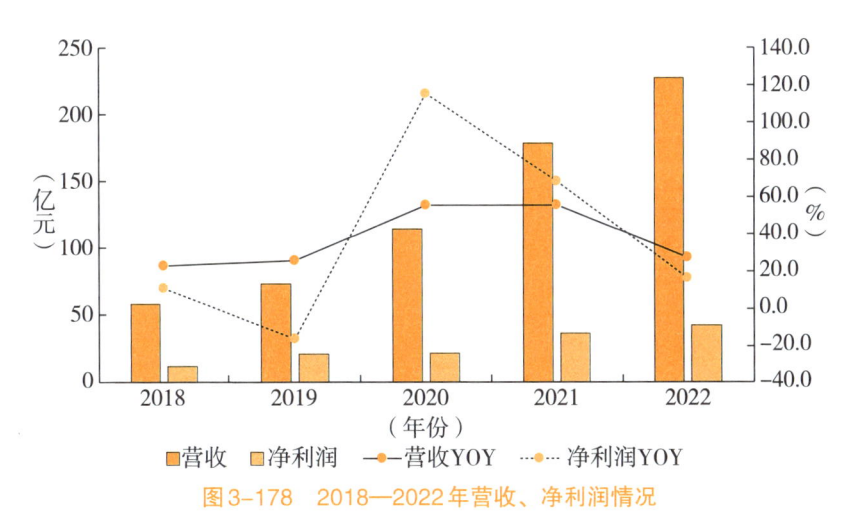

图3-178 2018—2022年营收、净利润情况

数据来源：Wind。

企业的精神和昂扬不息的斗志——我的增长永不止步，我的天花板遥不可及。

在2020年至2021年的结构性牛市中，市场风格从"茅指数"转向"宁组合"。这种风格转化的背后，本质上是从追求行业龙头的确定性投资思维，向追求高技术、高成长企业的成长性投资思维的转变，而汇川技术，既"茅"又"宁"。它既是工业自动化行业的龙头，以傲视群雄的业绩稳坐行业"大哥"之位；又是新能源汽车、智能制造这两大时代风口中最具技术创新能力的企业之一。放眼整个A股，像汇川技术这样既"茅"又"宁"的企业，屈指可数。

从2020年2月到2021年2月，汇川技术从494亿元狂飙到1963亿元（见图3-179）。2021年初，随着茅指数的逐渐瓦解，许多曾经的"茅"猛烈拐头往下，如海天味业（603288）、恒瑞医药（600276）等。但汇川技术则在6个月后顽强地创下新高2295亿元，这两座并列的高峰，分别矗立于"茅"和"宁"两个时代的顶峰，两座并列的高峰，仿佛在向市场传递着这样的声音——不要轻易用任何标签来定义我，我既不会输给竞争对手，也不会输给时代！

5. 从另一个角度理解汇川技术

工业控制、新能源汽车，这两个行业的企业，一般来讲无疑是制造业。既然是制造业，那么就不可避免地面临和立讯精密同样的问题，即需要依靠较高的资本开支来维持持续的扩张，并相应地需要通过持续的对外融资来补充现金流。

然而，汇川技术在IPO之后的10年中，并未进行过大规模的融资。放眼汇川技术上市后的历史，大的股票发行融资只有3次，分别是2010年IPO（19亿元），2019年收购贝思特及配套融资（15亿

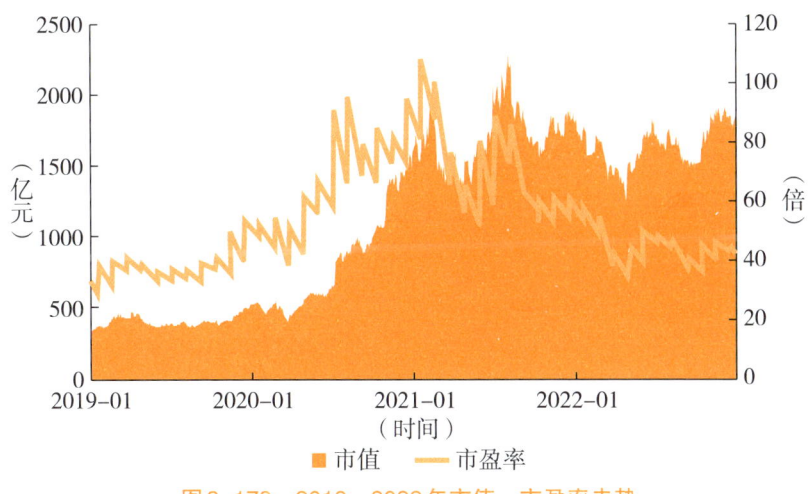

图3-179 2019—2022年市值、市盈率走势

数据来源：Wind。

元），2021年定增（21亿元）。即汇川技术在2021年前，没有任何通过发行股票补充经营性现金流的需求，即便是2021年，公司资产负债率也才刚达到40%，这与本书选为样本的其余千亿市值企业相比要低很多。这也说明，公司在达到今天这个体量之前，客观上并没有快速加杠杆的诉求。

形成这样结果的原因有两个。首先，汇川技术的业务结构本质上是轻资产、重研发的模式。表面上看是制造业，但如果将汇川技术的库存商品拆分开来看，可以发现其在产品的占比极低（见图3-180），主要的库存是原材料。这使得客观上并不需要过多的固定资产投资。实际情况也是如此，2022年底，汇川技术的固定资产在总资产中的占比约为8%，而立讯精密的固定资产占比约为30%，汇川技术的这个比例低得不像制造业。

相应的，汇川技术将核心资源全部投入一个方向，那就是研发，公司的研发费用率常年在10%左右波动（见图3-181）。

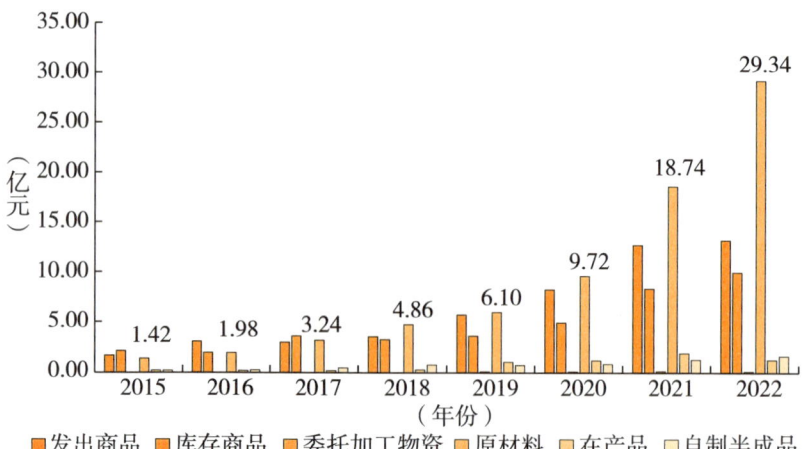

图3-180　汇川技术历年主要存货账面价值

数据来源：Wind。

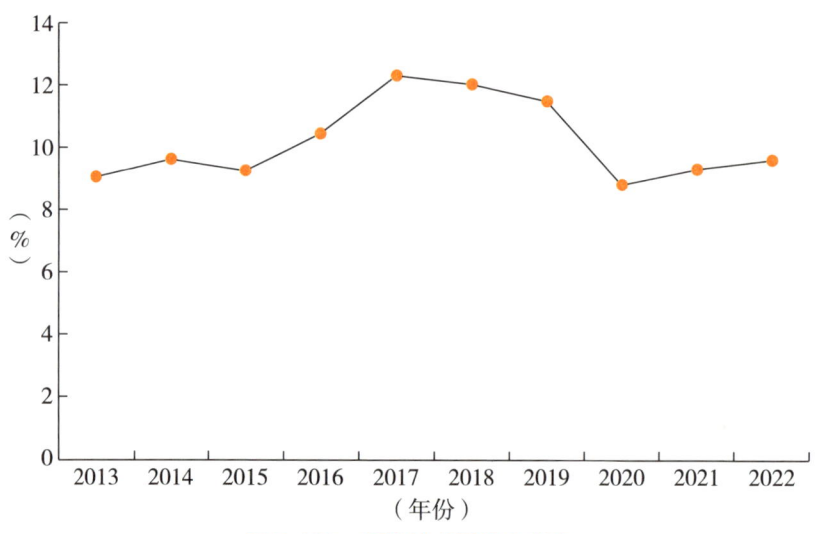

图3-181　汇川技术研发支出率

数据来源：Wind。

汇川技术现金相对宽裕的另一个原因，是2010年IPO的超额募集，朱兴明曾将之形容为汇川技术的经典一战。当时，汇川技术预计募集资金规模是3亿元，但最终实际募集金额达到了19亿元，发行市盈率更是达到了惊人的78倍。而当时汇川技术的净资产才刚超2亿。

2010年大幅超募的汇川技术，拥有了大约10年的稳定发展环境。在经营上也许会操心市场，操心技术，操心管理，但唯一不需要太操心没钱。2011—2018年，汇川技术CAPEX开支（固定资产投放+并购开支）累计约为15亿元（见图3-182），几乎刚好消耗掉IPO的全部融资。2019年，汇川技术发行股份并配套融资共计15亿元收购贝思特，2021年又再次定增融资21亿元。一定程度上可以认为汇川技术真正的资本循环是从2019年才开始的。

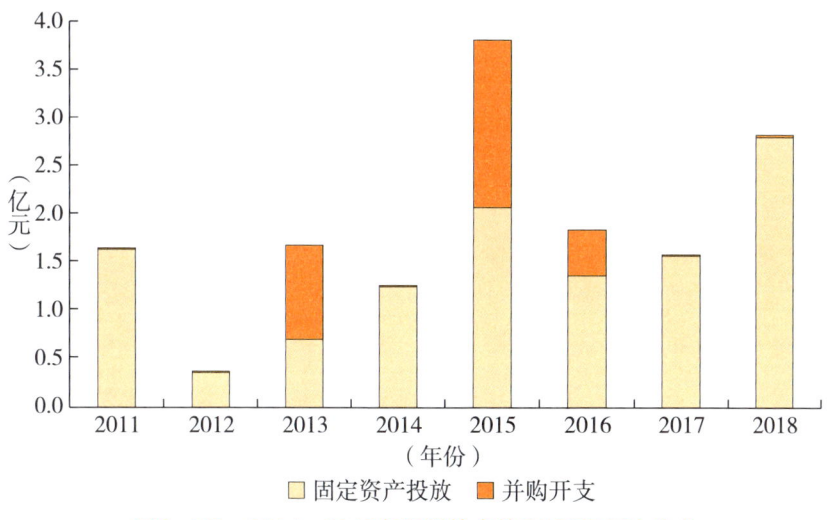

图3-182 2011—2018年汇川技术的CAPEX开支分布

数据来源：Wind。

时也，命也。周期是一种无声的力量，登上舞台的姿态固然很重要，但时机同样重要。

2014年之后，发行市盈率23倍上限的潜规则使这种大额超募的情形很多年没有再出现，一直到2019年由科创板开始的注册制的实施。

6. 回顾千亿之路

回顾汇川技术的千亿之路，可以用图3-183描述。

图3-183　2010—2022年汇川技术市值增长情况

10多年的资本市场表现，汇川技术不是没有被质疑过，但是它用实力战胜了所有的质疑。在10多年的时间维度下，市场总是阶段性地有很多热点和主线风格，能够在每一波风格中都符合当下市场审美的上市公司并不多，即便强如贵州茅台也曾经在科技创新浪潮中被挤到边缘位置，但是汇川技术似乎总是符合市场的审美。它既是科技的，又是蓝筹的，还是成长的。无论市场风格如何变幻，总能找到看好它的理由。2007—2022年汇川技术营收、净利润增长情况如图3-184所示。

从业绩趋势和结构来看，首先汇川技术和大部分千亿企业一样，有着极其漂亮的增长曲线。但从生产变频器到成为工业自动化之王，再到成为新能源车之王，成为某个领域的第一并不是汇川技术的目标，它始终在不断突破自己的天花板。而这背后是不断的自我革新，业务上限的提升，本质上是组织能力上限的不断提升。

第三章 迈向千亿之路

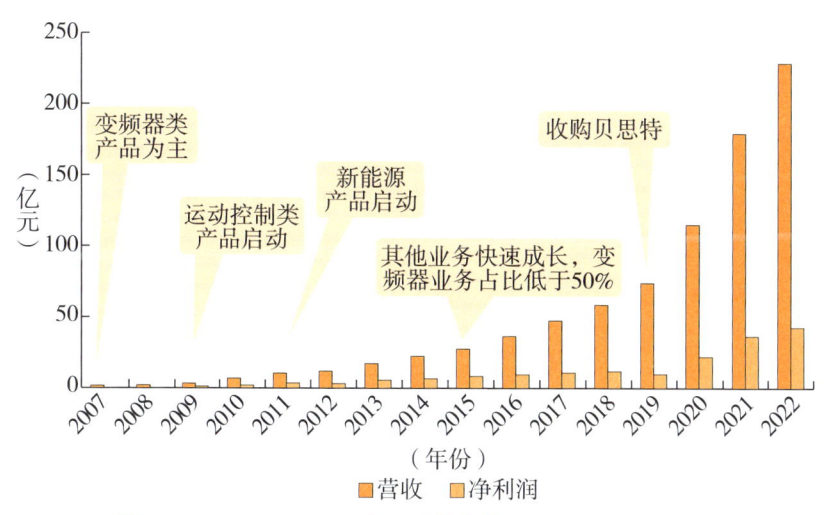

图3-184 2007—2022年汇川技术营收、净利润增长情况

从公司的现金流情况来看，好像投资活动净现金流也不小，但实际上公司主要的投资类现金流基本上用于购买定期存款，与长期资本开支有着本质区别。从融资来看，IPO的一笔关键融资为公司奠定了8年的稳定发展基础，2019年才正式开始进入持续的资本循环（见图3-185）。这种良好的现金流表现的背后，是汇川技术重研发、轻资产的商业模式。

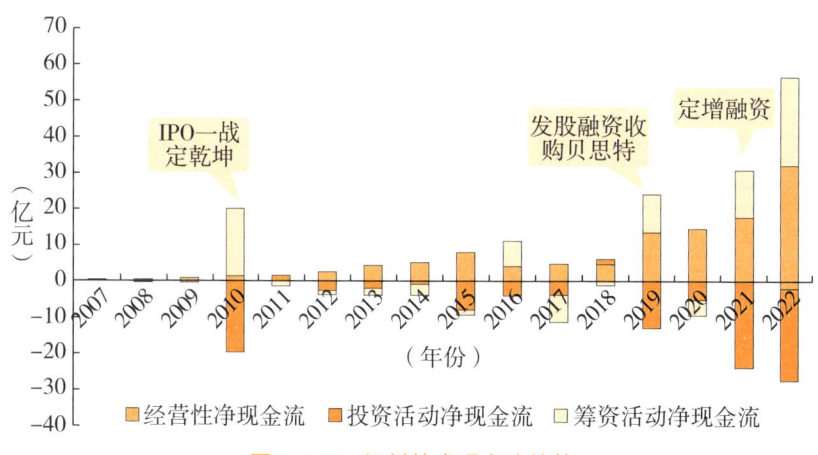

图3-185 汇川技术现金流趋势

迈向千亿之路

2021年年报的董事长致辞中,朱兴明说了三句话,分别是"化危为机成本能""聚焦主业立长志""不破不立勇创新"。这三句话用来总结汇川技术的成功基因,应该十分恰当。

汇川技术所在的是一个技术迭代快速、客户个性化程度高的行业,既要拼工业化的管理效率,又要拼个性化的创新和快速响应,在这个行业中杀出重围,以一己之力带领国产品牌把国外的百年老店们逐步挤出中国市场,不是光靠一句努力就可以的。既要"聚焦主业立长志",又要不断自我革命,始终勇立潮头,更要在每一次危机中浴火而生。

千亿企业的成长,都是与国家的发展阶段同频的。比如海康威视,其最快速的发展得益于中国的快速城市化和安防建设需求,虽然今天的海康威视仍有不俗的表现,但是对它来说,最容易挣钱的时代已经过去了。这在很多千亿企业的身上都能看到这种时代红利的投射,而随着红利消退,国家转身,这些企业本身也需要谋求新的发展道路。简言之,容易挣的钱已经挣完了,大家都需要开始去挣难挣的钱了。

而汇川技术,一开始挣的就是难挣的钱。

当大家都还在寻找转型出路的时候,汇川技术早已将"化危为机"作为一种本能。这样的汇川技术,当然值得更大的期待。

参考资料

东方财富

[1] 创业家. 他用五年写下商业传奇，实现从股评家到企业家的完美转型.（2018-08-20）https://baijiahao.baidu.com/s?id=1609307079629714785&wfr=spider&for=pc.

[2] 野马财经武丽娟. 57亿到3000亿：东方财富16年的进阶之路.（2021-05-24）https://baijiahao.baidu.com/s?id=1700634448492182686&wfr=spider&for=pc.

[3] 海通证券. 乘基金"出圈"东风，受益证券交投活跃，领跑财富管理优质赛道.（2021-06-28）

[4] 东吴证券. 东财vs传统券商——青年团队朝气蓬勃，收支双端行业领航.（2022-08-01）

[5] 华创证券. 以政策担忧为由，交易悲观市场的预期.（2022-09-21）

[6] 没有故事的男人. 东方财富网创始人，讲述他从自己喜欢的事情，到成功的财富路.（2022-12-01）https://m.163.com/dy/article/HNGD7R7J0553275E.html.

[7] 信达证券. 东方财富、同花顺、指南针对比研究：互联网财

富管理的路径差异与未来成长.（2023-05-14）

晶澳科技

[1] KE科日光伏网.欧盟对华光伏"双反"并案评：仲裁结果有助光伏企业转型.（2013-08-08）https://www.kesolar.com/comment/6734.html.

[2] 河北新闻网.至诚敲开走向世界的大门.（2018-11-30）https://hebei.hebnews.cn/2018-11/30/content_7122823.htm.

[3] 东吴证券.一线品牌，重装出发.（2020-02-10）

[4] 广发证券.光伏设备行业跟踪：三大趋势助力光伏设备进入新时代.（2020-02-11）

[5] 国金证券.探寻光伏行业"确定性"系列之一：组件环节，从高壁垒到高盈利.（2020-03-31）

[6] 华金证券.电力设备行业深度分析：回顾光伏行业变革，展望未来高效之路.（2020-04-03）

[7] 方正证券.光伏一体化龙头，掌握品牌和产品双重优势.（2020-05-09）

[8] 国金证券.光伏涨价深度分析，阶段性量价齐升逻辑扎实.（2020-07-27）

[9] 并购优塾.光伏硅片龙头公司对比，且看行业增长逻辑如何演变？.（2020-09-29）

[10] 罗松松.倒下的首富：中国光伏行业的冠军魔咒.（2021-05-13）https://stream-capital.com/article/1060.

[11] Edward.一体化布局优异——晶澳科技.（2021-06-11）https://zhuanlan.zhihu.com/p/379626690.

[12] 国金证券.探寻光伏行业"确定性"系列之三："拥硅为王"

再现，平价时代硅料逻辑重塑.（2021-11-02）

[13] 老范说评.光伏组件领军企业，晶澳科技：一体两翼新体系，推进光伏智能制造.（2022-12-06）https://zhuanlan.zhihu.com/p/589570959.

[14] 东海证券.西照东升，雄鸡一唱天下白：中国光伏行业深度复盘系列（上）.（2022-12-21）

爱尔眼科

[1] 华商韬略王莹.他三万块起家，靠一双眼睛，一年挣五六亿利润.（2017-05-03）https://www.jiemian.com/article/1292175.html.

[2] 广证恒生.爱尔眼科式连锁哲学执天下之牛耳：惟精惟一，大作于细.（2018-01-27）

[3] 六一知事.爱尔眼科陈邦：医疗"湘军"一哥，扛过封刀门，太任性，毁誉由人.（2021-03-08）https://baijiahao.baidu.com/s?id=1693634448058555171&wfr=spider&for=pc.

[4] 华西证券.眼科业务持续高增长，开启新十年高质量发展新征程.（2022-06-01）

[5] 方正证券."内外兼修"成就眼科龙头，"规模＋品牌"深挖护城河.（2022-07-01）

[6] 国联证券.民营眼科龙头再迎十年持续增长.（2022-09-13）

[7] 中国军网王超.联手创业后，两位肝胆相照的战友再次成为黄金组合.（2022-09-13）http://www.81.cn/lb_208583/10184546.html.

[8] 湖南日报.十年犇赴丨向上的爱尔，向善的爱尔人.（2022-10-10）https://baijiahao.baidu.com/s?id=1746302918767676915&wfr=spider&for=pc.

[9] 商业观察杂志社.爱尔眼科陈邦发家史：资本屠龙术

炉火纯青高杠杆扩张.（2022-10-21）https://www.sohu.com/a/594343509_121269250.

[10] 栗滴科技郭超.身价千亿，湖南首富陈邦的潮起潮落.（2022-10-28）http://finance.sina.com.cn/chanjing/gsnews/2022-10-28/doc-imqmmthc2458800.shtml.

[11] 华泰证券.眼科巨擘，破浪乘风.（2022-12-21）

[12] 东北证券.奋战廿载步履铿锵，放眼百年心向光明——爱尔眼科深度报告.（2023-01-04）

三一重工

[1] 华安证券.数字化推动降本增效，国际化助力穿越周期.（2020-11-30）

[2] 华安证券.剩者为王，强者恒强.（2021-01-11）

[3] 东吴证券.全球深度视角：得挖机者将得天下，三一重工将开启全球成长篇章.（2021-02-10）

[4] 商业有路数.在线硬刚境外资本，靠自主研发做成世界第一，揭秘"三一重工"传奇发展.（2021-02-25）https://www.bilibili.com/video/BV1bb4y1R7mm/?spm_id_from=333.337.search-card.all.click&vd_source=a29cf079148e1a48b70083e4f0615583

[5] 红网.三一集团：歃血为盟矢志报国 三十余载初心不悔.（2021-03-09）https://baijiahao.baidu.com/s?id=1693738012445425243&wfr=spider&for=pc.

[6] 华安证券.加大研发布局未来，剩者为王强者恒强.（2021-04-02）

[7]《中国经济周刊》李永华.梁稳根承诺：三一市值达万亿时，每位金牌员工奖励500万.（2021-05-17）https://www.sohu.com/

a/467032384_121118712.

[8] 逍遥子同学.中国企业再现"蛇吞象",三一重工吃掉德国巨头,把泵车卖向全球.(2021-11-02)https://www.bilibili.com/video/BV1H3411k7wC/?vd_source=a29cf079148e1a48b70083e4f0615583.

[9] 长江商报.三一重工登千亿巅峰梁稳根功成身退 向文波接任董事长直面市场收缩压力.(2022-01-24)http://finance.ce.cn/stock/gsgdbd/202201/24/t20220124_37282362.shtml.

[10] 曹娴.湖南再添世界级"灯塔工厂"三一重工长沙18号工厂人均年产值1471.13万元,每平方米可产生效益15.4万元.(2022-10-11)https://www.hunantoday.cn/news/xhn/202210/14677112.html.

[11] 浙商证券.中国工程机械龙头:反转!中国冠军向世界冠军冲击.(2023-01-05)

[12] 曲乐逗.2006年,美国3.75亿美元收购徐工,国有资产被贱卖,结局如何?(2023-02-15)https://www.163.com/dy/article/HTKNTEMP0553W2KN.html.

三花智控

[1] 三花集团官网.扎根智造"三花"烂漫.(2016-09-13)https://www.sanhuagroup.com/newslist_36.html.

[2] 东方证券.全球家电制冷龙头,新能源热管理盈利增长弹性大.(2018-09-20)

[3]《浙商》杂志.人物特写丨父与子:三花"为什么".(2019-10-30)https://www.sohu.com/a/350556705_120138614.

[4] 万联证券.深度报告:全球制冷元器件龙头,新能源热管理成长可期.(2020-02-04)

[5] 佚名.新能源电池产业的收购兼并——下游零部件篇.

311

（2020–04–09）https://www.sohu.com/a/386714682_120051855.

[6] 姬永锋.兰柯之战.（2021–06–24）https://weibo.com/5770151273/KkbFBnFWQ.

[7] 三花集团官网.陈芝久老师与三花创业早期二三事.（2022–08–15）https://www.sanhuagroup.com/newslist_357.html.

[8] 三花控股集团董事局副主席、三花智控公司董事长 张亚波.在新能源汽车领域的产品布局和市场战略.（2022–09–31）https://www.sanhuagroup.com/newslist_403.html.

[9] 浙商证券.三花智控深度报告："汽零"享前瞻布局红利，"空调冰箱部件"稳定前行.（2022–12–28）

[10] 华商精英圈.浙江新昌"一哥"：从集体企业老总到"绍兴首富"，年入401.75亿.（2023–02–10）https://www.sohu.com/a/639240601_120763115.

[11] 华西证券.如何看三花智控市值成长空间.（2023–05–16）

[12] 民生证券.智者识得东风面，又到"三花"烂漫时.（2023–06–15）

立讯精密

[1] 华金证券.精密制造龙头扬帆起航.（2019–01–15）

[2] 华创证券.立讯精密深度研究报告：矩阵式创新铸造平台式成长新引擎，深耕5G版图分飨新兴产业重构红利.（2019–03–29）

[3] 世纪证券.深度研究报告：布局多领域精密制造，高成长动能不减.（2019–04–19）

[4] 光大证券.立讯精密跟踪报告之一：精密制造王者，未来成长不可限量.（2020–06–02）

[5] 光大证券.立讯精密（002475）：2020年业绩符合预期

WATCH和IPHONE组装打开中长期成长空间.（2021-04-22）

[6] 巴拉拉皇家书摊.千亿企业成长历程：立讯精密.（2022-01-31）http://www.360doc.com/content/22/0131/11/14260975_1015539624.shtml

[7] 安信证券.投资策略定期报告：做时间的朋友，与伟大企业共同成长.（2022-05-16）

[8] 国盛证券.系列报告之汽车业务：深耕十余年，进军Tier one.（2022-06-13）

[9] 东方财富证券.深度研究：汽车业务新起点，消费电子王者归来.（2022-08-17）

[10] 光大证券.跟踪报告之八：中国智能汽车Tier 1领导厂商的崛起.（2022-08-30）

[11] 四夕财报."电子茅"立讯精密，究竟有几分像茅台？（2022-10-18）https://weibo.com/ttarticle/p/show?id=2309404826062889812161.

[12] 界面.立讯精密千亿市值背后，是比董明珠更逆袭的人生故事.（2022-12-14）https://cj.sina.com.cn/articles/view/6192937794/17120bb4202001yo9y.

[13] 广东省工商联.高质量发展誓师大会｜民企共话高质量 听听这些企业声音！（2023-02-02）https://mp.weixin.qq.com/s/CuP5fPY5cxxLQ4mVTuulNg.

[14] Forbes China.封面人物｜王来春：制造业40年，在有限机会中做正确抉择.（2023-03-08）https://mp.weixin.qq.com/s/Tu0jYGrNYWk3F9OmNyhEPQ.

汇川技术

[1] 证券时报.下一个15年 汇川技术要打一场"双王之

战".（2018-05-02）https://www.sohu.com/a/230160920_115433.

[2] 头豹路演. 汇川技术竞争力几何：深度剖析竞争优势.（2021-01-20）https://www.bilibili.com/video/BV1JV411q7hK/?spm_id_from=333.337.search-card.all.click&vd_source=a29cf079148e1a48b70083e4f0615583

[3] 中信建投. 工控与工业机器人系列深度：汇川技术的复盘与展望.（2021-09-30）

[4] MIR睿工业. 为什么是汇川？——汇川2021年业绩快报点评.（2022-03-04）https://www.sohu.com/a/527217768_583075.

[5] 安信证券. 组织架构变革，推动公司新一轮成长.（2022-05-05）

[6] 和讯网. 备受机构青睐，工控界"小华为"有何魅力？.（2022-07-24）https://baijiahao.baidu.com/s?id=1739280334095954451&wfr=spider&for=pc.

[7] 能源品牌观察. 媒企对话：从"双王"到"双碳"，汇川技术实现战略归一.（2022-10-12）https://baijiahao.baidu.com/s?id=1746476357717920339&wfr=spider&for=pc.

[8] 华福证券. 汇川技术：多业务基本盘稳固，工控龙头静待腾飞.（2022-11-13）

[9] 华通证券国际. 投资价值分析报告：工控龙头多领域亮点频现促增长，新能源业务助力未来扬帆远航.（2023-01-17）

后　记

在我并不算长的资本市场记忆中，经历了两轮超级牛熊，分别是2007年和2015年。

我的第一个股票账户开设于2007年的北大西南门招商证券营业部。当时市场之火热，连在校大学生也深受感染，我以2000元生活费入市，算是开始了资本市场的启蒙。但彼时对市场毫无了解，完全无法理解股价涨跌的背后意味着什么。2013年之后，我才真正参与到上市公司的并购等资本运作业务中，逐渐形成了对市场和上市公司的系统理解。自此以后，我很少像别的投资圈朋友一样，把某只股票称为某只"票"，而是更喜欢将之称为某家"公司"。因为我知道，每只股票的涨跌背后都是立体的，是一家企业，是一个企业家和数千人的队伍日夜奋斗的结果。正因如此，我在上市公司研究中，除了看公司的业务本身，同时也对企业家和团队保持着浓厚的兴趣。

书稿完成之后，仿佛与这些案例公司的企业家进行了一场深度的对话。虽然基于公开资料的研究成果并不能体现企业战略决策的全貌，但是大部分企业过去10余年的成长历程与我的资本市场记忆是重叠的，我能体会在风云突变的资本市场，每一次倔强成长的含金量。

迈向千亿之路

作为企业的咨询顾问，我们可以总结出各种各样的模式和方法论，但是真正带领企业实现突破的，还是企业家内心伟大的愿景和无尽的心力。所以，迈向千亿之路到底是一条怎样的路呢？不是业务规划之路，也不是资本运作之路，甚至也不是人才汇聚之路，而是一条企业家的心性成长之路。

在书中我以有限的笔力，提出了企业家"心中的天花板"的概念，这个看不见的天花板，正是卓越和平庸的分界线。

在本书的前言中，我以"致敬我们这个伟大的时代"结尾，在本书的后记中，我希望用另一句话结尾——致敬企业家精神。

陈一诚

2024 年春

致　谢

　　本书的成书得到了许多同事、朋友的支持。

　　感谢我的老师王明夫先生，是他引领我形成了成熟的资本市场认知体系。

　　感谢我的同事钟昌震、曹峥，是我们共同的经历塑造了我的专业能力。

　　感谢我的同事沈鹏浩及董秘邦团队，是与董秘邦的长期互动提升了我的认知。

　　感谢我的妻子和家人，是他们的支持让我在挫折中不断前行。

　　本书部分案例的原始素材、思维框架亦有禚晓龙、马亚楠、孟晓东、罗彬、母国良等同事的贡献，在此一并感谢。

本书中案例的所有信息均来自公开资料，不代表上市公司的态度，也不构成任何投资建议。特此声明。